河南省世界银行贷款

林业持续发展项目

探索与实践

主编　卓卫华

执行主编　段绍光　张文杰

黄河水利出版社

图书在版编目（CIP）数据

河南省世界银行贷款林业持续发展项目探索与实践/卓卫华主编．—郑州：黄河水利出版社，2010.7
ISBN 978－7－80734－861－0

Ⅰ.①河…　Ⅱ.①卓…Ⅲ.①世界银行－国际信贷－林业经济－研究－河南省Ⅳ.①F327.61

中国版本图书馆 CIP 数据核字（2010）第 135595 号

组稿编辑：韩美琴　电话：0371－66024331　E－mail：hanmq93@163.com

出 版 社：黄河水利出版社
地址：河南省郑州市顺河路黄委会综合楼 14 层　邮政编码：450003
发行单位：黄河水利出版社
发行部电话：0371－66026940　传真：0371－66022620
E-mail：hhslcbs@126.com
承印单位：河南省瑞光印务股份有限公司
开本：787 mm×1 092 mm　1/16
印张：22.25
字数：412 千字　印数：1—3 000
版次：2010 年 7 月第 1 版　印次：2010 年 7 月第 1 次印刷

定价：49.00 元

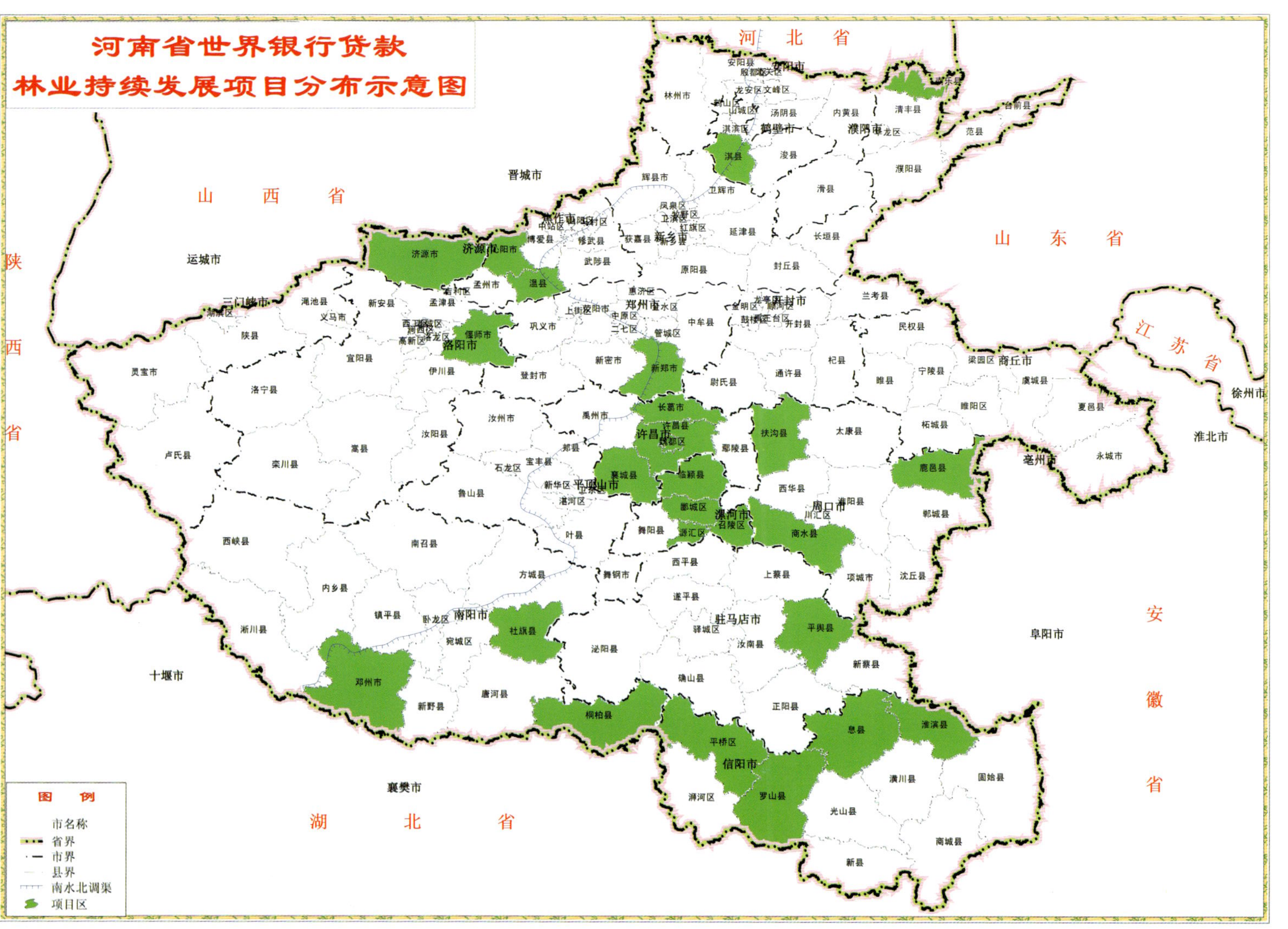
河南省世界银行贷款
林业持续发展项目分布示意图
河　北　省
山　东　省
江　苏　省
安　徽　省
湖　北　省
陕　西　省
山　西　省
晋城市
运城市
十堰市
襄樊市
阜阳市
淮北市
徐州市
亳州市
安阳市
鹤壁市
濮阳市
新乡市
焦作市
济源市
郑州市
开封市
商丘市
洛阳市
三门峡市
许昌市
平顶山市
漯河市
周口市
驻马店市
南阳市
信阳市
图　例
市名称
省界
市界
县界
南水北调渠
项目区

2002年12月26日在郑州召开项目启动会

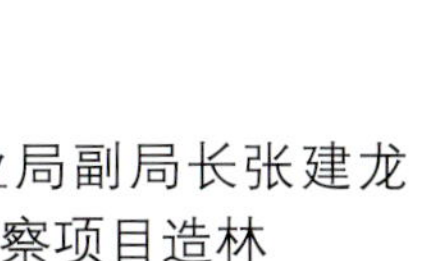

国家林业局副局长张建龙
在河南濮阳考察项目造林

厅长王照平到项目区检查指导

向世界银行专
家组汇报项目进展
情况

黄河滩区项目林

项目营造的三倍体毛白杨林

4年生杉木林

2年生刺槐林

长葛市营造的通道绿化3年生欧美杨107

罗山县营造的6年生火炬松

开封县营造的泡桐项目林

项目营造的茶园

农林间作

林下养殖

平桥区3年生石榴园

新郑大枣喜获丰收

桐柏板栗晾晒场

4年生梨园

开封县苗圃培育的泡桐苗木

桐柏县培育的火炬松播种苗

南乐县苗圃培育的杨树苗木

沁阳市改扩建后的苗圃办公楼

平桥区石榴项目造林应用地膜覆盖技术

桐柏县木瓜造林现场

郾城区造林整地现场

中国林业科学院专家到河南省开封县开展科学研究

现场为农民培训杨树病虫害防治技术

生长量调查

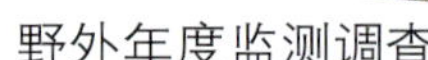

野外年度监测调查

利用频振式杀虫灯防治林木病虫害

世界银行专家在信阳市平桥区与农户交谈

世界银行专家在淮滨县检查造林情况

世界银行专家在桐柏县检查造林情况

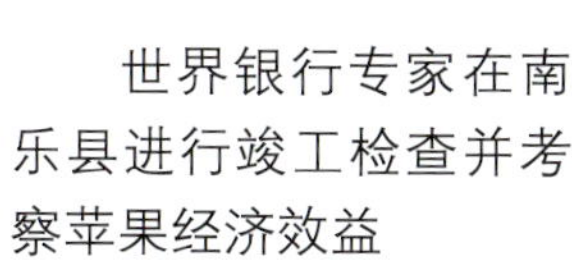

世界银行专家在南乐县进行竣工检查并考察苹果经济效益

国家林业局在郑州举办林业持续发展项目资金与财务管理培训班

举办林业持续发展项目营造林技术培训班

举办年度决算与财务管理培训班

桐柏县举办木瓜栽培技术培训班

编印的培训资料

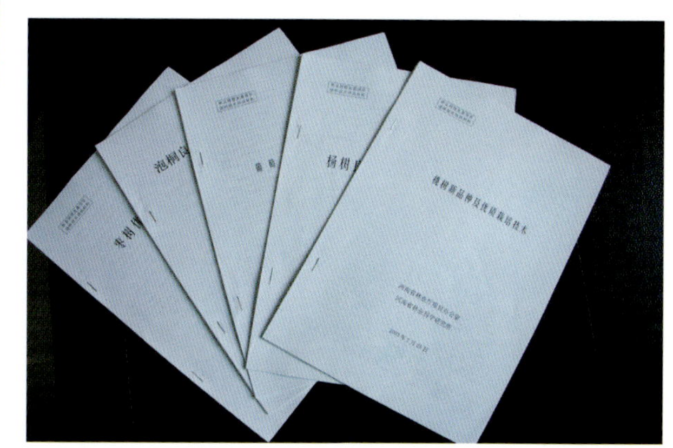

编印的培训资料

田间育苗技术培训

农民认真听专家授课

项目标志牌

项目护林房

项目护林宣传牌

项目购置的设备物资

主　　编　卓卫华

执行主编　段绍光　张文杰

副 主 编　李向东　杨洪义　范增伟
严东波

编写人员　（以姓氏笔画为序）

马春鹤　卞卫玲　王　超
王　英　刘　丽　刘　玉
李向东　李秋林　肖建成
张文杰　张克勇　严东波
陈晓蔚　范增伟　杨洪义
杨　玲　卓卫华　周晶晶
段绍光　茹桃勤　赵　华
耿　朋

序

林业是生态建设的主体，在贯彻可持续发展战略中具有重要地位，在推进生态文明建设中具有首要地位，在发展县域经济、加快城乡一体化进程中具有基础地位，在应对气候变化、保障粮食和生态安全中具有特殊地位。长期以来，河南省高度重视生态建设，组织实施了一大批林业重点项目，森林资源显著增加，全省生态状况明显改善，为全省经济社会的发展作出了重要贡献。加快林业生态建设，将对河南省推进林业全面协调可持续发展、促进粮食稳步高产、推进社会主义新农村建设、实现中原崛起、建设生态文明产生重大而深远的影响。

改革开放后，为引进林业发达国家的先进林业理念和经营管理方式，河南省从 1990 年开始，至 20 世纪末，相继引进和实施了国家造林项目、森林资源发展和保护项目、贫困地区林业发展项目等三个世界银行贷款造林项目，有力地推动了全省林业的快速发展，产生了良好的经济效益、生态效益和社会效益。进入 21 世纪，为进一步加快全省生态建设步伐，扩大森林资源，改善生态环境，促进当地群众脱贫致富，引进实施了世界银行贷款林业持续发展项目。

河南省世界银行贷款林业持续发展项目于 2003 年启动，2009 年竣工，涉及全省 13 个省辖市、26 个县（市、区）、58 729 个造林农户。截至 2009 年 8 月 31 日，项目完成总投资 35 454.96 万元（折合 4 870.67 万美元），其中世界银行贷款 17 363.95 万元，省内各级配套资金 18 091.01 万元。项目共营造高标准集约经营人工林63 807.3 hm^2，其中用材林达到 49 726.41 hm^2。营造的高标准集约经营人工林，不仅增加了项目区树种的多样化和人工林资源，而且用材林成为河南重点地区速生丰产林基地建设工程的示范林；项目的实施加快了河南林业生态省建设步伐，为河南省全面建设社会主义新农村目标的实现作出了积极的贡献。

在项目的准备和实施过程中，结合国外先进的林业工程管理经验，河南省在项目区开展了管理方面的探索和实践，如准备阶段的林业社区评估、典型农户调查，充分反映了参与人的意愿，科学分析了项目产品的市场前景，减少了项目风险。实施阶段采用的造林模型，将造林各个环节进行数字化管理，便于参与人的操作；采用的报账制方法，以资金为杠杆，提高了项目的实施质量。造林结束后的质量监测，为项目林的后期管理提供了基础数据。所有这些探索和实践，形成了一套比较科学严谨的项目管理模式，保证了项目的实施和资金的顺利运转。

实施世界银行林业持续发展项目的经验已引起各级政府和林业部门的关注，并在省内林业工程项目中逐渐推广。为了全面介绍林业外资项目管理经验，河南省林业厅项目办公室组织有关专家编写了《河南省世界银行贷款林业持续发展项目探索与实践》一书。该书既是对世界银行贷款林业持续发展项目的全面介绍，又是对项目实施探索过程的系统总结，对各级林业部门的决策者、管理者、生产经营者从事生产、管理工作都有很高的参考价值。

该书的出版发行，必将对进一步提高河南省的林业工程管理水平、推进林业生态省建设产生积极的影响。

2010 年 5 月 10 日

前　言

河南省世界银行贷款林业持续发展项目是河南省第四个世界银行贷款造林项目。该项目于1999年开始准备，2003年正式启动，2009年全面竣工，历时10年。项目宗旨是：在可持续发展和群众参与的基础上，通过营造集约经营人工林，以达到发展森林资源，缓解全省木材供需矛盾，调整项目区种植结构、振兴林业经济和改善生态环境的目的，促进河南省经济可持续发展。

项目共完成投资35 454.96万元（折合4 870.67万美元），为项目计划投资33 532万元（2003年折合4 038.5万美元）的105.7%。其中：利用世界银行贷款17 363.95万元，占实际投资总额的49.0%；省内各级配套资金18 091.01万元，占51.0%。涉及河南省的13个省辖市26个县（市、区）、58 729个造林农户，共营造高标准集约经营人工林63 807.3 hm^2，其中用材林达到49 726.41 hm^2，经济林造林面积14 080.89 hm^2。根据各项目县（市、区）连续7年的造林质量检查验收结果，项目造林平均面积核实率为98.3%，造林平均成活率达到93.1%，平均生长量达标率93.6%，生长量株数达标率93.1%。此外，完成的幼林抚育面积为17.8万 hm^2·次，新（扩）建示范中心苗圃5个，建设管护棚276个，以及相当数量的经济林灌溉设施、林道以及森林防火带等。

在整个项目实施期间，全省共举办财务管理、物资采购、质量管理、环境保护、社区林业评估、农户调查、病虫害防治等技术培训班1 320期；累计培训县（市、区）技术和管理人员333 805人次和866 142人·日，分别是计划的208.16%、102.51%。其中省级培训2 100人次和4 475人·日，县级培训17 783人次和46 195人·日。在26个县（市、区）营建示范林6 152.5 hm^2，包含了项目实施的所有造林树种。项目的实施，促进了全省林业生态省建设步伐，结合国外先进的林业工程管理经验，在河南省项目区探索出了一套有效的方法，提供了一个可以借鉴的模式。

本书分为三个部分：第一部分为综述，全面系统地介绍了项目的由来和背景、目标和内容、项目实施执行情况，分析了项目实施取得的经验和教训，并对项目后续管理提出了可持续发展建议；第二部分为专题报告，对项目实施内容分6个专题进行了总结；第三部分收录了项目执行实施过程中制定的主要管理办法和规范性文件。本书在编写过程中，得到了郑州市的新郑市，开封市的开封县，洛阳市的偃师市，鹤壁市的淇县，焦作市的沁阳市和温县，濮阳市的南乐县，许昌市的许昌县、长葛市和襄城县，漯河市的临颍县、源汇区、召陵区和郾城区，南阳市的桐柏县、社旗县和邓州市，信阳市的罗山县、息县、淮滨县和平桥区，周口市的鹿邑县、扶沟县和商水县，驻马店市的平舆县，济源市等13个市的26个县（市、区）林业局项目办的大力支持，河南省林业厅厅长在百忙中为该书作了序，在此一并表示感谢。

由于我们水平有限，编写时间仓促，不足之处在所难免，敬请读者批评指正。

编者

2010年6月

目　录

第三部分　各类管理办法、规定

第一部分　综　述

第一章 项目概况

第一节 项目背景

1.1 森林是林业发展和生态改善的主体，而河南省是一个森林资源匮乏的省份，发展林业、改善生态环境的任务十分艰巨

据项目实施前河南省第五次（1993～1998）森林资源连续清查结果，全省森林面积约209.01万hm^2，森林覆盖率12.52%，活立木蓄积量1.31亿m^3。全省人均森林面积0.023 hm^2，为全国平均水平（0.128 hm^2）的1/6，为世界平均水平（0.6 hm^2）的1/26；人均有林地蓄积量0.573 m^3，为全国平均水平(9.048 m^3）的1/16，为世界平均水平（83 m^3）的1/145。全省林业用地面积、有林地面积、林分蓄积量、森林覆盖率等主要指标在全国排序中均位于20位以后，面临着森林资源总量不足以及用材林成熟林资源下降、森林经营总体质量差等问题，林地利用率低，荒山荒地面积大，沙化治理进度慢，水土流失严重，自然灾害频繁，生态环境脆弱，已成为制约全省国民经济发展和生态省建设的因素。

1.2 自20世纪90年代始，在国家林业局的大力支持下，河南省林业贷款项目不断发展

1990～1997年实施了国家造林项目（简称NAP)，1995～2001年实施了森林资源发展和保护项目（简称FRDPP)，1999～2005年实施了贫困地区林业发展项目（简称FDPA)，各项目的实施工作都进展顺利，取得了良好的效果。世界银行贷款林业项目成为河南省林业改革开放的主战场、全省高质量速生丰产林(集约经营人工林）建设的主阵地。

1.3 党的“十六大”后，河南省确立了营造良好生态、建设绿色中原、全面建设小康社会的奋斗目标

按照党的“十六大”描绘的全面建设小康社会的宏伟蓝图，河南省委七届

五次全会确立了营造良好生态、建设绿色中原，全面建设小康社会的奋斗目标。全面建设小康社会是河南省林业建设的主要任务，因此河南省人民政府编制了《绿色中原建设规划》，提出了到2020年全省森林覆盖率提高到30%以上的奋斗目标，规划了到2020年全省新增有林地200万 hm^2 的建设任务。为进一步加快全省绿色中原建设的步伐，扩大森林资源，改善生态环境，促进当地群众脱贫致富，河南省林业厅向国家林业局提出了实施世界银行贷款林业持续发展项目的申请。

第二节　项目准备

2.1　立项、认定与评估

1998年林业持续发展项目（简称SFDP）列入“中国政府和世界银行1999～2001三年项目滚动计划”。12月，SFDP世界银行（简称世行）项目检查组来华就林业项目思路、框架，同中方交换意见，在国家计委、财政部有关部门的支持下，新项目列入计划；1999年3月，世行派出项目认定组来华，进行了野外考察与磋商，并通过了认定组认定，项目正式立项。2001年2～4月，世行对项目进行了评估，期间世行环评官员到安徽、河南对拟选项目造林地进行了实地考察。

2.2　项目谈判与项目贷款协定的签署

2001年5月，项目首次进行了技术谈判；2002年1月，进行了正式谈判，同年4月16日，世界银行董事会批准了“林业持续发展项目”项目评估报告，同意提供9 390万美元的贷款用于项目人工林营造活动内容的建设实施；2002年7月2日中国政府与世界银行签署项目贷款协定。

2.3　项目的批准、转贷协议的签订和启动

河南省人民政府于1999年3月向国家林业局申请实施“林业持续发展项目”并得到批准；河南省财政厅于2001年3月14日就项目债务和配套资金向财政部作出承诺（豫财贷字［2001］4号文）。2001年11月，财政部与河南省人民政府签订了《关于利用世界银行贷款“林业持续发展项目”的转贷协议》（4659－HENAN）；2002年12月，河南省财政厅与项目实施市签署转贷协议；2003年4月，河南省计划发展委员会批复了省林业厅关于河南省利用世行贷款林业持续发展项目可行性研究报告；2003年4月，国家林业局批复了《关于世

行贷款林业持续发展项目省级分项目可行性研究的报告》；至此，为期4年多的项目准备工作结束，项目进入全面的启动实施阶段。

第三节　项目的目标、内容和布局

3.1　项目目标

在可持续发展和群众参与的基础上，通过营造集约经营人工林，以达到发展森林资源，缓解河南省木材供需矛盾，调整项目区种植结构、振兴林业经济和改善生态环境的目的，促进全省经济可持续发展。

3.2　项目活动内容

（1）在13个市26个县（市、区）新造用材林49 726.51 hm^2，新造经济林14 080.89 hm^2；

（2）新（扩）建中心苗圃5个；

（3）项目区内配套建设：营建管护棚、开辟林道、防火线等配套设施；

（4）技术服务与推广：开展林业实用技术培训与咨询服务，在项目造林中推广应用新技术、新品种科研成果；

（5）种植材料开发，加速开发优良种植材料，扩大无性系造林比例；

（6）项目监测。

3.3　项目的布局

选择适宜发展林业的13个市的26个县（市、区）实施林业持续发展项目。26个县（市、区）从自然地理上可分为三大片：

（1）豫南片：包括信阳市的罗山县、息县、淮滨县和平桥区，南阳市的桐柏县、社旗县和邓州市，驻马店市的平舆县。该片主要适宜于发展杨树、杉木、火炬松等用材树种和板栗、核桃、茶、银杏、柑橘等经济林树种。

（2）中东部：包括开封市的开封县，许昌市的许昌县、长葛县和襄城县，漯河市的郾城区、源汇区、召陵区、临颍县，郑州市的新郑市，洛阳市的偃师市，周口市的鹿邑县、扶沟县和商水县。该区适宜发展杨树、刺槐、泡桐等用材树种和枣、葡萄、石榴、苹果、桃、杞柳等经济林树种。

（3）豫北片：包括焦作市的沁阳市和温县，濮阳市的南乐县，鹤壁市的淇县，济源市。该区适宜发展杨树、泡桐等用材树种和枣、葡萄、苹果、桃、花椒等经济林树种。

参加项目的 13 个市有 11 个市参加过世界银行贷款国家造林项目、森林资源发展与保护项目或贫困地区林业发展项目，已经建立了比较完善的财务、计划、信息、环保、营林技术等组织管理体系和林业科技推广服务网络，这为林业持续发展项目顺利实施奠定了较好的基础。

3.4　项目县和项目乡（林场）、村的确定

项目县的选择综合考虑了项目建设的目标和当地的自然条件及技术管理水平，并在项目实施过程中对项目评估阶段的选择结果进行了适当调整。2003 年项目启动时，选择了 12 个市的 20 个县参与本项目实施；2005 年项目中期调整时，增加了 1 个市 4 个县；又因行政区划调整等原因，最终有 13 个市的 26 个县（市、区）参与了本项目实施，其中国家级贫困县 4 个，省级贫困县 3 个。

项目性质、目标和宏观区域确定之后，根据 SFDP 社区林业评估（CFA）的程序、方法，对各地的资金规模、管理方式、林种树种结构安排、受益乡镇、村和农户作出具体安排。为保证项目实施，筛选出 218 个乡镇（林场）、1 298 个项目村、58 729 个受益农户，其中贫困农户 9 285 户，占总户数的 15.8%。

3.5　项目实施的结果

项目 2003 年初启动实施，2009 年底结束，历时 7 年。7 年中，河南省在国家林业局世界银行贷款项目管理中心（以下简称世行中心）的指导、帮助下，通过艰苦努力，使项目贷款协定、信贷协定、评估报告、国内各级转贷协议，以及项目的各项管理办法、技术规程得到认真有序的贯彻执行。项目设计的主要活动内容均已完成，达到了项目预期目标。

第二章 项目的执行情况

第一节 项目造林活动完成情况

1.1 造林计划完成情况

本项目从2003年开始造林，到2009年项目实施结束，经检查验收合格的造林面积达63 807.30 hm^2，比项目信贷协定和贷款协定规定的目标38 071.50 hm^2多造林25 735.80 hm^2，为计划的167.60%；比项目中期调整后的造林规模62 510.00 hm^2 多造林1 296.8 hm^2，为计划的102.07%。在上述完成的造林面积中，与中期调整后的造林规模相比，用材林造林面积为49 726.41 hm^2，为计划50 730.00 hm^2 的98.02%；经济林造林面积14 080.89 hm^2，为计划11 780.00 hm^2 的119.53%。分树种、分年度造林面积统计情况见表1－1。

超额完成任务的主要原因：一是2005年中期调整时，将2000年评估时的经济林造林任务21 933.6 hm^2 调整为11 780 hm^2，经济林造林减少的投资用于用材林造林，使用材林造林任务增加到34 592.1 hm^2。二是在国家林业局的支持下，项目中期调整时河南省新增世行贷款190万美元；另外，经国家林业局同意，将土建工程资金7.6万美元、物资采购资金28.58万美元调入营林类别。三是国家天然林资源保护工程实施后，木材市场看好，经济林项目有比较好的近期效益，参加项目的农户造林积极性较高。

就具体树种来说，大多数树种均超额完成计划任务，个别树种未完成任务的主要原因，一是市场变化影响了农户造林的积极性，二是根据各项目省（区）的建议与申请，国家林业局世行中心在安排年度造林计划时作了一些灵活调整。

1.2 造林质量

根据各项目县（市、区）连续7年的造林质量检查验收结果，项目造林平均面积核实率为98.3%，造林平均成活率达93.1%，平均生长量达标率为

93.6%，生长量株数达标率为93.1%。反映各林种造林质量主要有七大指标：良种使用率、一级苗使用率、面积核实率、造林成活率（保存率）、生长量达标率、生长量株数达标率、环保合格率。SFDP造林质量核查结果统计情况见表1－2和附表7。

表1－1 分树种、分年度造林面积统计情况表 （单位：hm^2）

树种		总计		2003年	2004年	2005年	2006年	2007年	2008～2009年
		计划	完成						
总计		62 510.00	63 807.30	12 032.70	13 589.13	14 203.00	11 693.60	11 537.97	750.9
用材林	小计	50 730.00	49 726.41	6 645.90	9 860.84	11 454.30	10 619.40	10 466.87	679.10
	火炬松		634.90	3.00	266.40	347.20	18.30		
	杉木		74.83	21.00	21.73	32.10			
	毛白杨		1857.80	999.40	560.20	40.30	98.50	159.40	
	意杨		46 301.92	5 266.00	8 790.95	10 966.40	10 502.60	10 096.87	679.10
	刺槐		506.60	273.50	180.70	52.40			
	泡桐		222.50			11.90		210.60	
	枫香		127.86	83.00	40.86	4.00			
经济林	小计	11 780.00	14 080.89	5 386.80	3 728.29	2 748.70	1 074.20	1 071.10	71.80
	核桃		667.40	92.70	181.80	349.30	24.70	18.90	
	板栗		1 122.87	522.50	225.07	367.00	8.30		
	杜仲		37.99		19.69	18.30			
	银杏		142.50	134.10		1.60		6.80	
	枣		3 655.54	1 384.40	1 100.22	532.90	298.90	281.92	57.20
	梨		1 288.24	140.00	102.90	507.00	246.70	291.64	
	茶		117.50	71.10	15.00			31.40	
	杏		2 407.32	1 149.90	739.86	268.40	173.60	75.56	
	柑橘		21.30	21.30					
	桃		1 561.15	585.00	587.55	193.50	83.40	97.10	14.60
	花椒		181.40	104.90	45.40		31.10		
	苹果		433.21	143.90	174.61	101.00	6.00	7.70	
	石榴		761.81	300.10	83.11	115.60	139.30	123.70	
	葡萄		1 561.66	736.90	408.78	289.60	55.40	70.98	
	柳条		121.00		44.30	4.50		72.20	

表 1－2　SFDP 造林质量核查结果统计表

树种	良种使用率（%）	一级苗使用率（%）	面积核实率（%）	造林成活率（%）	平均生长量达标率（%）	生长量株数达标率（%）	环保合格率（%）
合计	100.0	96.6	98.3	93.1	93.6	93.1	98.9
用材林小计	100.0	96.0	98.4	92.3	92.2	91.5	99.4
火炬松	100.0	95.0	100.0	86.7	86.5	85.9	99.0
杉木	100.0	94.0	100.0	95.0	89.0	88.2	99.3
毛白杨	100.0	95.0	100.0	89.0	95.6	93.5	100.0
意杨	100.0	94.6	96.0	95.1	95.8	94.8	99.8
刺槐	100.0	98.0	99.0	93.0	90.0	90.0	100.0
泡桐	100.0	99.1	98.0	97.0	98.5	98.2	100.0
枫香	100.0	96.0	96.0	90.5	90.2	90.0	98.0
经济林小计	100.0	97.2	98.2	93.9	95.0	94.7	98.4
核桃	100.0	96.0	100.0	87.0	95.0	94.5	100.0
板栗	100.0	93.0	100.0	88.9	88.5	86.8	100.0
杜仲	100.0	91.0	96.0	96.0	95.8	95.2	97.0
银杏	100.0	98.5	100.0	92.8	91.2	91.0	100.0
枣	100.0	99.4	100.0	93.0	95.0	93.0	94.0
梨	100.0	98.3	96.0	95.8	95.2	94.6	99.1
茶	100.0	100.0	98.1	96.0	97.0	98.0	100.0
杏	100.0	98.3	99.8	94.5	98.0	97.8	98.6
柑橘	100.0	96.0	94.0	91.8	91.0	90.8	97.8
桃	100.0	97.0	99.1	97.9	98.5	98.0	97.7
花椒	100.0	100.0	100.0	90.0	91.0	92.0	100.0
苹果	100.0	95.7	93.0	94.6	97.0	96.0	95.7
石榴	100.0	98.8	98.9	96.1	95.6	95.7	99.2
葡萄	100.0	96.5	97.6	96.5	98.2	99.0	97.4
柳条	100.0	100.0	100.0	97.0	98.5	98.5	100.0

2009 年下半年开展的 SFDP 项目幼林质量摸底调查（详见第二部分专题报告 3），项目竣工时一类、二类林分的面积占总造林面积的 79.74%。见附表 8。

1.3　幼林抚育

按照各树种的造林模型设计要求，完成幼林抚育面积为 17.8 万 hm^2·次，超额完成了项目幼林抚育任务。

1.4 配套工程

按照造林设计和当地的实际需要，项目支持建设管护棚276个，以及相当数量的经济林灌溉设施、林道、苗圃设施以及森林防火带等。见附表9。

第二节 种植材料开发计划执行情况

结合本项目的特点和实际需要，在继承世界银行贷款NAP、FRDPP和FD-PA的种植材料改良和繁殖计划成功经验的基础上，制定的SFDP种植材料开发计划，突出了优良种植材料的选择和新技术的推广应用，为项目提供数量充足的高质量苗木打下了基础。经过7年的实施，项目设计的种植材料开发计划的各项指标圆满完成。

2.1 优良种源利用

明确用材林种源区划，坚持经济林树种造林使用名、特、优、新、稀等品种，根据项目每个造林树种对遗传品质的不同要求和良种基地的建设情况，结合国家林木种子区划和标准，针对SFDP造林主要树种，制定了河南省主要树种种源区推荐表并在项目实施中认真贯彻执行。项目实施期间，共使用种子202 185.34 kg，包括母树林种子199 951.44 kg，优良种源区种子2 167.83 kg，进口种子66.07 kg；项目造林的良种使用率达到100%。

2.2 无性系苗和根型培育器育苗使用情况

项目实施期间，共生产苗木9 053.26万株，其中裸根苗9 009.35万株，根型培育器苗10.75万株，塑料袋苗33.16万株；按照繁殖方式分类。实生苗460.02万株，占5.08%；无性系苗8 593.24万株，占94.92%，超额完成了项目苗木生产计划。详见附表6。

2.3 苗圃管理技术

针对以往项目苗圃管理中存在的问题，采取了降低播种量、及时间苗、充分切根、提高容器苗基质的有机成分等改进措施。另外，在《SFDP主要树种苗木标准》中删除二级苗，要求全部使用一级苗造林，特别降低了苗高和地径比，增加了经济林主要树种苗木标准；在《SFDP苗圃技术管理规程》中增加了建立苗圃技术档案内容，提高了苗圃管理水平。

2.4 育苗新技术、新成果推广应用

通过项目的科技推广和培训活动，以互联网、培训、编发技术资料等形式，把种植材料开发作为重要内容推广到农户和造林实体，共推广应用容器苗有机质配方、芽苗截根移栽技术、ABT 生根粉等种植材料开发技术 28 项，覆盖了项目 22 个造林树种中的 18 个。

2.5 科技推广与培训计划

科技推广与培训是本项目实施的重要组成部分。在项目实施期间，通过组织体系和各种形式的推广与培训活动，使科技推广工作计划得以很好地贯彻落实，在技术标准及规程的应用、提高项目建设的科技含量、提高各级项目管理人员的技术水平、培养项目农户林业生产知识和技能等方面都起到了促进与支撑作用。

2.5.1 组织体系建设

建立了 SFDP 省级科技推广与培训支持组和技术咨询专家数据库，成立了以河南省林业科学研究院牵头的 SFDP 科技推广办公室。各项目县（市、区）配备专职人员负责项目实施中的科技推广工作，省、县两级均制订了科技推广与培训计划或实施方案，乡级指定 1 ~ 2 名林业技术人员具体落实科技成果推广与培训计划或实施方案的实施。

2.5.2 开展管理与技术培训

在整个项目实施期间，组织参加国家林业局世行中心和中国林业科学院 SFDP 科技推广办公室共同举办的技术培训班 17 期，15 个项目县（市、区）的技术和管理人员累计参加培训 360 人。河南省共举办财务管理、物资采购、质量管理、环境保护、社区林业评估、农户调查、病虫害防治等技术培训班1 320期，累计培训县（市、区）技术和管理人员 333 805 人次和 866 142 人·日，分别是计划的 208. 16% 和 102. 51%。其中省级培训 2 100 人次和 4 475 人·日，分别是计划的 328. 13% 和 119. 02%；县级培训 17 783 人次和 46 195 人·日，分别是计划的 361. 44% 和 172. 63%；乡级培训 313 922 人次和815 472人·日，分别是计划的 202. 79% 和 100. 13%。省、县、乡三级均超额完成了培训任务。省、县两级累计完成现场技术咨询 1 763 人次和 15 349 人·日。

2.5.3 编印、传播技术信息

全省共编写印刷世界银行贷款项目林业技术等相关资料 306 种，印发163 100册。其中省林业项目办公室组织 20 多位专家编制了 33 种，印发24 820册；县级编制 173 种，印发 156 486 册；同时，结合林业生产和农民需要，委托省林业科学研究院、省林业技术推广站选择了杨树及 6 种主要经济林优良品

种，将其优质、高产栽培技术制作成420盘录像带，分发到每个项目县（市）项目办。省林业厅项目办公室每年编制简报或信息，在林业信息网上发布，提高了科技推广的速度和效率。

2.5.4　建设示范林展示、传播先进技术

26个县（市、区）完成营建示范林6 152.5 hm^2，是计划面积600 hm^2的10.25倍；所营建的示范林分布于26个项目县（市、区），几乎包含了项目实施的所有造林树种。

2.5.5　培养技术人才

组织项目中央技术咨询专家，于2004年在河南省罗山县建立了综合科技示范区，建成了32个示范园（林、圃）、65个科技示范农户并培养了大量的县、乡级技术人才。

2.5.6　国外考察培训

为提高项目管理水平，学习和借鉴国外先进的林业生产技术与管理经验，自2003年开始到2009年8月，河南省共安排10人次参加由国家林业局世行中心组织的省、市、县项目管理和技术人员赴美国和德国培训或考察。培训或考察内容涉及育苗、整地、栽植、抚育、间伐、采伐病虫害防治及木材加工利用等一系列营林技术，森林资源经营管理，以及提高项目管理人员英语水平等方面。

第三节　物资设备采购情况

根据国家林业局世行中心制定的化肥国内询价采购管理办法，化肥由省林业厅项目办或县项目办以询价方式进行采购。河南省举办了各项目县（市、区）相关管理人员参加的化肥询价采购培训班，并派员深入项目地进行指导，确保工作落实到位，提高了化肥的采购效率，满足项目林农和造林实体的实际需要。截至2009年项目结束时，项目通过询价采购方式，共采购化肥20 447.04 t，其中采购复合肥6 638.94 t、尿素9 702 t、钙镁磷肥1 496.2 t、过磷酸钙2 577.22 t、氯化钾32.68 t；采购火炬松种子66.1 kg，板栗、核桃等良种202 117.2 kg；采购各种农药6 500 kg；采购护林防火指挥车29辆，轻型货车（皮卡）5辆，计算机51台，打印或复印机等办公设备34台（套），传真机13台，摄像机15部，投影仪7台，灌溉、塑料大棚等育苗设备2台（套），合计使用世行货款118.70万美元。见附表10、附表11。

第四节　环境管理

SFDP项目的环境管理是通过制定和实施环保规程实现的。该规程结合本

项目的实际，继承发展了原世界银行贷款造林项目的环境管理方法，最大限度地减少了项目活动可能产生的不利影响。经核查，造林的环保合格率达到98.9%。

4.1　因地制宜选好造林地

造林地选择上，坚持按照荒山荒地－灌丛地－疏林地（郁闭度在0.2以下）－低产人工林地（年生长量小于3 m^3/hm^2）及残次林地优先顺序进行，贯彻生态优先原则，保护生物多样性。

4.2　加强营林措施

结合SFDP的特点，在原世界银行贷款造林项目环保规程的基础上，增加了退耕还林地新造林的环境保护措施，对整地方式作出规定，落实经济林整地“一树一库”的要求；对项目林营造可能产生的环境问题作出规定，提倡以耕代抚，16°以上坡地采用穴垦或带状整地方法，保留山顶、山脊、山脚处原生植被，防止水土流失等，收到了明显效果。

4.3　加强病虫害防治管理

按照世界银行贷款林业持续发展项目制定的《人工林病虫害防治管理计划》，项目单位坚持以预防为上的方针，通过严格苗木检疫、加强监测与管理，以及采取及时的防治措施，保证了项目实施期间没有发生大面积的病虫危害，林木健康状况良好。

4.4　项目环境监测

世界银行贷款林业项目一直重视环境监测的作用，SFDP又把改善环境明确为项目的目标之一。项目针对集约经营人工用材林在施工和经营活动中可能产生的不良环境影响，在项目区设立监测点进行了详细的监测，从而为了解和掌握SFDP实施中新增造林活动导致的水土流失、土壤肥力、病虫害发生及变化情况，并为及时采取必要措施提供了科学依据。河南省林业厅项目办根据世界银行贷款林业项目环保规程的要求，制订了SFDP环境监测方案，在26个项目县（区）设立384个环境监测点，对项目林的水土流失、土壤肥力和病虫害情况实施了监测。

截至2009年8月，分布于不同项目县的6个水土流失监测点、3个土壤肥力监测点、375个病虫害监测点按计划完成了监测任务，并取得了完整的监测数据。对所取得的数据分析表明，项目中所采用的造林及经营管理措施不会导致大范围的水土流失，对土壤肥力具有一定的保持和提高作用，人工林的病虫害发生种类和数量较少且危害程度也较轻。另外，环境监测反馈的动态信息为指导改进营林措施，特别是为利用病虫害动态监测信息及时制定和采取有效的病虫害防控措施提供了科学依据（详见第二部分专题报告5）。

第五节 投资完成情况

截至2009年8月31日，项目实际完成投资35 454.96万元（人民币），是2000年评估概算时33 532万元的105.73%。其中，使用世界银行贷款17 363.95万元，占实际投资总额的48.97%；国内配套资金实际投入18 091.01万元，占实际完成投资总额的51.03%。见附表14～附表16。

5.1 世界银行贷款

整个项目使用世行贷款资金17 363.95万元，其中：用于营造用材林9 145.07万元，营造经济林7 291.35万元，技术支持和服务759.87万元，其他167.66万元。见附表12。

5.2 国内配套资金

整个项目共到位配套资金18 091.01万元，其中省级3 847.00万元，地（市）级1 378.00万元，县级3 151.00万元，造林单位劳务折抵9 715.01万元，分别占整个项目配套资金的21.26%、7.62%、17.42%和53.70%。见附表13。

5.3 投资和规模的调整

河南省世界银行贷款林业持续发展项目从1999年正式立项，到2003年启动实施，历时4年，期间市场和宏观形势都发生了很大变化，加上实施过程中又遇到了新的问题，因此在国家林业局的支持下，本着项目的宗旨目标、实施区域、目标受益人不变的前提，根据项目地区的实际需求和项目农户的意愿，在2005年9月进行了中期调整，新增190万美元营林投资；另外，部分项目的物资采购28.58万美元、土建工程资金7.6万美元，也调整到营林费用，使计划造林面积由原来的38 071.5 hm^2 增加到62 510.0 hm^2。

第六节 项目实施的保障措施

与以往世界银行贷款林业项目相比，SFDP在项目实施保障措施方面有了新的发展，并取得良好效果。项目采用了被多次证实有效的组织管理体系和造林质量控制模式，并在发挥项目目标群体——贫困农民的主导作用、实施参与式方法等方面有新的突破。参与式方法和监测评价不仅保证了项目高质量的准备和实施，而且为科学、客观地认定项目的产出结果，按照受益群体的意愿及时调整项目活动，以及实现项目目标提供了可靠的保障。

6.1　系统化、高效的组织管理体系

本项目的组织保障体系主要由两个部分构成。一是负责项目实施的组织体系，包括省林业厅项目办、市和县林业局项目办，每一级项目管理机构负责本地的具体实施和管理工作；二是负责项目资金的管理体系，主要由省财政厅债务处、市和县财政局、乡财政所的职能处、科、股（所）构成，具体负责项目资金转贷、提款报账和债权债务管理等。两大体系职责明确、密切合作，构成了项目顺利实施的强有力的组织保障体系。项目实施的组织体系，包括计划管理、财务核算、种植材料开发、科技推广、技术管理、质量检查、环境保护、监测评价等，都制定了各自的技术规程、标准和管理办法，形成了规范化、标准化和科学化的管理模式，保证了项目实施工作顺利开展。

例如，在计划管理方面，专门制定了项目计划管理办法，在落实年度造林计划时，实行“两上两下”的管理方法。即，每年年初，按照项目造林目标，制定和下达预计划，各级项目办根据这一预计划做好配套资金、种苗、造林地和劳力等工作的准备；然后，各级项目办根据实际准备情况对预计划提出调整意见。最后下达正式项目造林计划。正式计划下达后，各地必须认真组织实施，不可随意变动。

6.2　开创性的社区林业评估程序

SFDP是一个涉及市、县、乡、村数目众多，覆盖面大，且以农民或贫困户为主要参与者和受益人的项目。在项目准备期间，结合贫困地区林业发展项目参与式评估方法在河南省使用的经验，简化了评估方法，以温县、桐柏、淮滨和郾城4个县为重点县，其他22个县为一般社区评估县。重点县采用详细社区林业评估方法，一般县进行宣传发动、填写申请、规划设计，在此基础上，形成项目实施方案。简化后的评估方法，既能充分了解项目主要投资对象和直接受益人——农民及贫困户的意见，又减省工作量和费用，并且也能保证项目准备和实施的质量。

项目实施的成效、典型农户访谈均证实了SFDP所开展的社区林业评估（CFA）工作的重大贡献：①它使项目的微观区域设计建立在反映主要参与者

和受益人——贫困农民的利益与实际情况的基础上，保证了绝大多数受益者是贫困农户，提高了项目可行性研究的质量。②它所采取的与以往不同的工作方法，充分调动了农民的积极性和责任感，保证了项目目标的实现。③每年为项目提供涉及参加农户、造林安排、林地权属、经营方式、受益人和受益水平等大量动态信息，为项目调整决策提供了科学依据。

SFDP 使用的 CFA 方法，最大限度地体现了受益群体参加项目活动的意愿，最大限度地增加了受益人的数量，最大限度地减少了经济风险，最大限度地保护了贫困农户的利益，体现了林业发展的要求。该方法不仅开创了使用社会学方法在河南进行林业贷款项目准备的先河，而且在项目实施、监测方面发挥了重要作用。

6.3　科学严谨的典型农户调查

SFDP 项目的监测评价采用了对农户和股份林场进行连续跟踪调查的方法，依照世界银行对项目评估的要求，衡量项目活动对农户收入的影响所需的数据，应通过对项目农户的抽样调查而获得。按世界银行的要求并在河南省林业科学研究院、河南省经济发展研究中心的帮助下，根据《林业持续发展项目农户调查行动计划》，河南省共开展 3 次调查工作：第一次在 2000 年进行，完成首次调查和项目的本底数据的汇总；第二次在 2005 年项目中期进行，有力地支持了项目的中期评估和调整工作；按世行检查组备忘录的要求，在 2009 年下半年结合项目竣工准备工作时，开展了第三次农户调查（详见第二部分专题报告 6）。在河南省林业厅项目办高度重视下，委托独立的省级社会经济机构进行调查，每次开展的调查都扎实细致，调查结果真实反映了项目的客观情况。

SFDP 所实施的农户典型调查工作采取了统一一致的标准程序和可比性分析，调查结果有较高的可靠性（见表 1－3）。

表 1－3　SFDP 开展的 3 次农户调查情况统计表

年份	涉及县数	乡数	村数	农户数		股份林场数	
				汇总数	可比数	汇总数	可比数
2000	4	6	8	20		2	
2005	4	8	8	22	20	2	2
2009	4	10	10	26	24	3	3

6.4　严格规范的工程质量控制措施

本项目造林质量保障措施，主要依靠已经建立起来的检查验收体系来完成。①坚持省、县和造林实体“三级检查验收制度”，造林活动按照整地、栽植、抚育等工序进行分阶段、分工序的验收。上一道工序质量不合格不能转入下一道工序施工，有效保证了项目造林质量。②为严格把好提款报账关，省林业厅项目办坚持对造林计划、单位成本和造林质量进行联合审核制度，凡是造林质量达不到标准的一律不予报账。③继续执行“报账制”，通过系统化、规范化的报账审核流程（见图1-1），为达到规定质量标准的项目活动提供资金支持，保证了项目顺利实施。④严格资金管理，接受审计监督。根据世界银行的要求，省审计厅每年都对项目资金的使用和财务核算进行审计监督与指导。各级审计部门本着对项目、对基层造林实体、对国家和世界银行认真负责的态度，正确履行自己的职责，对项目资金管理和实施工作提出了许多改进意见。各级项目管理部门认真落实审计意见并及时整改，在提高资金使用效率、提升项目活动的实施质量方面发挥了作用。

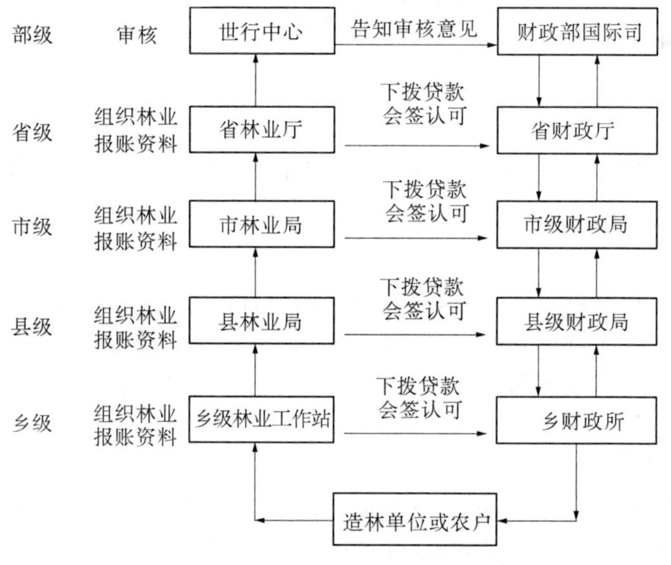

图1-1　项目报账审核流程

6.5　按要求监测评价实施进度

为了及时掌握项目的实施进度和项目目标实现的程度，采用了SFDP指标监测表，以反映整个项目实施期内项目活动和投入、产出的情况。这项工作按照世界银行的要求执行，并在监测评价项目进度方面发挥了良好的作用（见附件）。

总之，SFDP采取了切合本项目特点、科学有效的保障措施，在提高项目运作效率、保证项目进度和质量等方面发挥了重要作用。

第三章 项目实施的成效

在 SFDP 项目的实施过程中，由于借鉴了原有世行贷款林业项目和国际上同类项目的成功做法，采用了先进的营林生产技术和管理方法，从而使项目能始终沿着既定的目标顺利实施。目前看来，本项目在经济、社会、环境和技术管理等方面均取得了良好的成效。随着时间的延续，这些成效会越来越显著。

第一节 经济效益

1.1 营林产品指标

SFDP 项目共营造人工林 63 807.30 万 hm^2。根据项目林目前的生长态势和造林模型设计的间伐期、主伐年限，到主伐利用时完全能达到预期的经济效益目标。

经测算，项目营造的 49 726.41 hm^2 用材林，其林分总蓄积量达 948.58 万 m^3，可产木材 751.66 万 m^3、薪材 82.38 万 t。项目营造的 14 080.89 hm^2 经济林，可产果、叶、皮 125.94 万 t。详见附表 17 ~ 附表 21。

1.2 效益分析

以 16 年为一个周期，项目营造的用材林生产的木材、经济林果品总收入达 62.46 亿元，整个项目税后内部收益率为 40.62%。虽然评估时经济林面积为 21 933.6 hm^2，中期调整为 11 780 hm^2，减少了 10 153.6 hm^2，项目税后内部收益率有所下降，但受国家减免税收政策和降低育林基金征收标准的双重影响，仍比评估时的 37.86% 增加了 2.76%；净现值 119 387.34 万元，比评估时的84 114.44万元增加了 35 272.90 万元。还本付息税费后净现值 104 974.02 万元，内部收益率 36.77%；动态投资回收期为 8.2 年。

从静态和动态的财务经济分析结果来看，项目的经济效益将是十分显著的（详见附表 22 ~ 附表 28 和第二部分专题报告 1）。

第二节 社会效益

SFDP的成功实施还表现在它明显的社会效益，特别是扶贫效益。在项目实施期间，贫困农民一直是项目的主要参与者和受益者，有关指标超出项目初期确定的计划指标。主要表现在以下几个方面。

2.1 农户是项目的主要目标群体，项目的受益面大

项目实施后，将为社会提供800万个工日，按每个劳动力每年工作250日，相当于一年雇用3.2万个劳动力。项目直接受益农户5.8万户，受益人口23.5万人，经济纯收入37亿元，对当地农民脱贫致富、改善生产生活条件发挥了重要作用。项目覆盖26个县（市、区），其中贫困县7个（包括国家级贫困县4个，省级贫困县3个），占全省44个贫困县的15.9%；项目受益乡218个，其中贫困乡65个，占29.8%；项目受益村1 298个，其中贫困村320个，占24.6%；项目受益人口23.5万人（仅含造林部分），其中贫困人口3.9万人，占16.4%，说明扶贫面是比较大的，项目实施对当地经济发展和扶贫发挥了积极作用。

2.2 项目农户的综合素质和发展能力有了提高

项目实施期间，参加项目的218个乡镇共举办了3 600期（次）技术培训班和现场操作技术培训，累计培训参加项目的实体代表和农户313 922人次；95%以上的农户都参加了技术培训，掌握了一定的实用技术，市场经济意识和科技素质得到了提高。在项目准备和实施的过程中，大量交通不便、信息闭塞的贫困农户，通过项目活动接受了很多外界信息和技术知识，开阔了眼界，交流意识增强，加上已经获得和将要获得的项目活动的收入，项目农户可持续发展能力有了较好的基础。

2.3 促进了贫困地区剩余劳动力的就业和社会发展

与以往世界银行贷款项目相比，SFDP的造林活动，包括整地、栽植、幼林抚育和经济林整形修剪、打药、施肥等，为农村剩余劳动力提供了大量的就业机会，缓解了农村剩余劳动力转移的压力。据测算，项目在实施期间为当地社区增加大约3.2万人·日的就业机会。另外，项目在选择受益对象上向贫困农户的倾斜措施，CFA工作的公平、公开、公正的操作方法，大量少数民族农户平等参加项目等，为项目区当地社会稳定与和谐发展树立了典范。

第三节 生态效益

3.1 增加了项目区的森林资源

本项目按照环境保护规程要求营造的 63 807.30 hm^2 的高质量人工林，成林后可使项目区森林覆盖率增加大约 2.1%；同时，其树种、林种结构和森林质量都将得到有效的改善。随着这些人工林的成林成材，可以逐步缓解项目地区木材供需的矛盾，使天然林资源得到有效的保护。

3.2 改善环境，减少水土流失，保护当地的生物多样性

通过在造林过程中严格执行环境保护规程营造的项目林，能够在项目经营期内大幅度地减少当地的水土流失，同时提升立地的涵养水源功能。项目在造林地选择过程中采取的严格立地筛选程序、造林模型和树种的高度多样化、保留原生植被、为野生动物提供栖息地，以及在林分病虫害防治过程中保护天敌、减少化学农药使用等措施，为保护和增加当地的生物多样性作出了贡献。

3.3 碳汇效益

全球变暖是一个世界性的、已经影响到人类自身生存的重要问题。尽管人类在科学上还不能明确证实全球气候异常的原因，但是一个不争的事实：温室效应增强是影响全球变暖的一个非常重要的因素。树木通过光合作用吸收并储存大气中大量的二氧化碳，减缓了温室效应。在项目实施期间营建的用材林的碳汇随蓄积量的增长而增加，经济林的碳汇在造林后的 5 年间逐年明显增加。经河南省林业科学研究院专家测算，SFDP 项目造林 63 807.30 hm^2，在整个生长期内，年均可增加水源涵养量 0.26 万 m^3，每年减少水土流失量 96 万 t；能吸收和固定的碳量可达 0.35 万 t，相当于吸收了 0.46 万 t 标准煤燃烧后排放的 CO_2 量。

第四节 技术进步

与以往的世界银行贷款林业项目相比，SFDP 在技术方面的进步是明显的，特别表现在以下方面。

4.1 制定并完善了各类管理规范和技术规程

按照项目的要求，在继承以往项目实施经验的基础上，制定了符合 SFDP 特点的各类管理规范和技术规程，合理调整了整地方法，降低了造林密度，增加了树种多样性，为科学化、标准化、规范化管理打下了良好基础，融科学性和实用性于一体的造林模型的应用范围得到拓展。

4.2 优良新品种及林业先进技术推广并应用到项目造林与人工林经营管理中

在项目实施过程中，共计推广应用 37 项种植材料开发和育苗技术，以及整形修枝、地力管理等造林管理技术，覆盖了项目所有造林树种，为项目地区提升造林质量提供了科技支撑。

4.3 项目智力开发活动成效显著

在项目实施过程中，通过对各级技术、管理人员和林农的培训，组织国内外考察（培训），专家咨询和本项目的管理实践等活动，为项目市、县（市、区）和乡（镇）培养了一支高素质的林业技术和管理干部队伍，大批项目受益人特别是贫困农户学会并掌握了科学育林的知识和技能。

第四章　项目实施取得的经验和教训

SFDP是我国政府使用世界银行贷款在中西部经济欠发达地区实施的大型林业项目，项目实施历时7年，积累了多方面经验，为河南省今后更好地利用国际金融组织贷款发展林业奠定了坚实基础。

第一节　实施经验

1.1　借鉴NAP、FRDPP、FDPA实施经验，坚持多方面发展与创新，为SFDP顺利执行打下了坚实基础

世界银行贷款NAP、FRDPP、FDPA已经取得了显著成效，并为SFDP的顺利执行打下了良好基础。SFDP与以往的世行贷款林业项目相比，在很多方面都有发展和创新。项目在内容上加强了培训与技术推广；实施主体方面由以国有林场、集体林场为主发展为以农户特别是优先安排贫困农户；在受益群体选择上则推广使用了简化的林业社区评估方法，在调整项目活动内容时充分体现了农民的意愿；在科技支撑方面注重实用技术与新成果的推广应用，把技术培训作为提高农民素质和项目林地生产力的重要手段等。这些发展与创新，是过去造林项目从未有过的，也是世界银行贷款河南林业项目走向规范和创新性发展的重要标志。

SFDP的建设目标，把培育森林资源与减轻贫困这一重大社会目标落实到项目活动之中。SFDP采取了公开、透明的社区林业评估工作程序，直接按照农民的意愿进行项目可行性研究和项目活动设计。通过对13个县（市、区）200个农户的社会经济状况和他们参加项目活动情况3次系统规范的调查与监测，结果证明，项目的目标落实到位，项目取得了显著成效。

SFDP重视营造经济林和用材林比例搭配，使项目农民长期与近期收益趋于合理；在技术管理上，通过培训推广，提供优良种源、高质量苗木，加大无性系应用的比重，确保造林质量和短期收入的实现。通过这些措施，人工造林活动见效慢的问题得到解决，贫困农户近期收入有所增加，从而为改善其生产生活条件奠定了基础。

1.2 完善机构建设，强化科学管理，为 SFDP 成功实施建立了强有力的组织和技术保障体系

SFDP 是一个内容丰富、覆盖 13 个市的大型造林工程。在实施过程中，由于各级领导高度重视，多个部门协调运转、密切配合，为项目成功实施提供了必要的人力、财力和物力支持。

在组织机构建设方面，SFDP 延用了 NAP 和 FRDPP 的管理机制并有所拓展。在省林业厅成立了以厅长为组长，相关处（院、站）负责人及河南农业大学等单位主要领导为成员的项目领导小组，负责制定项目的方针政策，解决重大问题等；项目的具体实施与管理工作由省林业厅项目办负责。在市、县（市、区）级，项目领导小组由同级主要行政领导任组长，成员由发改委、财政、林业等相关部门负责人组成，并单独设立项目办公室，具体负责本市、本县（市、区）的项目实施工作。

在管理体系上，项目建立了财务核算、计划管理、技术管理、科技推广、环境保护、种苗管理、信息监测和社区林业评估等 8 个主要的支撑体系，配备技术人员，明确了工作职责，形成了层层负责、上下呼应、高效运转的科学管理体系。

在项目实施过程中，为了实现科学化、规范化、标准化管理，省林业厅项目办制定了本省的一整套项目实施技术规程、管理办法与标准；各市、县（市、区）项目办制定了一系列的本区实施方案或补充规定，为保证项目实施活动的规范化、标准化奠定了基础。项目制定的 20 多项技术规程、管理办法和标准（见表 1-4），得到了各项目县（区）的认真贯彻落实，保证了项目高质量、高效率的实施。

1.3 遵守市场经济规律，充分体现受益群体意愿，为实现项目建设目标创造了良好条件

SFDP 是由 5.8 万户参加的大型林业贷款项目。项目实施过程中，始终坚持全面实现项目建设目标、坚持遵循市场经济规律和资源使用效益最大化原则，坚持项目农户为主要受益人的项目原则。SFDP 每个造林树种的规模和实施安排，都是在科学的投入产出比较、市场调研分析、确保资金安全高效使用，以项目农户作为主要受益人的前提下作出的。项目建立了资金专项使用制度和以报账制为基础的工程质量管理制度，层层签订合同、落实债务的还贷安排措施，科学合理的组织机构能力建设和监测体系，保证了项目的人力、财力发挥最佳效益。按照社区林业评估程序，根据市场需求和农民自己的意愿选择

表 1-4 林业持续发展项目（人工林营造）项目的技术和管理规范汇总表

编号	名称	类型	实施时间
1	河南省利用世行贷款林业持续发展项目实施管理办法	项目管理	2002 年
2	河南省利用世行贷款林业持续发展项目财务管理办法实施细则	项目管理	2003 年
3	河南省利用世行贷款林业持续发展项目提款报账实施细则	项目管理	2003 年
4	河南省世行贷款林业持续发展项目会计核算办法	项目管理	2003 年
5	河南省世行贷款林业持续发展项目造林施工设计实施细则	技术标准	2003 年
6	河南省世行贷款林业持续发展项目检查验收实施细则	技术标准	2003 年
7	河南省世行贷款林业持续发展项目苗圃工程实施办法	技术标准	2003 年
8	河南省林业持续发展项目种植材料开发计划	项目管理	2002 年
9	河南省林业持续发展项目科技培训与推广计划	项目管理	2002 年
10	河南省林业持续发展项目监测方案	项目管理	2002 年
11	河南省林业持续发展项目主要树种造林模型	项目管理	2002 年
12	河南省林业持续发展项目社区林业评估报告	项目管理	2000 年
13	河南省林业持续发展项目农药使用指南	病虫害防治	2003 年
14	河南省林业持续发展项目苗木标准	技术标准	2003 年

项目活动内容，让农民切实参与项目的设计和实施的全过程，为确保项目目标的实现创造了良好的实施条件。

1.4 把科技推广作为提高项目林地生产力，帮助农民脱贫致富的重要内容

科学技术是第一生产力。本项目的科技推广与培训活动，目的是把科学技术变为现实生产力。与以往的世行贷款林业项目不同，SFDP 把重点集中在对农户和造林实体的科技推广与技术培训上。①建立了省、县和乡三级推广培训体系；②开展了多层次、多学科、多领域的技术培训活动，收到了显著成效；③推广应用了一大批先进科研成果和实用技术，项目林生长量明显提高。据统计，整个项目实施期间，参与乡级科技推广与培训的骨干农民达 10 106 人，平均每个项目乡（镇）46 人，每个项目村 10 人，每 30 个项目受益农民中就有一个是掌握了造林经营技术的骨干农民。SFDP 是以农民为实施主体的大型林业工程，项目培训了一大批懂技术、有知识、会经营的农户，为项目区农民长期增收致富奠定了基础。实践证明，SFDP 所采用的层层培训、结合项目需求选择推广内容、针对项目农民建立示范户等模式，是切合河南实际的有效的技术推广模式，是提高林地生产力、帮助农民增产增收、实现项目建设目标不可或缺的重要内容。

1.5 强化种植材料开发和培育，是保证项目造林高标准、高质量的关键措施

良种壮苗是森林培育工作的首要环节和基础工作。自1990年以来的世行贷款林业项目都把种植材料开发计划作为项目实施的重要内容，收到了明显成效。SFDP在吸收NAP、FRDPP、FDPA成功经验的基础上，充分运用新技术、新标准，制定了项目种植材料开发计划，突出了优良种植材料的选择和新技术的推广应用，加强了苗木管理，为项目造林提供高质量苗木打下了基础。①建立了省、县各级项目种苗领导小组，具体人员由科研推广、项目管理、种苗生产等部门的技术人员组成；②坚持以中心苗圃为主，加强育苗技术改进，强化苗木生产源头管理；③加强了实用技术与科研成果的推广应用，项目造林的苗木质量明显提高。SFDP的实践证明，项目坚持推行的“三定”（种苗管理的定点供种、定点育苗、定向供苗）和“两证”（良种合格证、一级苗使用证）制度，推广新技术，改进苗圃管理，提高无性系苗木使用比例等措施是符合项目实际需要的，保证项目育苗良种使用率达到了100%，项目造林一级苗使用率达到了96.6%，无性系苗木占项目苗木生产总量的85%，为提高项目造林质量打下了坚实基础。

1.6 根据项目建设需要，适时适度调整计划，是保证项目顺利实施的前提条件

在SFDP的准备和实施过程中，从项目活动内容、支付类别、支付比例、造林单价到化肥采购方式等都进行了适当的调整。这些调整，充分反映了项目实施的客观要求和市场变化趋势，定位准确，时机得当，优化了项目资金的组合和使用效率，对提高项目的运作效率、实现项目预期目标起到了重要作用。

省、县项目办按照询价方式进行化肥采购方式，不仅节约了大量资金，而且保证了项目化肥的及时使用；根据项目农户的要求和各县（区）项目办的申请，2005年经国家林业局世行中心批准对项目类别进行了调整，反映了项目运作环境的动态变化和项目受益人的根本利益，取得良好效果。7年项目实施的实践证明，适时进行项目计划调整，既不偏离项目宗旨目标，又能反映项目实施的最新需求和客观情况，同时还能保证项目预期目标的实现。

第二节　问题和建议

SFDP在实施过程中，虽然取得了多方面的成功经验，但是还存在一些今

后值得注意的问题。

2.1 人工林经营周期长与项目贷款还贷周期短的矛盾

从 SFDP 造林实施完成情况看，杉木、火炬松等经营周期较长（15 ~ 20 年）的树种不受项目区农民的欢迎或任务完成欠佳。与本项目 5 年宽限期相比较，到开始偿还贷款时这类树种仍未产生收益。SFDP 的实施主体是农民，大多居住在交通不便的农村，生产生活设施落后，经济条件差，因而林木经营周期长与项目还贷周期短的矛盾尤为突出。要解决这个问题，除了在项目活动设计上坚持长、中、短结合，保证农民参加项目后尽快获得收益外，各级政府要对参加项目的贫困农户给予更多的优惠政策，扶持他们建立长期增产增收机制，或者发展一些多种经营、见效快的活动内容。

2.2 进一步改进化肥采购方式

本项目化肥采购任务完成得不够理想，调查发现主要原因如下：一是询价采购一般由各项目县负责，每个县的采购数量少，地方化肥厂提供的化肥品种有限，不能满足项目需要；二是由于采购数量少，询价厂商不愿参与报价，造成采购工作进展缓慢；三是地方规模较小的厂商对项目实行的先供货后付款的贸易方式抱有疑虑，要求先付款后交货，大部分项目县又缺乏垫付资金，导致询价采购收效甚微。鉴于此，建议世界银行在今后项目化肥采购工作上给予适当的灵活性，由项目单位用配套资金采购化肥，或者将项目造林所需化肥和有机肥直接计入造林单价报账，工作效率将会大大提高。

第五章　项目后续管理计划

SFDP 竣工后，项目幼林后期管护任务十分繁重。2009～2023 年，各项目单位要始终坚持“质量第一、效益优先”原则，坚持保护、巩固、发展项目实施成果，坚持技术措施与政策、行政措施相结合，以项目受益群体为主，按照各树种造林模型的技术要求，逐步落实后续管理计划，最终实现项目目标。

第一节　目标和任务

1.1　后续管理目标

主要是巩固和提高项目造林成果，争取使 90% 的项目林能达到或超过造林模型设计的生长量标准，保证产出、提高效益，确保农民长期增收和按期还贷。

1.2　后续管理任务

主要任务是搞好项目幼林的抚育管护和落实“三防”工作，筹集必需的资金，支持后续管理措施，使农民建立起长期增收的机制。

第二节　采取的措施和对策

2.1　保持和项目需求相适应的机构能力

项目竣工后，项目的组织机构面临着与项目实施期间不同的职责，加强项目管理机构能力建设，适应项目后期经营管理的需要将成为各级项目机构的重要任务。在省林业厅项目办的领导下，各县（市、区）项目办要落实相应的工作责任，保持人员稳定，继续对造林实体进行及时有效的检查指导、帮助和督促。

2.2　根据幼林质量现状制订实施分类经营方案

根据摸底调查结果，SFDP 营造的 63 807.3 hm^2 人工林中，一类林为

41 441.21 hm^2，占造林总面积的64.95%；二类林9 441.09 hm^2，占造林总面积的14.80%；三类林12 925.0 hm^2，占造林总面积的20.26%，据此，各项目县（市、区）项目办要认真制订SFDP项目林“保一转二抢三”经营方案并督促落实，明确项目林的后期管理工作，建立管护责任制，加强幼林抚育，提高林分质量，确保其速生丰产，以达到预期目标，为偿还世行贷款提供物质保证。

2.3 做好项目林的“三防”工作

“三防”即防火、防治病虫害、防人为和牲畜破坏。将项目林“三防”工作纳入当地政府和林业行政主管部门的职责范围和日常工作中，在业务管理、人员和经费等方面进行统筹安排，避免项目林遭受自然损坏与人为破坏。这样做，一是可以充分发挥各地现有的森林病虫害、森林火灾的预测、预报、防治队伍的作用；二是便于贯彻落实“预防为主、积极消灭”的方针政策，加强护林防火法制法规的宣传教育，制定乡规民约，严格控制森林病虫害和森林火灾的发生；三是有利于调动基层政府和村委会的积极性，及时配备护林人员，巡山护林，防止乱砍滥伐，确保项目林健康生长。

2.4 为林农提供实现效益所需的技术和信息服务

各级林业部门要为各地项目农户提供抚育管理、间伐的技术培训和示范及信息服务。如：经济林要加强整形修剪和施肥及病虫害防治方面的投入，用材林需及时间伐，提高产出效益；项目的早期收益需要把握市场机遇，以取得最大的经济效益；通过项目县、乡政府和各级林业部门的努力，向林农提供木材、果品等各类林产品市场供求信息，组织林农协会、果品协会等及时营销项目产品。

2.5 落实债权债务，确保按时足额还贷

落实债权债务，确保按时还贷，也是项目后期管理的一项重要内容。根据各级转贷协议和还贷安排，一级抓一级，每一级向上一级负责。提前落实各年度的还贷资金，确保按时足额还贷。

林业持续发展项目有关情况统计结果见附表1～附表28。

附表 1　河南省林业持续发展项目（人工林营造）：项目县（市、区）名单

年份	总县数	县（市、区）名
2003 年	20	新郑市、许昌县、长葛市、襄城县、鹿邑县、商水县、平舆县、郾城区、罗山县、平桥区、淮滨县、开封县、沁阳市、温县、南乐县、桐柏县、社旗县、邓州市、偃师市、济源市
2005 年	26	新郑市、许昌县、长葛市、襄城县、鹿邑县、商水县、平舆县、郾城区、召陵区、源汇区、罗山县、平桥区、淮滨县、开封县、沁阳市、温县、南乐县、桐柏县、社旗县、邓州市、偃师市、济源市、临颍县、息县、扶沟县、淇县
2009 年	26	新郑市、许昌县、长葛市、襄城县、鹿邑县、商水县、平舆县、郾城区、召陵区、源汇区、罗山县、平桥区、淮滨县、开封县、沁阳市、温县、南乐县、桐柏县、社旗县、邓州市、偃师市、济源市、临颍县、息县、扶沟县、淇县
总数（包括中途退出者）	26	新郑市、许昌县、长葛市、襄城县、鹿邑县、商水县、平舆县、郾城区、召陵区、源汇区、罗山县、平桥区、淮滨县、开封县、沁阳市、温县、南乐县、桐柏县、社旗县、邓州市、偃师市、济源市、临颍县、息县、扶沟县、淇县

注：（1）2003 年为项目初期，2005 年为项目中期，2009 年为项目竣工；
（2）项目县包括项目县以及县级的市、区等。

附表 1－1　河南省林业持续发展项目（人工林营造）：社区林业评估统计表

总项目县数（竣工时）	项目启动前			项目启动后	
	CFA 示范县名	CFA 推广县名	其他 CFA 县（市、区）名	县名（退出县，时间）	县名（新增县，时间）
26	温县	桐柏县、淮滨县、郾城区	新郑市、许昌县、长葛市、襄城县、鹿邑县、商水县、平舆县、罗山县、平桥区、开封县、沁阳市、南乐县、社旗县、邓州市、偃师市、济源市		召陵区（2005 年）、源汇区（2005 年）、临颍县（2005 年）、息县（2005 年）、扶沟县（2005 年）、淇县（2005 年）

注：CFA 为社区林业评估。

附表2　河南省林业持续发展项目(人工林营造):继承和发展

比较和总结	要点内容	备注
继承老世行林业项目(NAP,FRD-PP,FDPA)最为突出或成熟的做法	1. 造林模型得到了优化,好的方面得到继承,减少了调查和论证的时间 2. 环境保护和病虫害防治规程更加规范合理,操作性强,便于指导基层工作 3. 林业社区评估方法更为成熟,重点县进行细致全面与一般县简化程序两种方法互为补充、印证 4. 科技推广与示范	
与老世行林业项目相比,SFDP-PE进步、改进或创新的方面	1. 参与式的工作方法,得到优化,提高了项目实施的工作效率 2. 项目的实施管理办法、财务管理办法、检查验收办法更加规范、科学合理 3. 种植材料更重视优良品种的应用 4. 加大林业技术培训与咨询活动内容	
经过多年的项目准备和实施,SFDP-PE有哪些不足之处和教训	1. 项目准备时间长、程序较多,容易丧失一些市场发展机会 2. 项目实施后,单位调整、类别调整程序复杂,调控能力不强	

附表3　河南省林业持续发展项目(人工林营造):完成的营林基础设施　　(单位:个、km)

年度	实际报账后到账的			完工但未报账估计数
	管护棚	林道	其他(防火设施等)	
2003	26			156
2004	80			185
2005	85			210
2006	158			202
2007	125			210
2008	201			265
2009				
…				

注:苗圃改扩建未统计在此表中;除此之外的基础设施(如:方便地方社区的项目灌溉设施等)包括在此表中。

附表4 河南省林业持续发展项目（人工林营造）：分树种造林面积统计表

（单位：hm^2）

树种		总计		2003年	2004年	2005年	2006年	2007年	2008～2009年
		计划	完成						
总计			63 807.30	12 032.7	13 589.13	14 203.00	11 693.60	11 537.97	750.90
用材林小计			49 726.41	6 645.90	9 860.84	11 454.30	10 619.40	10 466.87	679.10
105	火炬松14		634.90	3.00	266.40	347.2	18.30		
107	杉木14		74.83	21.00	21.73	32.10			
111	毛白杨纤		1 857.80	999.40	560.20	40.30	98.50	159.40	
114	意杨纤		46 301.92	5 266.00	8 790.95	10 966.40	10 502.60	10 096.87	679.10
116	刺槐		506.60	273.50	180.70	52.40			
118	泡桐		222.50			11.90		210.60	
119	枫香		127.86	83.00	40.86	4.00			
经济林小计			14 080.89	5 386.80	3 728.29	2 748.70	1 074.20	1 071.10	71.80
201	核桃		667.40	92.70	181.80	349.30	24.70	18.90	
202	板栗		1 122.87	522.50	225.07	367.00	8.30		
203	杜仲		37.99		19.69	18.30			
204	银杏		142.50	134.10		1.60	6.80		
205	枣		3 655.54	1 384.40	1 100.22	532.90	298.90	281.92	57.20
206	梨		1 288.24	140.00	102.90	507.00	246.70	291.64	
207	茶		117.50	71.10	15.00			31.40	
208	杏		2 407.32	1 149.9	739.9	268.40	173.6	75.56	
209	柑橘		21.30	21.30					
210	桃		1 561.15	585.00	587.55	193.50	83.40	97.10	14.60
211	花椒		181.40	104.90	45.40		31.10		
212	苹果		433.21	143.90	174.61	101.00	6.00	7.70	
213	石榴		761.81	300.10	83.11	115.60	139.30	123.70	
215	葡萄		1 561.66	736.90	408.78	289.60	55.40	70.98	
218	柳条		121.00		44.30	4.50		72.20	

附表 4-1 河南省林业持续发展项目(人工林营造):雨雪冰冻受害分树种面积统计表

(单位:hm^2)

树种		受灾总面积	2003 年			2004 年			2005 年			2006 年			2007 年			2008 年		
			重度	中度	轻度	重度	中度	轻度	重度	中度	轻度	重度	中度	轻度	重度	中度	轻度	重度	中度	轻度
总计		14 941.25	—	—	—	—	—	—	—	—	—	—	—	—	—	—	—	8 365.73	2 777.00	3 798.52
用材林小计		10 837.83	—	—	—	—	—	—										7 562.83	1 250.00	2 025.00
101	马尾松 14	—																		
102	马尾松 16	—																		
103	湿地松 14	—																		
104	湿地松 16	—																		
105	火炬松 14	537.00																210.00	50.00	277.00
106	火炬松 16	—																		
107	杉木 14	74.83									—							64.83	10.00	
108	杉木 16	—																		
109	落叶松 16	—																		
110	毛白杨胶	1 119.00																832.00	159.00	128.00
111	毛白杨纤	—																		
112	小黑杨建	—																		
113	意杨胶	1 337.00																863.00	119.00	355.00
114	意杨纤	6 994.00																5 215.00	566.00	1 213.00
115	马占相思	—																		
116	刺槐	503.00																249.00	235.00	19.00
117	木麻黄	—																		
118	泡桐	153.15																81.00	72.15	
119	枫香	119.85																48.00	38.85	33.00
120	红壳竹	—																		
121	竹新造	—																		
122	竹低改	—																		

续附表 4－1

树种		受灾	2003 年			2004 年			2005 年			2006 年			2007 年			2008 年		
		总面积	重度	中度	轻度	重度	中度	轻度	重度	中度	轻度	重度	中度	轻度	重度	中度	轻度	重度	中度	轻度
经济林小计		4 103.42																802.90	1 527.00	1 773.52
201	核桃	300.52																—	190.00	110.52
202	板栗	798.00																243.00	295.00	260.00
203	杜仲	—																		
204	银杏	—																		
205	枣	201.00																—	199.00	2.00
206	梨	1 130.40																84.10	510.00	536.30
207	茶	—																		
208	杏	401.00																189.20	69.00	142.80
209	柑橘	15.20																—	—	15.20
210	桃	360.40																92.60	165.00	102.80
211	花椒	45.00																—	45.00	—
212	苹果	-																		
213	石榴	90.60																—	—	90.60
214	青檀	—																		
215	葡萄	658.00																162.70	54.00	441.30
216	油茶低改	—																		
217	橡胶	—																		
218	柳条	103.30																31.30		72.00
219	山核桃	—																		
220	红豆杉	—																		
中幼林小计																				
301	杉木－14																			
302	杉木－16																			
303	马尾松																			
304	湿地松																			
305	落叶松																			

注：此表面积为各树种扣除重度雨雪冰冻灾害、得到财政部债务减免的面积。

附表5　河南省林业持续发展项目（人工林营造）：分县造林面积

（单位：hm^2）

县（市、区）名		合计		2003年	2004年	2005年	2006年	2007年	2008～2009年
		计划	完成						
总计			63 807.3	12 032.7	13 589.1	14 203.0	11 693.6	11 538.0	750.9
1	新郑市		2 483.1	631.5	785.7	967.0	98.9		
2	许昌县		2 451.5	392.7	620.9	756.2	315.9		365.8
3	长葛市		3 438.7	246.0	974.5	830.8		1 387.4	
4	襄城县		4 521.5	734.8	737.8	1 344.9	1 091.0	613.0	
5	鹿邑县		3 184.6	1 044.1	1 308.3	832.2			
6	商水县		1 392.6	524.2	344.4	376.7	147.3		
7	平舆县		3 312.6	638.6	846.5	580.3		1 247.2	
8	郾城市		1 709.3	553.4	606.4	230.1	179.4	140.0	
9	平桥区		2 778.5	654.0	784.5	483.0	565.0	292.0	
10	罗山县		2 086.6	1 035.8	596.8	454.0			
11	淮滨县		4 045.1	818.1	760.0	871.0	596.0	1 000.0	
12	开封县		3 289.5	332.0	575.9	337.2	655.5	1 003.9	385.1
13	沁阳市		1 093.1	430.8	163.6	498.7			
14	温县		3 762.4	1 253.8	1 310.6	817.7	380.3		
15	南乐县		1 943.5	574.2	720.3	649.0			
16	桐柏县		2 960.3	478.6	644.6	967.1		870.0	
17	社旗县		6 915.7	552.1	656.0	1 687.3	1 958.0	2 062.3	
18	邓州市		2 292.0	442.3	495.1	865.6	489.0		
19	偃师市		920.4	297.2	327.0	296.2			
20	济源市		728.8	398.5	330.3				
21	源汇区		565.9			164.9	201.0	200.0	
22	召陵区		518.2			193.1	125.1	200.0	
23	淇县		1 544.9				478.3	1 066.6	
24	临颍县		2 121.6				1 266.0	855.6	
25	扶沟县		1 665.5				1 365.5	300.0	
26	息县		2 081.4				1 781.4	300.0	

附表 6　河南省林业持续发展项目种苗使用情况统计表

	树种	造林面积 (hm^2)	一级苗需求量(万株)	一级苗实际产量(万株)				按繁殖方式分产量(万株)			种子用量(kg)					无性系种条(芽)(万个)
				小计	裸根苗	根型培育器苗	塑料袋苗产量	小计	实生苗	无性系	小计	种子园	母树林	优良种源区	进口种子	
		1	2	3	4	5	6	7	8	9	10	11	12	13	14	15
总计		63 807.30	5 094.28	9 053.26	9 009.35	10.75	33.16	9 053.26	460.02	8 593.24	202 185.34	—	199 951.44	2 167.83	66.07	10 741.55
1. 用材林		49 726.41	3 277.94	5 990.70	5 946.79	10.75	33.16	5 990.70	256.66	5 734.04	68.09	—	—	2.02	66.07	7 167.55
105	火炬松 14	634.90	127.0	196.8	157.5	9.8	29.5	196.8	196.8		66.1				66.1	
107	杉木 14	74.83	22.4	30.3	25.8	0.9	3.6	30.3	30.3			2.0		2.0		
111	毛白杨纤	1 857.80	122.6	226.8	226.8			226.8		226.8						283.55
114	意杨纤	46 301.92	2 917.0	5 396.5	5 396.5			5 396.5		5 396.5						6 745.61
116	刺槐	506.60	63.3	104.5	104.5			104.5		104.5						130.61
118	泡桐	222.50	4.5	6.2	6.2			6.2		6.23						7.79
119	枫香	127.86	21.1	29.5	29.5			29.5	29.5							
2. 经济林		14 080.89	1 816.34	3 062.56	3 062.56	—	—	3 062.56	203.36	2 859.20	202 117.25	—	199 951.44	2 165.81		3 574.00
201	核桃	667.40	41.1	55.5	55.5			55.5		55.5	13 875.2		13 875.2			69.38
202	板栗	1 122.87	102.9	149.2	149.2			149.2		149.2	37 297.1		37 297.1			186.49
203	杜仲	37.99	8.4	13.8	13.8			13.8	13.8		172.4		172.4			
204	银杏	142.50	13.2	21.7	21.7			21.7		21.7	271.6		271.6			27.16
205	枣	3 655.54	223.6	368.9	368.9			368.9		368.9	92 223.8		92 223.8			461.12
206	梨	1 288.24	126.1	157.6	157.6			157.6		157.6						197.06
207	茶	117.50	103.4	160.3	160.3			160.3	160.3		2 165.8			2 165.8		
208	杏	2 407.32	147.0	242.5	242.5			242.5		242.5	30 311.9		30 311.9			303.12
209	柑橘	21.30	2.0	3.2	3.2			3.2		3.2						4.03
210	桃	1 561.15	107.3	177.1	177.1			177.1		177.1	22 136.6		22 136.6			221.37
211	花椒	181.40	17.8	29.3	29.3			29.3	29.3		3 662.8		3 662.8			
212	苹果	433.21	42.4	53.0	53.0			53.0		53.0						66.27
213	石榴	761.81	63.5	117.4	117.4			117.4		117.4						146.75
215	葡萄	1 561.66	515.3	953.4	953.4			953.4		953.4						1 191.74
218	柳条	121.00	302.5	559.6	559.6			559.6		559.6						699.53

附表 7　河南省林业持续发展项目分树种造林质量统计表

（%）

代码	总计	良种使用率	一级苗使用率	面积核实率	造林成活率	平均生长量达标率	生长量珠数达标率	环保合格率
		100	97	98	93	—	—	99
	1. 用材林	100	95.96	98.43	92.33			99.44
105	火炬松 14	100	95.00	100.00	86.70			99.00
107	杉木 14	100	94.00	100.00	95.00			99.30
111	毛白杨纤	100	95.00	100.00	89.00			100.00
114	意杨纤	100	94.60	96.00	95.10			99.80
116	刺槐	100	98.00	99.00	93.00			100.00
118	泡桐	100	99.10	98.00	97.00			100.00
119	枫香	100	96.00	96.00	90.50			98.00
	2. 经济林	100	97.23	98.17	93.86	—	—	98.43
201	核桃	100	96.00	100.00	87.00			100.00
202	板栗	100	93.00	100.00	88.90			100.00
203	杜仲	100	91.00	96.00	96.00			97.00
204	银杏	100	98.50	100.00	92.80			100.00
205	枣	100	99.40	100.00	93.00			94.00
206	梨	100	98.30	96.00	95.80			99.10
207	茶	100	100.00	98.10	96.00			100.00
208	杏	100	98.30	99.80	94.50			98.60
209	柑橘	100	96.00	94.00	91.80			97.80
210	桃	100	97.04	99.10	97.93			97.70
211	花椒	100	100.00	100.00	90.00			100.00
212	苹果	100	95.70	93.00	94.60			95.70
213	石榴	100	98.78	98.90	96.11			99.17
215	葡萄	100	96.50	97.60	96.50			97.40
218	柳条	100	100.00	100.00	97.00			100.00

附表 8　河南省林业持续发展项目幼林摸底调查汇总表(截至 2009 年 8 月)

序号	造林树种	造林面积(hm^2)							备注
		面积	一类林		二类林		三类林		
		小计	面积	%	面积	%	面积	%	
合计		63 807. 30	41 441. 21	64. 95	9 441. 09	14. 80	12 925. 00	20. 26	
1. 用材林		49 726. 41	33 322. 04	67. 01	6 282. 92	12. 63	10 121. 44	20. 35	
105	火炬松 14	634. 90	403. 20	63. 51	101. 64	16. 01	130. 06	20. 49	
107	杉木 14	74. 83	56. 13	75. 01	12. 78	11. 72	5. 92	7. 91	
111	毛白杨纤	1 857. 80	1 358. 42	73. 12	146. 39	7. 88	352. 98	19. 00	
114	意杨纤	46 301. 92	31 230. 16	67. 45	5 577. 03	12. 04	9 494. 73	20. 51	
116	刺槐	506. 60	153. 96	30. 39	278. 49	54. 97	74. 15	14. 64	
118	泡桐	222. 50	78. 81	35. 42	116. 99	52. 58	26. 70	12. 00	
119	枫香	127. 86	41. 36	32. 35	49. 60	38. 79	36. 90	28. 86	
2. 经济林小计		14 080. 89	8 119. 17	57. 66	3 158. 17	22. 43	2 803. 56	19. 91	
201	核桃	667. 40	439. 57	65. 86	138. 56	20. 76	89. 26	13. 37	
202	板栗	1 122. 87	515. 13	45. 88	327. 99	29. 21	279 . 75	24. 91	
203	杜仲	37. 99	19. 81	52. 14	10. 50	27. 64	7. 68	20. 22	
204	银杏	142. 50	67. 38	47. 28	47. 26	33. 16	27. 87	19. 56	
205	枣	3 655. 54	2 130. 72	58. 29	809. 77	22. 15	715. 05	19. 56	
206	梨	1 288. 20	499. 37	38. 77	414. 00	32. 14	374 . 83	29. 10	
207	茶	117. 50	62. 42	53. 12	37. 78	32. 15	17. 30	14. 72	
208	杏	2 407. 32	1 423. 22	59. 12	549. 43	22. 82	434 . 67	18. 06	
209	柑橘	21. 30	9. 66	45. 37	9. 06	42. 53	2. 58	12. 10	
210	桃	1 561. 15	960. 03	61. 50	292. 51	18. 74	308 . 61	19. 77	
211	花椒	181. 40	94. 79	52. 26	58. 02	31. 98	28. 59	15. 76	
212	苹果	433. 20	433. 20	100. 00					
213	石榴	761. 81	428. 41	56. 24	213. 07	27. 97	120. 33	15. 80	
215	葡萄	1 561. 66	983. 26	62. 96	224. 44	14. 37	353 . 96	22. 67	
218	柳条	121. 00	52. 18	43. 12	25. 79	21. 31	43. 04	35. 57	

附表 9　河南省林业持续发展项目苗圃建设情况统计表(截至 2009 年 6 月)

(单位:万元人民币)

苗圃名称	评估时计划投资	调整后计划投资			实际投资			报账金额			完成配套资金
		合计	土建投资	设备投资	合计	土建投资	设备投资	合计	土建报账	设备报账	
罗山县中心苗圃	211	205.00	135.00	70.00	153.73	116.00	37.73	73.10	52.20	20.90	80.62
淮滨县林业局中心苗圃	252	231.30	150.80	80.50	234.76	160.50	74.26	129.00	72.20	56.80	105.76
开封县林业局中心苗圃	270	222.00	152.00	70.00	232.20	152.10	80.10	129.53	68.43	61.10	102.70
南乐县马颊河苗圃	252	221.70	126.70	95.00	227.18	177.98	49.20	116.60	80.10	36.50	110.61
沁阳市苗圃场	265	150.00	120.00	30.00	146.36	142.80	3.56	67.86	64.26	3.60	78.54
合计	1 250	1 030.0	684.50	345.50	994.23	749.38	244.85	516.09	337.19	178.90	478.23

注:统计截止日期为 2009 年 8 月 31 日。

附表 10 河南省林业持续发展项目化肥使用情况统计表

序号	项目	1. 计划		2. 采购完成合计														3. 有机肥	
				总计		尿素		氯化钾		过磷酸钙		钙镁磷肥		复合肥					
		数量(t)	金额(万元)	数量(t)	金额(万元)	数量(t)	金额(万元)	数量(t)	金额(万元)	数量(t)	金额(万元)	数量(t)	金额(万元)	数量(t)	金额(万元)			种类	数量(t)
	合计	20 000.0	3 198.5	20 447.0	3 341.0	9 702.0	1 746.4	32.7	7.5	2 577.2	154.6	1 496.2	104.7	6 638.9	1 327.8			厩肥	68 485.0
1	中央统一招标采购化肥																	混合堆肥	30 353.0
2	省级招标采购化肥																	秸秆	36 621.6
3	县级询价采购化肥	3 560.0	456.9	4 535.5	536.6	2 528.1	378.0	1.9	0.2	1 563.2	93.8	204.0	11.2	238.4	53.4			豆绿肥	826.0
4	林农自购化肥	8 587.0	1 298.8	9 373.4	1 659.8	4 550.7	976.1	30.8	7.3	1 014.0	60.8	282.2	20.6	3 495.6	595.0			草塘泥	233.4
5	有机肥折合化肥	7 853.0	1 442.8	6 538.2	1 144.6	2 623.2	392.3					1 010.0	73.0	2 905.0	679.4				136 519.0

注:(1)为便于统计分析,林农购买的有机肥按照项目提供的折算标准换算成化肥统计。

(2)中央统一招标采购使用世界银行贷款,省以下采购使用配套资金。

附表 10－1 有机肥使用情况统计表

序号	项目	计划			实际		
		数量(1)(t)	平均单价(2)(元/t)	金额(3＝1×2)(万元)	数量(4)(t)	平均单价(5)(万元)	金额(6＝4×5)(万元)
1	施用情况	126 000.00	60.00	756.00	136 519.00	80.00	1 092.15

注:使用数量为项目实施期间施用农家肥总量,等于附表10“有机肥折合化肥”栏折算前的数量。

附表 11 河南省林业持续发展项目（人工林营造）：农药使用情况统计表

名称	数量（kg）	单价（元/kg）	金额（元）	备注
总计	6 500.00		129 030.00	
多菌灵	900.00	30.00	27 000.00	
白僵菌	150.00	45.00	6 750.00	
退菌特	150.00	15.00	2 250.00	
甲基托布津	150.00	25.00	3 750.00	
石硫合剂	1 500.00	5.00	7 500.00	
波尔多液	1 500.00	16.00	24 000.00	
灭幼脲	180.00	30.00	5 400.00	
敌百虫	150.00	20.00	3 000.00	
溴氰菊酯	200.00	30.00	6 000.00	
杀灭菊酯	70.00	26.00	1 820.00	
功夫	80.00	23.00	1 840.00	
辛硫磷	40.00	20.00	800.00	
亚胺硫磷	80.00	20.00	1 600.00	
代森辛	150.00	27.00	4 050.00	
百菌清	600.00	30.00	18 000.00	
粉锈宁	60.00	20.00	1 200.00	
氯氰菊酯	100.00	28.00	2 800.00	
甲胺磷	50.00	25.00	1 250.00	
一见杀	40.00	50.00	2 000.00	
吡虫啉	40.00	100.00	4 000.00	
氯氰孚酯	260.00	12.00	3 120.00	
氰马乳油	50.00	18.00	900.00	

附表 12　河南省林业持续发展项目世界银行贷款资金使用情况统计表

（单位:美元）

年度	合计	工程			物资采购	咨询服务、考察和培训	先征费
		小计	造林	土建			
合计	22 102 339. 06	20 645 368. 69	20 123 293. 32	522 075. 37	1 187 022. 87	67 947. 50	202 000. 00
2003	202 000. 00	—					202 000. 00
2004	3 755 178. 54	3 690 802. 74	3 647 949. 75	42 852. 99	46 087. 61	18 288. 19	
2005	5 160 902. 63	4 608 890. 75	4 188 145. 83	420 744. 92	548 035. 41	3 976. 47	
2006	4 657 208. 26	4 637 791. 41	4 614 259. 07	23 532. 34	19 416. 85		
2007	4 206 784. 56	3 773 562. 59	3 738 617. 47	34 945. 12	390 529. 55	42 692. 42	
2008	3 670 971. 81	3 485 027. 94	3 485 027. 94		182 953. 45	2 990. 42	
2009	449 293. 26	449 293. 26	449 293. 26				

附表 13　河南省林业持续发展项目配套资金使用情况统计表

（单位:万元人民币）

序号	类型	合计			2003 年		2004 年		2005 年		2006 年		2007 年	
		计划	完成	比例（%）	计划	完成	计划	完成	计划	完成	计划	完成	计划	完成
1	省级	3 738	3 847	103	705	735	956	916	965	815	528	765	584	616
2	地市级	1 992	1 378	75	300	300	615	218	420	227	359	342	298	291
3	县级	3 143	3 151	104	715	532	766	536	773	735	422	750	467	598
4	造林实体现金投入													
5	造林实体劳务折抵	9 260	9 715	102	1 787	2 150	2 391	2 427	2 413	1 524	1 266	1 945	1 403	1 669
合计		18 133	18 091	100	3 507	3 717	4 728	4 097	4 571	3 301	2 575	3 802	2 752	3 174

注:“完成”数为每年的实际到位数,应与各年的财务报表相一致。“造林实体”包括林场和林农。

附表 14 河南省林业持续发展项目投资按人民币计算构成表

（单位：万元人民币）

序号	类别	2002 年评估时估算数				2009 年竣工累计发生数					%（实际发生数/估算数）			
		世行	省级	地、县级	造林实体	合计	世行	省级	地、县级	造林实体	世行	省级	地、县级	造林实体
	合计					35 454.96	17 363.95	3 847.00	4 784.00	9 460.01				
1	营造用材林					18 038.08	9 145.07	1 666.78	2 046.79	5 179.45				
2	营造经济林					14 422.25	7 291.35	1 307.23	1 543.12	4 280.56				
3	中幼林抚育间伐													
4	技术支持和服务					947.83	759.87	67.92	120.04					
5	其他					2 046.80	167.66	805.08	1 074.06					

注：1. 本表只填中间“2009 年竣工累计发生数”栏。

2. 本表所有数字要与附表 16 中数字一致。

3. 本表“2009 年竣工累计发生数”中“世行”列按照历次报账结汇人民币数填列。

附表 15 河南省林业持续发展项目投资按美元计算构成表

（单位：万美元）

序号	类别	2002 年评估时估算数				2009 年竣工累计发生数					%（实际发生数/估算数）			
		世行	省级	地、县级	造林实体	合计	世行	省级	地、县级	造林实体	世行	省级	地、县级	造林实体
	合计					4 870.67	2 210.23	565.74	703.53	1 391.18				
1	营造用材林					2 468.19	1 160.39	245.11	301.00	761.68				
2	营造经济林					1 974.47	925.81	192.24	226.93	629.49				
3	中幼林抚育间伐													
4	技术支持和服务					131.47	103.83	9.99	17.65					
5	其他					296.54	20.20	118.39	157.95					

注：1. 本表只填中间“2009 年竣工累计发生数”栏。

2. 本表“2009 年竣工累计发生数”中“世行”列按照历次报账实际数填列，“省级、地、县级和造林实体”按照表 14“人民币数”除以 6.8 折算。

附表 16　河南省林业持续发展项目建设期投资按活动内容统计表

（单位：万元人民币）

类别	2002 年评估数	截至 2009 年竣工累计发生数	%（实际数/评估数）
合计		35 454. 96	
一、营造用材林		18 038. 08	
整地		5 265. 64	
栽植		2 443. 48	
苗木		5 705. 98	
抚育		4 395. 42	
肥料		164. 84	
农药		42. 42	
进口种子			
设备		20. 30	
二、营造经济林		14 422. 25	
整地		3 026. 21	
栽植		3 154. 40	
苗木		4 110. 36	
抚育		4 018. 15	
肥料		90. 41	
农药 进口种子			
设备		22. 72	
三、技术支持服务		947. 83	
1. 种植材料开发		510. 84	
土建		293. 98	
设备		216. 86	
培训			
2. 培训与技术推广		104. 95	
国内培训与推广		100. 96	
国外培训			
技术咨询		3. 99	
3. 乡村基础设施		332. 04	
管护棚		234. 93	
林道		93. 51	
灌溉设施		3. 60	
营销设施建设			
4. 监测与评价			
四、其他支出		2 046. 8	

注： 1. 各年按年终汇率折算的汇兑损益应从“其他支出”扣除。

2. 本表各行应与附表 14 一致。

附表 17　河南省林业持续发展项目经济林造林单价表

（单位：元/hm²）

序号	树种	苗木单价（元/株）	密度（株/hm²）	苗木费（元）	化肥（元）	厩肥（元）	农药（元）	补植苗费（元）	林地清理		整地		栽植		灌溉/（葡萄架）					抚育					管护棚（元）	作业道		调查设计（元）	培训推广（元）	管理监测（元）	造林单价（元）	单价计算（年）
															投资期				经营期	用工				小计								
									工	元	工	元	工	元	1年	2年	3年	4年	（每年）	1年	2年	3年	4年	（元）		工	元					
201	核桃	8.00	560	4 480	545	480	240		10	150	100	1 500	25	375						60	80		100	5 100	150	5	75	50	80	40	13 425	4
202	板栗	4.00	833	3 332	1 168	720	192		10	150	100	1 500	20	300						60	80		100	5 100	150	5	75	50	80	40	13 017	4
204	银杏	4.00	840	3 360	588	780	160		10	150	100	1 500	15	225						60	60	60	60	3 600	150	5	75	50	70	40	10 908	4
205	枣	5.00	556	2 780	585	300	120		10	150	100	1 500	12	180						50	60	80		2 850	150	5	75	50	70	30	9 000	3
206	梨	2.50	890	2 225	765	780	180		10	150	100	1 650	30	450	267	267	266		200	60	80			3 900	150	5	75	50	60	30	11 425	3
207	茶	0.20	8 000	1 600	2 800	2 400	64		10	150	100	1 500	30	450						45	45	50	60	3 000	150	5	75	50	80	40	12 519	4
208	杏	5.00	555	2 775	776	480	144		10	150	100	1 500	20	300						60	90			3 900	150	5	75	50	60	30	10 550	3
210	桃	2.00	625	1250	910	710	240		10	150	100	1 650	30	450	240	240	240		180	20	40	60		1 800	150	5	75	50	80	30	8 435	3
213	石榴	3.80	833	3 165	1 791	0	90		10	150	75	1 125	20	300						20	40	60		1 800	150	5	75	50	80	30	8 966	3
215	葡萄	3.80	3 300	12 540	4 158	360	320		15	225	60	900	10	150	400	400			200	100	120			3 300	150	10	150	50	80	40	25 423	2
218	柳条	0.01	250 000	2 500	2 250	0	150		10	150	100	1 500	25	375						20	30	30		1 200	150	5	75	50	70	30	8 660	3

注：1. 抚育包括松土、除草、修枝等项；

2. 工价：15 元/日；

3. 葡萄第一年灌溉费中包括建葡萄架费 2 000 元。

附表 18　河南省林业持续发展项目用材林造林单价表

（单位：元/hm²）

序号	树种	苗木单价（元/株）	密度（株/hm²）	苗木费（元）	化肥（元）	厩肥（元）	农药（元）	林地清理		整地		栽植		灌溉			抚育					管护棚（元）	林道		调查设计（元）	培训推广（元）	管理监测（元）	造林单价（元）	单价计算（年）
														投资期		经营期（每年）	用工				小计（元）								
								工	元	工	元	工	元	1年	2年		1年	2年	3年	4年			工	元					
105	火炬松-14纤	0.12	1 667	200	25	0	16	32	480	33	495	14	210				27	27	14		1 020	150	10	150	50	80	30	3 066	3
107	杉木-14建	0.07	2 500	175	25	0	16	35	525	79	1 185	19	285				32	32	16		1 200	150	10	150	50	80	30	4 031	3
110	毛白杨-Ⅱ胶	3.50	330	1 155	165	0	16	10	150	47	705	15	225	150	150	150	31	31			930	150	5	75	50	60	20	4 161	2
111	毛白杨Ⅱ-三倍体	3.50	660	2 310	330	0	16	20	300	55	825	45	675	150	150	150	60	60			1 800	150	5	75	50	60	20	7 071	2
113	欧美杨-Ⅱ胶	2.00	330	660	165	0	16	10	150	50	750	20	300	150	150	150	33	33			990	150	5	75	50	60	20	3 846	2
114	欧美杨-Ⅱ纤	2.00	630	1 260	165	0	16	10	150	50	750	20	300	150	150	150	30	20			750	150	5	75	50	60	20	4 206	2
116	刺槐-Ⅱ矿	0.50	1 250	625	23	0	16	32	480	28	420	12	180				24	24			720	150	10	150	50	60	20	3 054	2
118	泡桐-Ⅱ胶	3.50	200	700	165	0	16	10	150	47	705	15	225				31	31	31		1 395	150	10	150	50	80	30	3 976	3
119	枫香-Ⅱ胶	0.50	1 650	825	165	0	16	32	480	45	675	15	225				30	30	30		1 350	150	10	150	50	80	30	4 356	3

注：1. 抚育包括松土、除草、修枝等项；

2. 工价：15 元/日；

3. 化肥单价：尿素或复合肥 1.4 元/kg，过磷酸钙或钙镁磷肥 0.5 元/kg，氯化钾 1.4 元/g、厩肥 60 元/t。

附表 19　河南省林业持续发展项目产品总产量表

编号	项目		2002 年评估时估算表 面积（hm^2）	单位公顷产量 木材（m^3/hm^2）	单位公顷产量 果品或薪材（t/hm^2）	总产量 木材（万 m^3）	总产量 果品或薪材（万 t）	2009 年项目竣工时估算表 面积（hm^2）	单位公顷产量 木材（m^3/hm^2）	单位公顷产量 果品或薪材（t/hm^2）	总产量 木材（万 m^3）	总产量 果品或薪材（万 t）
	用材林小计		16 137.90			227.83	22. 22	49 726.41			751. 66	82. 38
105	火炬松 - 14 纤		644. 10	102.40	12.00	6.60	0.77	634.90	102.40	12.00	6.50	0.76
107	杉木 - 14 建		529. 50	161.90	11.20	8. 57	0.59	74.83	161.90	11.20	1.21	0.08
110	毛白杨 - Ⅱ胶		1 986.30	138.00	6.40	27.41	1.27		138.00	6.40	0. 00	0.00
111	毛白杨Ⅱ - 三倍体		1 055.40	150.00	12.00	15.83	1.27	1 857.80	150.00	12.00	27.87	2.23
114	欧美杨 - Ⅱ纤		9 964.20	152.80	17.00	152.25	16.94	46 301.92	152.80	17.00	707.49	78.71
116	刺槐 - Ⅱ矿		454.70	115.60	5.70	5.26	0.26	506.60	115.60	5.70	5.86	0.29
118	泡桐 - Ⅱ胶		1 108.90	82.50	4.00	9.15	0.44	222.50	82. 50	4.00	1.84	0. 09
119	枫香 - Ⅱ胶		394.80	70.00	17.00	2.76	0.67	127.86	70.00	17.00	0.90	0.22
	经济林小计		21 933.60				13. 05	14 080.89				125.94
201	核桃		528.50		1.52		0.08	667.40		1.52		1.22
202	板栗		1 661.70		1.43		0.24	1 122.87		1.43		1.92
203	杜仲	叶			1.30		0.00	37.99		1. 30		0.064
		皮			0.15		0.00			0.15		0.00
204	银杏	果	209.90		0.38		0.01	142.50		0.38		0.07
		叶			1.22		0.00			1.22		0.26
205	枣		6 099.30		2.69		1.64	3 655.54		2.69		12.78
206	梨		1 933.10		12.25		2.37	1 288.24		12.25		22.09
207	茶		438.00		3.70		0.16	117.50		3.70		0.61
208	杏		2 520.40		5.10		1.29	2 407.32		5.10		15.96
209	柑橘				5.95		0.00	21.30		5.95		0.15
210	桃		2 721.60		9.80		2.67	1 561.15		9.80		21.43
211	花椒				0.62		0.00	181.40		0.62		0.13
212	苹果				9.17		0.00	433.21		9.17		4.77
213	石榴		1 331.10		5.87		0.78	761.81		5.87		5.81
215	葡萄		2 365.90		14.16		3.35	1 561.66		14.16		35.37
218	柳条		279.10		17.06		0.48	121.00		17.06		3. 30
219	柿（山核桃）		1 845.00									

附表20 河南省林业持续发展项目用材林木材产量预测表

序号	树种	第一次间伐						第二次间伐						产脂		主伐							
		年	蓄积	产材(m^3)			薪材	年	蓄积	新材(m^3)			薪材	年龄	数量	年	蓄积	产材(m^3)					薪材
			(m^3)	8~12 cm	<8 cm	小计	t		(m^3)	8~12 cm	<8 cm	小计	(t)	(年)	(kg)		(m^3)	≥22 cm	14~20 cm	8~12 cm	<8 cm	小计	(t)
105	火炬松-14纤															15	140.0		26.5	57.5	18.4	102.4	12.0
107	杉木-14建	10	13.5	3.2	4.9	8.1	2.2	14	16.9	4.2	7.6	11.8	3.0			20	207.7	5.3	60.0	75.0	1.7	142.0	6.0
110	毛白杨-Ⅱ胶															15	225.0	20.0	113.0	5.0		138.0	6.4
111	毛白杨Ⅱ-三倍体															6	180.0		90.0	60.0		150.0	12.0
113	欧美杨-Ⅱ胶															12	176.0	70.0	60.0	15.0	5.0	150.0	17.0
114	欧美杨-Ⅱ纤															8	193.0	53.0	83.8	8.0	8.0	152.8	17.0
116	刺槐-Ⅱ矿	7	8.0	1.6	2.4	4.0	1.7									15	135.0	15.0	40.0	30.6	26.0	111.6	4.0
118	泡桐-Ⅱ胶															10	110	66	16.5			82.5	4
119	枫香-Ⅱ胶															10	90	55	15			70	17

附表 21　河南省林业持续发展项目经济林产品产量预测表　　（单位：kg/hm^2）

序号	树种	产品名称	1	2	3	4	5	6	7	8	9	10	11	12	13	14	15	16
201	核桃	干果					150	380	450	750	1 200	1 500	1 800	2 250	2 250	2 250	2 250	3 000
202	板栗	干果					250	300	450	600	750	1 200	1 500	1 800	2 250	2 500	2 500	3 000
203	杜仲	叶				150	400	600	850	1 150	1 500	1 650	1 700	1 750	1 775	1 800	1 800	1 800
		皮											120	130	140	150	160	170
		木材（8～12 cm）（m^3）																60
204	银杏	果				75	150	250	350	450	450	450	450	450	450	450	450	450
		叶				225	350	750	1 000	1 500	1 500	1 500	1 500	1 500	1 500	1 500	1 500	1 500
205	枣	干果				600	900	1 200	1 500	2 000	2 500	3 000	3 750	3 750	3 750	4 000	4 000	4 000
206	梨	鲜果			1 500	3 750	5 750	10 500	15 000	15 000	15 000	15 000	15 000	15 000	15 000	15 000	15 000	15 000
207	茶	鲜叶			750	1 000	2 000	3 000	4 500	4 500	4 500	4 500	4 500	4 500	4 500	4 500	4 500	4 500
208	杏	鲜果				300	1 500	1 800	2 200	3 000	4 000	5 000	6 500	8 400	8 400	8 400	8 400	8 400
209	柑橘	鲜果					500	1 200	1 900	2 800	5 500	7 300	8 700	8 700	8 700	8 700	8 700	8 700
210	桃	鲜果			1 500	3 750	11 000	11 000	11 000	11 000	11 000	11 000	11 000	11 000	11 000	11 000	11 000	11 000
211	花椒	果皮					140	400	600	700	700	700	700	700	700	700	700	700
212	苹果	鲜果					500	1 500	3 750	5 750	10 500	11 000	12 000	13 000	13 000	13 000	13 000	13 000
213	石榴	鲜果				300	500	1 000	1 500	3 500	6 500	9 000	9 000	9 000	9 000	9 000	9 000	9 000
215	葡萄	鲜果		1 500	4 500	7 500	15 000	18 000	18 000	18 000	18 000	18 000	18 000	18 000	18 000	18 000	18 000	18 000
218	柳条	整株		7 500	12 000	19 500	19 500	19 500	19 500	19 500	19 500	19 500	19 500	19 500	19 500	19 500	19 500	19 500

附表 22　河南省林业持续发展项目不同年份投入物价格调查表

年份		2005 年	2006 年	2007 年	2008 年	2009 年
一、劳务费（元/日）		18.33	18.33	19.17	23.83	26.67
二、化肥（元/kg）						
1. 尿素		2.1	2.2	2.5	2.7	2.7
2. 氯化钾		2.6	2.7	3.2	3.9	3.9
3. 钙镁磷肥		0.6	0.6	0.7	0.9	0.8
4. 复合肥		2.1	2.14	2.45	2.96	2.636
三、农药（元/kg）						
主要品名 2（多菌灵）		20	20	25	25	30
主要品名 3（退菌特）		10	12	15	14	15
主要品名 4（甲基托布津）		15	20	22	25	25
主要品名 5（波尔多液）		16	16.5	17	15.5	16.5
主要品名 6（溴氰菊酯）		25	24	24	28	30
主要品名 7（百菌清）		25	27	28	30	30
四、种苗						
1. 用材林（元/株）						
105	火炬松 - 14 纤	0.2	0.2	0.2	0.2	0.2
107	杉木 - 14 建	0.2	0.2	0.2	0.2	0.2
111	毛白杨 Ⅱ - 三倍体	2.5	2	2	2	2
114	欧美杨 - Ⅱ纤	2	2	2	2	2
116	刺槐 - Ⅱ矿	0.5	0.7	0.6	0.8	0.7
118	泡桐 - Ⅱ胶	3.5	5	5	6	8
119	枫香 - Ⅱ胶	3.5	4	3.8	4.5	4.5
2. 经济林小计（元/株）						
201	核桃	6	6	8	10	10
202	板栗	2	2	2.3	2.3	2.3
204	银杏	3	3	3	4	4
205	枣	4	5	4	5	5
206	梨	2	2	2.5	2.5	3
207	茶	0.1	0.2	0.2	0.1	0.1
208	杏	3	3	4	4	4
210	桃	2	2.5	2.2	2.8	2.5
211	花椒	0.5	0.5	0.6	0.6	0.6
212	苹果	2.5	2.5	3	3	3.2
213	石榴	2	2	2.5	2.4	2.5
215	葡萄	3.9	3.9	4	4.5	4.5
218	柳条	0.1	0.1	0.1	0.1	0.1

附表 23　河南省林业持续发展项目不同年份木材价格调查表

编号	树种	年	木材（元/m³）				薪材（元/t）	松脂（元/kg）
			大径材（≥22 cm）	中径材（14～20 cm）	小径材（8～12 cm）	非规格材（<8 cm）		
105	火炬松－14 纤	2005	560	493	393	280	160	0.13
		2006	570	510	430	280	90	0.13
		2007	617	533	450	280	90	0.13
		2008	543	457	393	280	90	0.13
		2009	570	517	427	280	90	0.13
107	杉木－14 建	2005	1 100	740	520	300	100	—
		2006	1 000	730	510	300	100	—
		2007	1 000	800	600	300	100	—
		2008	900	750	575	300	100	—
		2009	860	720	550	280	90	—
110	毛白杨－Ⅱ胶	2005	850	580	420	300	80	
		2006	850	750	530	300	80	
		2007	830	750	520	300	80	
		2008	800	780	500	280	70	
		2009	550	450	330	220	70	
111	毛白杨Ⅱ－三倍体	2005	800	530	370	250	80	
		2006	800	700	480	250	80	
		2007	780	700	470	250	80	
		2008	750	730	450	230	70	
		2009	500	400	280	200	70	
113	欧美杨－Ⅱ胶	2005	660	530	420	220	100	
		2006	680	650	540	240	100	
		2007	750	660	560	250	100	
		2008	600	510	400	220	100	
		2009	460	400	320	200	80	
114	欧美杨－Ⅱ纤	2005	660	530	420	220	100	
		2006	680	650	540	240	100	
		2007	750	660	560	250	100	
		2008	600	510	400	220	100	
		2009	460	400	320	200	80	
116	刺槐－Ⅱ矿	2005	675	600	400	350	100	—
		2006	675	600	400	350	100	—
		2007	675	600	400	350	100	—
		2008	650	580	380	300	100	—
		2009	620	550	360	280	80	—
118	泡桐－Ⅱ胶	2005	850	750	550	350	120	
		2006	900	800	600	380	120	
		2007	950	820	520	400	120	
		2008	900	800	600	400	100	
		2009	850	750	580	350	80	
119	枫香－Ⅱ胶	2005	720	600	420	307	120	
		2006	760	660	490	387	120	
		2007	790	690	550	407	120	
		2008	710	590	410	290	100	
		2009	710	590	410	240	80	

注：木材产品的财务产出价是现行的平均路边价（包括砍伐和拖到路边的费用）。

附表 24　河南省林业持续发展项目经济林产品价格调查表

序号	树种	产品名称	2005 年				2006 年				2007 年				2008 年				2009 年			
			果（元/kg）	叶/枝（元/kg）	皮（元/kg）	木材（元/m^3）	果（元/kg）	叶/枝（元/kg）	皮（元/kg）	木材（元/m^3）	果（元/kg）	叶/枝（元/kg）	皮（元/kg）	木材（元/m^3）	果（元/kg）	叶/枝（元/kg）	皮（元/kg）	木材（元/m^3）	果（元/kg）	叶/枝（元/kg）	皮（元/kg）	木材（元/m^3）
201	核桃	干果	17.50				18.00				25.00				27.00				29.00			
202	板栗	干果	6.00				6.50				6.00				6.50				6.00			
203	杜仲	叶 皮 木材（8～12 cm）（m^3）			4.00				4.00				4.00				4.00				4.00	
204	银杏	果 叶	16.00	4.80			16.00	4.50			17.00	5.00			15.00	4.00			16.00	4.00		
205	枣	干果	8.08				8.60				9.32				9.78				10.90			
206	梨	鲜果	1.95				2.03				2.15				2.15				2.00			
207	茶	鲜叶		20.00				30.00				40.00				50.00				55.00		
208	杏	鲜果	3.18				3.46				3.50				3.60				3.80			
210	桃	鲜果	2.30				2.40				2.48				2.55				2.90			
211	花椒	果皮	50.00				50.00				50.00				50.00				50.00			
212	苹果	鲜果	1.60				1.80				1.60				3.00				3.00			
213	石榴	鲜果	5.00				5.00				4.43				4.83				6.20			
215	葡萄	鲜果	4.25				4.90				5.40				5.70				6.00			
218	柳条	整株		0.30				0.30				0.40				0.40				0.50		

注：经济林产品的财务产出价是平均的市场价（包括采摘和销售费用）。

附表 25 河南省林业持续发展项目不同年份税费调查表

序号	产品	年份	育林基金（%）	检疫费（%）
1	木材	2005 年	10	
		2006 年	10	
		2007 年	10	
		2008 年	10	
		2009 年	10	
2	果品	2005 年		0. 2
		2006 年		0. 2
		2007 年		0. 2
		2008 年		0. 2
		2009 年		0. 2

附表 26 河南省林业持续发展项目财务经济分析转换因子调查表

名 称	转换系数
劳务工资	0. 75
间接费用	1. 20
影子汇率	1. 00
物资和设备	2005 年进口到岸价 1. 00
木材及经济产品价格	1. 00

附表 27 河南省林业持续发展项目财务经济分析效益汇总表

（单位：万元、%）

树种		2002 年项目评估时估算				2009 年项目竣工时估算			
		经济分析		财务分析		经济分析		财务分析	
		经济内部收益率 EIRR	经济净现值 ENPV	财务内部收益率 FIRR	财务净现值 FNPV	经济内部收益率 EIRR	经济净现值 ENPV	财务内部收益率 FIRR	财务净现值 FNPV
全省总效益		44.16	117 507.67	37.86	84 114.44	43.94	128 377.18	40.62	119 387.34
用材林小计		39.45	22 868.69	27.61	8 730.25	46.94	76 747.07	43.29	71 106.78
105	火炬松 -14 纤	19.09	202.10	13.32	7.67	18.37	136.52	15.60	80.64
107	杉木 -14 建	19.77	348.72	14.81	111.45	23.39	52.88	20.76	43.49
110	毛白杨 - Ⅱ胶	20.72	1 392.85	17.73	505.14	—	—	—	—
111	毛白杨Ⅱ - 三倍体	53.31	2 199.90	35.84	268.40	49.89	3 052.56	43.91	2 692.73
113	欧美杨 - Ⅱ胶	20.72	1 392.85	17.73	505.14	—	—	—	—
114	欧美杨 - Ⅱ纤	53.31	2 199.90	35.84	268.40	49.89	3 052.56	43.91	2 692.73
116	刺槐 - Ⅱ矿	22.09	242.79	16.28	89.06	21.11	218.23	18.93	173.82
118	泡桐 - Ⅱ胶	34.68	1 345.07	25.91	715.77	32.59	149.21	29.57	134.73
119	枫香 - Ⅱ胶	30.38	327.15	21.67	168.21	28.52	112.91	25.42	96.97
经济林小计		45.29	94 638.97	39.05	75 384.19	40.36	51 630.11	37.41	48 280.56
201	核桃	20.35	57.00	16.87	323.92	18.77	412.20	16.75	306.05
202	板栗	20.10	1 647.36	16.48	915.06	17.26	691.96	15.60	496.00
203	杜仲	—	—	—	—	14.08	9.21	12.68	3.15
204	银杏	33.11	462.08	24.25	252.88	17.89	113.88	18.76	86.55
205	枣	46.22	29 518.11	40.37	24 593.48	45.78	14 184.96	42.54	13 547.75
206	梨	60.03	14 042.58	51.27	11 771.05	58.99	6 412.72	54.39	6 151.19
207	茶	40.75	1 582.06	30.98	923.93	39.49	643.48	34.43	531.71
208	杏	40.45	12 227.34	35.24	9 981.84	39.98	9 856.59	37.02	9 295.53
209	柑橘	—	—	—	—	38.36	26.19	30.26	19.02
210	桃	51.78	8 925.08	39.22	5 858.22	52.56	4 450.01	45.68	3 752.91
211	花椒	—	—	—	—	26.45	214.73	23.21	182.49
212	苹果	—	—	—	—	59.14	2 681.11	54.58	2 577.35
213	石榴	44.60	8 986.47	40.61	7 665.70	44.06	3 794.61	42.81	3 686.52
215	葡萄	36.84	13 732.44	31.97	10 777.41	36.57	7 911.82	35.01	7 482.35
218	柳条	38.45	344.35	24.61	164.14	38.17	226.63	29.94	161.99
219	柿（山核桃）	28.45	3 114.10	23.45	2 156.57	—	—	—	—

附表 28　河南省林业持续发展项目造林报账单价表

（单位：元/hm²）

树种	学名	整地	苗木	栽植	抚育	合计
用材林						
1. 马尾松	Masson	1 699	223	307	908	3 137
2. 火炬松	Loblolly	1 175	200	210	1 020	2 605
3. 杉木	Chinese Fir	1 910	175	285	1 200	3 570
4. 毛白杨 - Ⅱ胶	W. Poplar PW.	980	1 155	225	1 230	3 590
5. 毛白杨Ⅱ - 三倍体	W. Poplar F.	1 250	2 310	675	2 100	6 335
6. 意杨 - Ⅱ胶	I. Poplar PW.	1 025	660	300	1 290	3 275
7. 意杨 - Ⅱ纤	I. Poplar F.	1 025	1 260	300	1 050	3 635
8. 刺槐 - Ⅱ矿	B. Locust P.	1 100	625	180	720	2 625
9. 泡桐 - Ⅱ胶	Paulownia PW.	1 055	700	225	1 395	3 375
10. 枫香 - Ⅱ胶	Sweetgum PW.	1 355	825	225	1 350	3 755
经济林						
1. 核桃	Walnut	1 775	4 480	1 079	5 100	12 434
2. 板栗	Chestnut	1 775	3 332	1 187	5 100	11 394
3. 杜仲	Eucommia	1 475	1 000	425	1 200	4 100
4. 银杏	Gingko	1 775	3 360	1 173	3 600	9 908
5. 枣	Jujube	1 775	2 780	619	2 850	8 024
6. 梨	Pear	1 925	2 225	1 341	4 700	10 191
7. 茶	Tea	1 775	1 600	2 930	3 000	9 305
8. 杏	Apricot	1 775	2 775	919	3 900	9 369
9. 柑橘	Citrus	1 775	1 260	1 338	4 350	8 723
10. 桃	Peach	1 925	1 250	1 233	2 520	6 928
11. 花椒	Pricklyash	1 775	600	870	1 200	4 445
12. 苹果	Apple	1 925	1 650	1 253	2 520	7 348
13. 石榴	Pomegranate	1 400	4 560	528	1 800	8 288
14. 葡萄	Grape	3 325	12 540	1 137	4 100	21 102
15. 柳条	Willow	1 775	2 500	500	1 200	5 975
16. 山核桃	Hickory	1 775	1 800	945	5 100	9 620

注：表中单价不包括化肥、农药、管护棚、设备、科研、培训、考察和技术援助的费用。

第二部分　专题报告

河南省林业持续发展项目财务效益分析报告

1 项目投资情况

1.1 项目实际完成投资

河南省世界银行贷款林业持续发展项目人工林营造部分（SFDP－PE），2000年评估时计划总投资人民币33 532万元，其中世界银行（简称世行）贷款16 766万元（折合2 020万美元），占总投资的50%；省级配套资金3 353.2万元，占10%；市级配套资金3 353.2万元，占10%；县级配套资金1 676.6万元，占5%；项目单位自筹8 383万元，占25%。2005年增加3 095万元，其中利用世行资金1 578万元（折合190万美元），国内配套资金1 717万元。

项目调整后计划总投资人民币36 627万元，其中世界银行贷款18 344.0万元，占总投资的50.08%。国内配套资金18 283万元，占49.92%。截至2009年8月31日，项目完成总投资35 454.96万元，为调整后计划的96.8%；利用世界银行贷款17 363.95万元（折合2 210.23万美元），占总投资的48.97%，为调整后计划的100%；省内实际投资配套资金为人民币18 091.01万元，占总投资的51.03%，为调整后计划的98.9%。具体情况见表2－1－1、表2－1－2、图2－1－1。

表2－1－1 项目投资按人民币构成表 （单位：万元）

序号	类别	2009年竣工累计发生数				
		合计	世行	省级	地、县级	造林实体
	合计	35 454.96	17 363.95	3 847.00	4 784.00	9 460.01
一	营造用材林	18 038.08	9 145.07	1 666.78	2 046.79	5 179.45
二	营造经济林	14 422.25	7 291.35	1 307.23	1 543.12	4 280.56
三	中幼林抚育间伐					
四	技术支持和服务	947.83	759.87	67.92	120.04	
五	其他	2 046.80	167.66	805.08	1 074.06	

表 2-1-2 项目投资按美元计算构成表 (单位：万美元)

序号	类别	2009 年竣工累计发生数				
		合计	世行	省级	地、县级	造林实体
	合计	4 870.66	2 210.23	565.73	703.53	1 391.17
一	营造用材林	2 468.18	1 160.39	245.11	301.00	761.68
二	营造经济林	1 974.47	925.81	192.24	226.93	629.49
三	技术支持和服务	131.47	103.83	9.99	17.65	
四	其他	296.54	20.20	118.39	157.95	

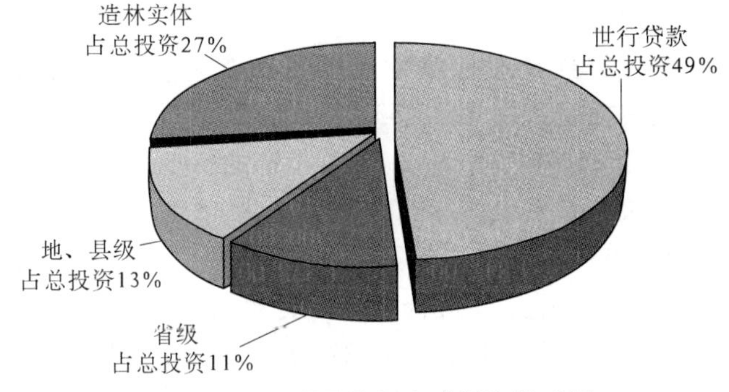

图 2-1-1 项目实际完成投资构成图

1.2 世界银行贷款使用情况

整个项目使用世界银行贷款 22 102 339.06 美元，占总投资的 48.97%。其中营林使用 20 645 368.69 美元，占世行贷款的 93.41%；物资采购使用 1 187 022.87美元，占世行贷款的 5.37%；咨询服务、考察和培训使用 67 947.50美元，占世行贷款的 0.31%；先征费 202 000.00 美元，占世行贷款的 0.91%（见表 2-1-3、图 2-1-2）。

表 2-1-3 项目使用世界银行贷款情况表 (单位：美元)

年度	合计	工程			物资采购	咨询服务、考察和培训	先征费
		小计	造林	土建			
合计	22 102 339.06	20 645 368.69	20 123 293.32	522 075.37	1 187 022.87	67 947.50	202 000.00
2003	202 000.00						202 000.00
2004	3 755 178.54	3 690 802.74	3 647 949.75	42 852.99	46 087.61	18 288.19	
2005	5 160 902.63	4 608 890.75	4 188 145.83	420 744.92	548 035.41	3 976.47	
2006	4 657 208.26	4 637 791.41	4 614 259.07	23 532.34	19 416.85		
2007	4 206 784.56	3 773 562.59	3 738 617.47	34 945.12	390 529.55	42 692.42	
2008	3 670 971.81	3 485 027.94	3 485 027.94		182 953.45	2 990.42	
2009	449 293.26	449 293.26	449 293.26				

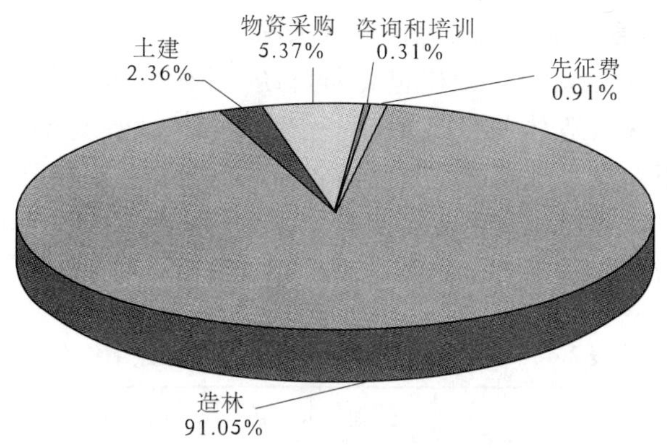

图 2－1－2　贷款资金使用构成图

1.3　配套资金使用情况

整个项目到位配套资金为人民币 18 091.00 万元，占总投资的 51.03%。其中省级配套 3 847.00 万元，占配套资金的 21.26%；市级配套 1 378.00 万元，占总投资的 7.62%；县级配套 3 151.00 万元，占总投资的 17.42%；造林实体 9 715.00 万元（含劳务折抵），占 53.70%（见表 2－1－4 和图 2－1－3）。

表 2－1－4　配套资金到位情况表　（单位：万元）

年度	合计	国内配套资金来源			
		省级	市级	县级	造林实体
合计	18 091.00	3 847.00	1 378.00	3 151.00	9 715.00
2003	3 717.00	735.00	300.00	532.00	2 150.00
2004	4 097.00	916.00	218.00	536.00	2 427.00
2005	3 301.00	815.00	227.00	735.00	1 524.00
2006	3 802.00	765.00	342.00	750.00	1 945.00
2007	3 174.00	616.00	291.00	598.00	1 669.00
比例（%）		21.26	7.62	17.42	53.70

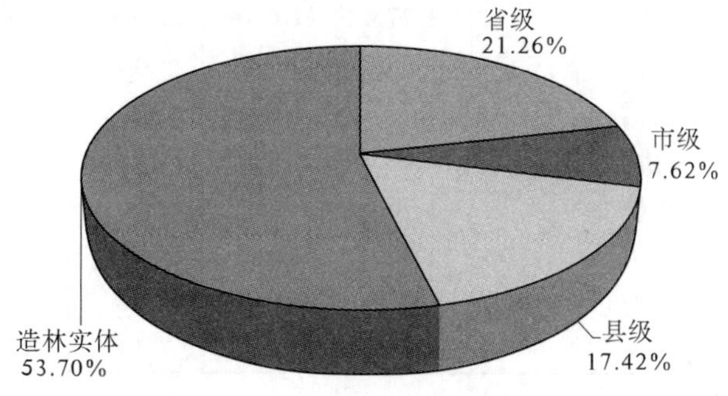

图 2－1－3　配套资金来源图

1.4 世界银行贷款类别和支付比例调整情况

2004 年化肥采购资金由使用世行贷款统一招标采购，改为造林单位和农户用配套资金购买，造林类别贷款支付比例由 45% 调高为 51%。2005 年在世界银行的支持下，项目中期调整时河南省新增世行贷款 190 万美元，另经国家林业局同意，将土建工程资金 7.6 万美元、物资采购 28.58 万美元调入营林类别。世界银行贷款各类别支付比例见表 2－1－5。

表 2－1－5 林业持续发展项目造林报账单价表 （单位：元/hm^2）

序号	树种	整地	苗木	栽植	抚育	合计
	用材林					
1	火炬松	1 175	200	210	1 020	2 605
2	杉木	1 910	175	285	1 200	3 570
3	毛白杨－Ⅱ胶	980	1 155	225	1 230	3 590
4	毛白杨Ⅱ－三倍体	1 250	2 310	675	2 100	6 335
5	意杨－Ⅱ胶	1 025	660	300	1 290	3 275
6	意杨－Ⅱ纤	1 025	1 260	300	1 050	3 635
7	刺槐－Ⅱ矿	1 100	625	180	720	2 625
8	泡桐－Ⅱ胶	1 055	700	225	1 395	3 375
9	枫香－Ⅱ胶	1 355	825	225	1 350	3 755
	经济林					
1	核桃	1 775	4 480	1 079	5 100	12 434
2	板栗	1 775	3 332	1 187	5 100	11 394
3	杜仲	1 475	1 000	425	1 200	4 100
4	银杏	1 775	3 360	1 173	3 600	9 908
5	枣	1 775	2 780	619	2 850	8 024
6	梨	1 925	2 225	1 341	4 700	10 191
7	茶	1 775	1 600	2 930	3 000	9 305
8	杏	1 775	2 775	919	3 900	9 369
9	柑橘	1 775	1 260	1 338	4 350	8 723
10	桃	1 925	1 250	1 233	2 520	6 928
11	花椒	1 775	600	870	1 200	4 445
12	苹果	1 925	1 650	1 253	2 520	7 348
13	石榴	1 400	4 560	528	1 800	8 288
14	葡萄	3 325	12 540	1 137	4 100	21 102

注：表中单价不包括化肥、农药、管护棚、设备、科研、培训、考察和技术援助的费用。

2　项目财务经济分析

世界银行贷款林业持续发展项目（SFDP），自 2003 年 1 月 29 日信贷生效，到 2009 年 8 月 31 日关闭信贷特别账户，在 7 年多的时间内，先后在河南省的 26 个县（市、区）营造高标准集约经营人工林 63 807.3 hm^2，分别对杉木、火炬松、意杨、毛白杨、三毛杨、刺槐、泡桐、枫香等 8 个用材树种和核桃、板栗、枣、梨、杏、桃、苹果、石榴、葡萄、柑橘、茶、杜仲、银杏、花椒、柳条等 15 个经济林树种进行了开发推广。为了科学评价项目实施的效益，依照 2005 年现行价格和财税制度，按照项目建设期实际开支情况和经营期（到 2028 年）各年度的收支预测，以该项目的全部资金作现金流量分析，由此评价其实际获利能力和贷款清偿能力。

2.1　项目林产品蓄积和产量预测

根据项目营造的用材林和经济林的不同树种的造林面积、林分生长量以及各树种间伐期和主伐年限等因素，对项目产生的主要产品产量和用材林产生的林木蓄积进行测算。经测算，项目营造的 49 726.41 hm^2 用材林，其林分总蓄积量达 948.58 万 m^3，可产木材 751.66 万 m^3，薪材 82.38 万 t。项目营造的 14 080.89 hm^2 经济林，可产果、叶、皮 125.94 万 t（见表 2－1－6）。

表 2－1－6　项目产品总产量预测表　（单位：万元）

类别	木材（万 m^3）	薪材（万 t）	果品（万 t）
一、用材林小计	751.66	82.38	
1. 木材	751.66		
2. 薪材		82.38	
二、经济林			125.94

2.2　项目林产品收入预测

项目收入主要包括用材林产品的木材、薪材、经济林果品、茶叶收入四部分。通过预测，项目总收入可达 624 611.84 万元，其中木材收入 364 106.63 万元、经济林产品收入 260 505.21 万元，分别占项目总收入的 58.29%、41.71%（见表 2－1－7）。

2.2.1　用材林木材和薪材收入预测

根据用材林各树种木材产量，预测出项目木材总收入可达 364 106.63 万元（见表 2－1－8）。

表 2－1－7 项目林产品收入预测表

产品名称	收入（万元）	所占比重（%）
合计	624 611. 84	100
木材收入	364 106. 63	58. 29
果品、茶叶、柳条	260 505. 21	41. 71

表 2－1－8 项目林分树种木材收入预测表 （单位：万元）

树种	合计	规格材				非规格材	薪材
		合计	$d \geq 22$ cm	$d = 14 \sim 20$ cm	$d = 8 \sim 12$ cm	$d < 8$ cm	
合计	364 106. 63	352 667. 32	149 433. 38	185 083. 26	18 150. 68	6 481. 09	4 958. 22
火炬松	2 373. 66	2 063. 02		795. 26	1 267. 76	259. 19	51. 45
杉木	570. 65	539. 75	27. 05	248. 35	264. 35	25. 79	5. 11
毛白杨	11 169. 10	11 035. 34		8 025. 70	3 009. 64		133. 76
欧美杨	345 215. 37	334 594. 65	147 194. 51	174 499. 74	12 900. 40	5 899. 40	4 721. 32
刺槐	2 657. 64	2 345. 28	486. 33	1 150. 42	708. 53	296. 71	15. 65
泡桐	1 142. 54	1 138. 09	954. 53	183. 56			4. 45
枫香	977. 67	951. 19	770. 96	180. 23			26. 48

2. 2. 2 经济林产品收入预测

据预测，项目经济林产品可创造收入 260 505. 21 万元，其中干果产生收入 82 492. 40 万元，占经济林产品收入的 31. 67%；鲜果产生收入 178 012. 81 万元，占经济林产品收入的 68. 33%；茶叶产生收入 3 849. 93 万元，占经济林产品收入的 1. 48%；杜仲皮收入 268. 71 万元，占经济林产品收入的 0. 10%；柳条收入 1 711. 07 万元，占经济林产品收入的 0. 66%。经济林产品收入预测见表 2－1－9。

2. 3 项目成本预测

按一个经营周期计算，项目总成本 128 968. 12 万元，其中建设期营造成本 35 454. 96 万元，占总成本的 27. 49%；后续经营成本 93 513. 16 万元，占总成本的 72. 39%，其中，建设期内劳务成本 22 303. 30 万元，占总成本的 17. 29%；材料费用 10 999. 91 万元，占总成本的 8. 53%；技术服务 104. 95 万元，占总成本的 0. 08%；其他费用 2 046. 80 万元，占总成本的 1. 59%。在后续经营成本中，采收成本 71 487. 65 万元，占总成本的 55. 43%；后期经营成本 22 025. 51 万元，占总成本的 17. 08%。项目营造林投资成本测算见表 2－1－10。

2. 4 财务评价与分析

考察项目的实际获利能力、清偿能力等财务状况，主要对财务三率即内部收益率、投资利润率和投资利税率进行计算分析，以评价该项目动态和静态财务效益水平。

表2－1－9　经济林产品收入预测表

类别	树种	收入（万元）	所占比例（%）
	合计	260 505.21	100.00
干果	小计	82 492.40	31.67
	核桃	4 708.98	1.81
	板栗	8 902.86	3.42
	枣	66 142.65	25.39
	银杏	1 269.19	0.49
	花椒	1 468.74	0.56
鲜果	小计	178 012.81	68.33
	梨	28 701.37	11.02
	苹果	10 866.30	4.17
	杏	49 945.00	19.17
	石榴	18 833.21	7.23
	桃	23 467.15	9.01
	葡萄	40 195.64	15.43
	柑橘	174.45	0.07
叶	茶	3 849.93	1.48
皮	杜仲	268.71	0.10
条	柳条	1 711.07	0.66

2.4.1　动态分析

项目财务评价是根据省内现行财税制度（见表2－1－11）和2005年的投入与林产品价格，分析测算项目的效益和费用，项目计算周期16年，即现金流量表的计算期为2003～2019年，基准收益率按行业规定的12%进行计算，整个项目税后内部收益率为40.62%。虽然评估时的经济林造林面积21 933.6 hm^2，中期调整为11 780 hm^2，减少了10 153.6 hm^2，项目税后内部收益率应该有所下降，但是受国家减免税收政策和降低育林基金征收标准的双重影响，实际比评估时的37.86%增加了2.76%；净现值119 387.34万元，比评估时的84 114.44万元增加了35 272.90万元。整个项目税后净现值是建设期投入35 454.96万元的3.37倍，还本付息后净现值104 974.02万元，还本付息后税后内部收益率36.77%，说明项目盈利能力很高。

2.4.2　项目的投资回收期分析

静态投资回收期是指不考虑项目现金收支的时间因素进行计算；而动态投资回收期是在设定折现率为12%的条件下，按现值法从建设开始算起的投资回收期。整个项目的税后静态和动态投资回收期分别为7.6年和8.2年。现金流量财务分析见表2－1－12。

表2－1－10 项目营造林投资成本测算表

内容			金额（万元）	所占比例（%）
总成本			128 968.12	100
建设期成本	合计		35 454.96	27.49
	劳务费	小计	22 303.3	17.29
		整地	8 291.85	6.43
		栽植	5 597.88	4.34
		抚育	8 413.57	6.52
	材料费	小计	10 999.91	8.53
		苗木	9 816.34	7.61
		肥料	255.25	0.20
		农药	42.42	0.03
		设备	259.88	0.20
		管护棚	234.93	0.18
		林道	93.51	0.07
		灌溉设施	297.58	0.23
	技术服务	小计	104.95	0.08
		国内培训与推广	100.96	0.08
		技术咨询	3.99	0.00
	其他		2 046.8	1.59
后续经营成本	合计		93 513.16	72.51
	采收成本	小计	71 487.65	55.43
		采果	24 937.46	19.33
		采叶	1 154.99	0.90
		主、间伐	45 395.20	35.20
	后期经营成本		22 025.51	17.08

表2－1－11 主要计算林产品税费

税（费）种		税（费）率
木材	合计	销售收入10%
	林业税 育林基金 维检费	销售收入10%
林产品	合计	销售收入0.2%
	产品税 检疫费	销售收入0.2%

表 2－1－12　现金流量财务分析表

（单位：万元）

项目	合计	1年	2年	3年	4年	5年	6年	7年	8年	9年	10年	11年	12年	13年	14年	15年	16年
1. 总投入	128 968	7 893	8 658	9 497	7 950	8 070	4 682	4 271	8 759	11 930	14 003	13 394	13 034	3 661	4 588	3 948	4 632
材料设备	9 816	194	431	675	888	1 101	1 094	1 084	1 076	970	790	567	357	155	155	141	141
劳务费	115 711	7 209	7 633	8 165	6 507	6 442	3 410	3 076	7 598	10 897	13 162	12 789	12 651	3 489	4 416	3 791	4 474
间接费	1 349	107	167	202	196	198	102	73	67	58	49	38	27	17	17	16	16
不可预见费	2 091	383	427	455	358	329	75	39	17	5	2						
2. 总收入	624 612		165	727	2 350	5 676	15 008	15 207	54 489	84 487	104 267	103 174	103 339	29 632	37817	32 541	35 732
果	254 501		133	645	2 197	5 465	8 709	11 402	14 468	17 802	20 967	24 274	27 327	29 069	30 167	30 683	31 193
叶	5 735		32	82	153	211	289	398	459	486	497	508	524	524	524	524	524
皮	269						1	5	8	12	19	26	31	39	43	43	43
大径材	149 433								16 746	27 955	34 873	33 398	32 200		3 793	238	230
中径材	185 083						4 317	2 438	20 044	33 580	42 043	39 605	38 095		2 905	551	1 506
小径材	18 151						1 619	921	1 548	2 624	3 333	2 945	2 833		195	346	1 788
非规格材	6 481						0	3	676	1 126	1 406	1 347	1 296		91	148	388
薪材	4 958						72	40	540	904	1 130	1 072	1 032		99	8	61
3. 税前净现金流	495 578						10 324	10 936	45 730	72 557	90 265	89 781	90 305	25 971	33 229	28 593	31 065
4. 林业税																	
5. 林业费	36 435			1	5	11	612	360	3 931	6 565	8 208	7 779	7 498	59	760	191	455
6. 松脂税																	
7. 税费后净现金流	459 142						9 712	10 576	41 799	65 992	82 056	82 002	82 807	25 912	32 470	28 402	30 610
8. 还本付息	41 351	593	783	1 106	1 414	1 674	1 676	1 673	4 347	4161	3 975	3 789	3 604	3 418	3 232	3 046	2 860
9. 还本息后现金流	417 791						8 036	8 903	37 452	61 831	78 081	78 212	79 203	22 494	29 238	25 356	27 750

注：费前净现值：130 907；费后净现值：119 387.34；还本付息后净现值：104 974.02；静态投资回报率（净收入/总投入）：323.95%；

费前内部收益率：42.19%；税费后内部收益率：40.62%；还本付息后内部收益率：36.77%；动态投资回报率（净收入现值/总投入现值）：182.75%；

总投入净现值：57 443；总收入净现值：188 378；税费现值：14 450.64；动态投资税费率（税费现值/总投入现值）：25.16%。

2.5　项目经济分析

在财务分析的基础上，按经济折算因子计算出项目各树种经济内部收益率和经济净现值（见综述附表 27）。

经计算，该项目在税费后的经济内部收益率（IRR）为 43.94%，财务内部收益率（IRR）为 40.62%，还本付息后税后为 36.77%，均远大于 12% 的行业基准收益率；其净现值（NPV）分别为 128 377.18 万元、119 387.34 万元和 104 974.02 万元人民币；静态和动态投资回收期分别为 7.6 年和 8.2 年，均小于项目所规定的基准回收期；静态投资回报或现值率（净收入/总投入）为 323.95%；动态投资回报率（净收入现值/总投入现值）为 182.75%，动态投资税费率（税费现值/总投入现值）25.16%（见表 2－1－12）。

通过对项目进行财务效益分析，可以得出如下结论：

（1）项目在还本付息后税前财务内部收益率达 36.77%，远大于 12% 的行业基准收益率，说明该项目具有显著的财务获利能力和较强的偿债能力，项目实施是非常成功的，经济收益是十分显著的。

（2）投资回收期小于项目规定的基准回收期，不仅说明该项目的净收益可以抵偿全部投资，而且表示项目投资能在规定的时间内收回，反映项目在财务上回收能力较强。

（3）静态投资回报或现值率（净收入/总投入）为 323.95%；动态投资回报率（净收入现值/总投入现值）为 182.75%，动态投资税费率（税费现值/总投入现值）25.16%，说明项目动态获利能力和盈利能力较强，动态借款偿还期为 8.2 年，小于项目所规定的还款年限，表明项目借款清偿能力也很强，在规定的还款年限内和还款条件下，能保证偿清所有借款，包括信贷资金和国内配套资金。

（4）从分树种财务分析结果来看，各树种的 FIRR 差异较大，其中意杨（纤）、苹果较高，分别为 43.91%、54.58%；火炬松则较低，为 15.60%；杜仲最低，仅为 12.68%。意杨（纤）内部收益较高的主要原因是树种的轮伐期较短（8 年），项目本身收益早、见效快和国家减免税收政策、降低育林基金征收标准的影响；苹果内部收益率较高的主要原因是产品市场较好和国家减免税收的影响。而火炬松较低的主要原因是树种的轮伐期较长（20 年），应属正常；杜仲最低的主要原因是产品市场价格走低。其他树种的 FIRR 基本都在 15% ~40%，其结果也基本反映了各个树种的实际情况。

由此可以看出，河南省利用世界银行贷款实施的林业持续发展项目（SFDP）不仅经济效益好，而且贷款回收有保证，偿还贷款能力强，可以保证在项目规定的时间内、规定的还款条件下偿还所有借款本息，达到借款造林的目的。

河南省林业持续发展项目
科技推广与培训总结报告

科技推广与培训是河南省世界银行贷款林业持续发展项目（SFDP－PE）的重要组成部分和实施内容。从2003年1月29日建设工程启动实施，到2009年8月31日项目竣工，圆满完成了建立科技推广与培训体系、组织和开展培训、编制和传播技术信息、营建示范林和综合科技示范区、出国考察和培训、建立省级咨询专家库以及组织国内专家咨询等一系列科技推广与培训任务。为确保项目管理和技术标准及规程的落实和应用、提高项目建设的科技含量和综合效益、改善各级项目人员的管理和技术能力、培养项目受益人（特别贫困项目农户）林业生产知识和技能等预期目标，保障项目建设工程的高质量施工以及最终实现发展林业、改善环境和减轻贫困的项目总目标，河南省林业持续发展项目的科技推广与培训先于项目建设工程实施前启动。本报告将对河南省林业持续发展项目科技推广与培训部分历时近9年多的实施进展情况，以及所取得的成效进行全面总结和评价。

1　科技推广与培训计划概述

在SFDP－PE的准备阶段，在国家林业局世行贷款项目管理中心和中国林业科学院世行项目科技推广办公室的指导下，根据项目的建设内容和实施需要，河南省林业厅项目管理办公室制定了完整的河南林业持续发展项目科技推广与培训计划，对项目科技推广与培训的目标、内容、实施方法以及组织体系和经费预算进行了总体部署与安排，并上报到国家林业局世行项目管理中心和中国林业科学院世行项目科技推广办公室。此后，在项目实施过程中针对项目的具体内容和实际情况，又对计划进行了个别内容的补充和调整，最终形成了以下林业持续发展项目人工林营造部分科技推广与培训计划。

1.1　科技推广与培训的目标

SFDP－PE科技推广与培训的目标为：

（1）保证项目实施中的所有技术标准和管理规程得到全面而正确的执行与应用，确保项目建设工程高质量实施；

（2）增加项目建设工程的科技含量和技术水平，最大限度地将科技成果转化为生产力，提高项目实施的综合效益；

（3）提高各级项目管理人员的管理水平、科技人员的技术能力，培养一批懂技术、会管理的实施世行贷款项目的林业管理和技术人员；

（4）重视项目受益人的管理、栽培技能培训，特别是项目区农户、贫困农户的林果业科学栽培、管理和经营的知识与技能培训，使他们从项目实施中获得栽培与经营林业的本领。

1.2 科技推广与培训的主要内容

（1）项目实施的技术标准与管理规程，包括世行贷款项目实施管理、技术与质量管理、财务管理、物资采购管理以及环保规程等管理与技术标准；

（2）先进而实用的用材林、经济林新成果、新技术、新品种的应用与推广，新品种苗木繁育及优质高产栽培与管理技术等。

1.3 实施方法与措施

1.3.1 建立科技推广与培训组织体系

（1）建立省级科技推广与培训支持组和技术咨询专家库，在省林业厅项目办公室成立科技推广领导组；

（2）建立省级科技推广与培训支持组和技术咨询专家库；

（3）建立县级科技推广与培训组织；

（4）建立乡级科技推广与培训组织。

1.3.2 开展管理和技术培训

（1）积极参加中央级培训班。组织参加国家林业局世行管理中心和中国林业科学院世行项目科技推广办公室举办的项目管理及新技术、新成果推广等各类培训班。

（2）精心组织省级培训班。针对项目实施需求，特邀知名专家采用讲课和现场参观等方式，对县级项目人员进行项目管理方法与规程及先进实用技术培训。

（3）县级培训。各县（市、区）项目办采取举办培训班和现场讲解、操作示范等方式，对乡级林业站工作人员及参加项目的骨干农户进行项目施工管理和技术的培训。

（4）乡级培训。乡（镇）林业站采用现场讲解和操作示范的方式，对参加项目的造林实体代表及广大农户进行施工操作方法和技术的培训。

1.3.3 编印、传播管理和技术信息

（1）编印和传播与项目实施相关的各种规定、办法及技术标准等管理手册；

（2）编印和传播项目主要造林树种，包括用材林、经济林、竹林造林与

经营管理的关键技术丛书。

1.3.4　营建示范林

（1）按照项目的技术标准与规程营建高标准示范林；

（2）采用优良新品种和先进的丰产栽培技术营建用材林、经济林科技示范林。

1.3.5　其他方法与措施

（1）在国家级贫困县信阳市罗山县建立综合科技示范区。

（2）组织项目有关人员到国外进行短期考察，学习先进林业技术和现代管理方法。

（3）开展项目咨询活动。对项目实施中遇到的关键技术难题，邀请省内有关专家、教授到项目区进行咨询。

1.4　经费预算与来源

根据项目科技推广与培训任务，预算总经费355.87万元，占项目总投资的1.0%。其中：

（1）世界银行贷款10万美元，折合人民币82.76万元，占推广培训总经费的23.26%；

（2）国内配套资金273.11万元，占总经费的76.74%。

2　科技推广与培训计划的实施

在国家林业局世行贷款项目管理中心和中国林业科学院世行贷款项目科技推广办公室的指导下，河南省及各县项目办公室，通过建立科技推广与培训组织体系、制订科技推广与培训计划实施方案，以及开展形式多样的科技推广与培训活动，对林业持续发展项目科技推广与培训计划进行了全面实施，圆满完成了以下各项实施工作。

2.1　建成了完善的科技推广与培训组织体系

为了确保林业持续发展项目人工林营造部分科技推广与培训计划的实施，建立了省、县和乡三级科技推广与培训组织体系，其人员构成和职责如下。

2.1.1　省级科技推广与培训组织

（1）省级科技推广与培训支持组。建立了由河南省林业厅项目管理办公室、省林业科学研究院和省林业技术推广站有关专家组成的林业持续发展项目省级科技推广与培训专家支持组（成员名单见附表2－2－1、图2－2－1）。

（2）省级技术咨询专家库。在省项目办公室组织下，从郑州果树研究所、省林业科学院、河南农业大学、省林业技术推广站、省经济林和林木种苗工作站、省森林病虫害防治检疫站等9个单位选聘了30名专家，构成了林业持续

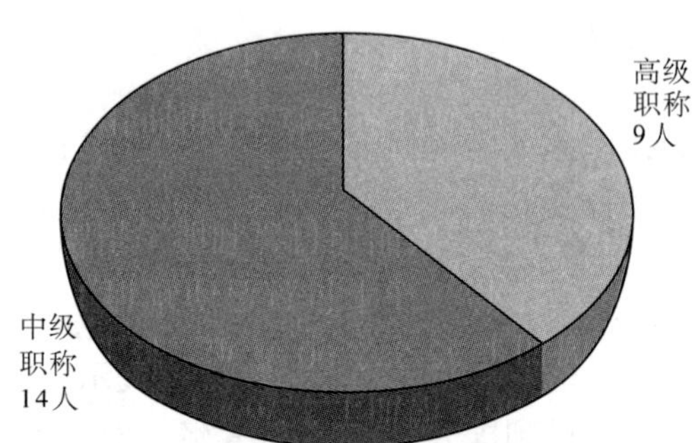

图 2－2－1　省级科技推广与培训组织人员结构图

发展项目省级技术咨询专家库，其中正高级职称或博导 10 人，副高级职称人员 16 人，中级职称人员 4 人。所聘请的咨询专家在理论和实践上都有很深的造诣和丰富的经验，他们的专业覆盖了经济林、用材林培育的相关技术，涵盖了林业综合技术和项目管理等领域（见图 2－2－2、附表 2－2－2、附表 2－2－3）。

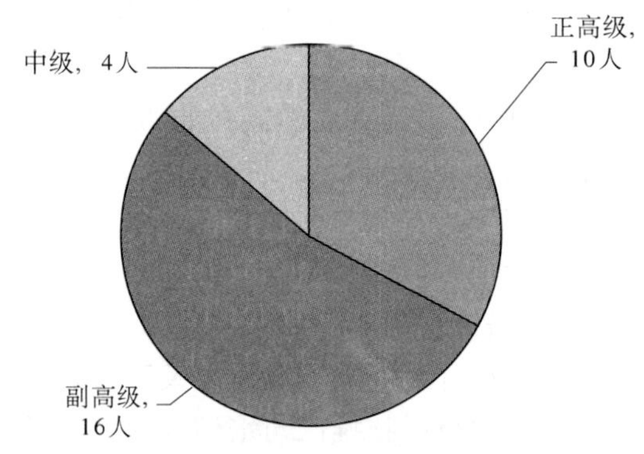

图 2－2－2　省级技术咨询专家库成员结构图

（3）项目的科技推广与培训组织。在省林业厅项目管理办公室成立了科技推广领导小组，负责组织参加中央级科技推广与培训和本省项目科技推广与培训工作的协调、管理及评价，落实项目科技推广内容的实施。

（4）省级科技推广与培训小组的职责如下：

负责落实中央级科技推广与培训计划；

制定本省的项目科技推广与培训计划、实施方案；

组织专家对项目技术问题进行指导和咨询；

组织参加中央级各项科技推广与培训活动，组织举办本省的培训班、编制和传播管理与技术信息、建立综合科技示范区和组织专家进行现场技术咨询等；

指导、检查和监测各项目县的科技推广与培训工作的具体实施、进展情况及效果；

及时收集、汇总和分析整个项目的科技推广与培训活动信息，向国家林业局世行中心和中国林科院世行项目科技推广办公室提交项目科技推广与培训工作的进展报告。

2.1.2 县级科技推广与培训组织

在各项目县（市、区）项目办公室的协调下，成立 SFDP－PE 县级科技推广与培训组织，由本县（市、区）林业局、农业局、园艺局等有关单位的技术人员和县（市、区）项目办的管理人员组成。全省 13 个项目市的 26 个项目县（市、区）县级科技推广与培训组织共有 1 068 人，其中高级职称人员 43 人，中级职称人员 182 人，初级职称人员 383 人，一般技术人员 450 人（见图 2－2－3、附表 2－2－4）。

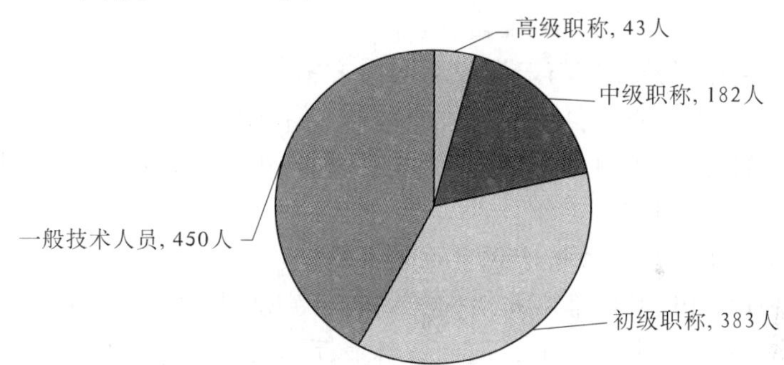

图 2－2－3 县级科技推广与培训组织人员结构图

县级科技推广与培训组织的主要职责是：

（1）在省项目科技推广与培训计划指导下，制订本县（市、区）的科技推广与培训计划实施方案；

（2）组织开展本县级科技推广与培训活动，包括技术培训、编印技术读物等；

（3）在省级科技推广与培训组织的指导下，营建示范林；

（4）指导本县乡级科技推广与培训组织开展各项活动。

2.1.3 乡级科技推广与培训组织

在每个项目乡（镇）建立以林业站或农技推广中心为主体，农民技术能人参加的项目科技推广与培训组织，全省 218 个项目乡级科技推广与培训组织共有 1 220 人，其中中级职称（含中级以上）人员 52 人，初级职称人员 148 人，一般技术人员 320 人，骨干农民 700 人（见图 2－2－4）。

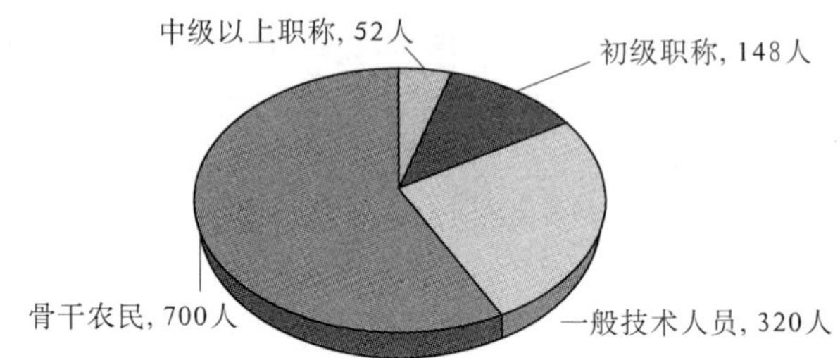

图2-2-4　乡级科技推广与培训组织人员结构图

乡级科技推广与培训组织的主要职责是：

(1) 组织乡级技术培训，向项目造林实体代表及广大农户现场讲授和示范项目造林施工与人工林经营管理的操作技术；

(2) 指导和帮助项目造林实体代表及广大农户按项目的技术标准与规程完成造林施工任务和项目林的经营管理。

2.2　制订了各级科技推广与培训计划实施方案

为了落实中央、省、县级科技推广与培训计划中的各项内容和任务，省林业厅项目办和各县级项目办都制订了相应的科技推广与培训计划实施方案，开展各自的科技推广与培训工作。

2.2.1　省级科技推广与培训计划实施方案

根据SFDP-PE科技推广与培训计划的有关要求，在中国林业科学院世行项目科技推广办公室的指导下，河南省林业厅项目办公室组织制订了省级科技推广与培训计划实施方案，对本省项目科技推广与培训活动的内容、规模、时间及经费预算等事项作了具体安排，主要包括以下方面：

(1) 举办省级项目管理、优良种植材料开发技术和经济林、用材林及竹林栽培技术等内容的培训班；

(2) 编制和传播项目管理办法、标准和规程以及项目造林和人工林经营管理技术资料；

(3) 监测与评价本省项目各级科技推广与培训工作的进展及成效，对本省项目实施中出现的技术问题给予指导和咨询。

2.2.2　县级科技推广与培训计划实施方案

在省林业厅项目管理办公室的指导下，各项目县（市、区）项目管理办公室根据SFDP-PE科技推广与培训计划的有关要求，制订了本县（市、区）的科技推广与培训计划实施方案，结合本地项目实施的技术需求，对本县和乡级科技推广与培训活动作出了具体安排，主要包括以下方面：

(1) 举办县级项目实施标准、规程，项目树种育苗、造林，以及人工林经营管理技术培训班；

（2）编制和传播通俗易懂的实用技术资料；

（3）营建示范林。

同时，在县级科技推广与培训计划实施方案中，还对乡级技术培训（农户培训）作了具体安排，指导乡级科技推广与培训组织开展农户培训工作。

2.3　开展了一系列科技推广与培训活动

在各级科技推广与培训计划实施方案的指导下，中央级、省级、县级和乡级科技推广与培训组织完成了一系列科技推广与培训活动。

2.3.1　管理与技术培训

2.3.1.1　省级培训

省级培训共举办了40期（次），主要是对县级进行培训，采用举办培训班或召开研讨会及现场参观等形式，着重对各县（市、区）管理和技术人员进行项目管理、新技术、新成果和推广方法的培训，并讲授一些相关的基础理论和专业知识。培训内容主要包括：

（1）管理培训。举办了与项目实施管理有关的项目管理、财务管理、物资采购管理、技术与质量管理、环境保护规程、社区林业评估、林木经营与培育、检查与验收以及推广方法等内容的培训班共20期（次）（见表2－2－1）。

表2－2－1　省级项目管理各项培训内容及期（次）统计表

培训内容	项目管理	财务管理	物资采购	技术质量管理	社区评估	环保与施工设计	其他	合计
培训期（次）	3	3	2	4	3	3	2	20

（2）技术培训。举办了与项目实施相关的经济林优良新品种及其育苗与优质高产栽培技术，经济林产品保鲜贮藏及加工利用技术，用材林优良种植材料开发及丰产栽培技术，人工林营建及丰产栽培技术等先进技术的培训班20期（次）（见表2－2－2）。

上述两类培训累计培训26个项目县（市、区）的管理和技术人员2 100人次、4 482．5人·日。培训人次、人日数分别超过计划培训640人次、3 760人·日的228%、19%（见附表2－2－5）。

表2－2－2　省级项目技术各项培训内容及期（次）统计表

培训内容	用材林栽培	经济林栽培	病虫害防治	抚育管理	合计
培训期（次）	6	8	3	3	20

2.3.1.2　县级培训

县级对乡（镇）干部、林业站技术人员和骨干农户的培训主要采取讲课和现场操作示范的方式进行。主要培训内容包括：项目管理方法和技术标准与规程；与当地项目实施有关的实用技术。

在项目实施期间，13 个项目市 26 个项目县（市、区）一共举办管理和技术培训班 1 090 期，累计培训 17 783 人次、46 195 人 · 日，其中培训骨干农户 15 810 人次，分别是计划培训 4 920 人 · 次、26 760 人 · 日的 361.44%、172.63%。各项目县（市、区）举办的县级培训班期数、培训人次数以及具体培训内容见附表 2 – 2 – 6。

2.3.1.3　乡级培训

乡级培训活动针对参加项目的造林实体代表、村干部和所有项目农户，主要采取现场技术示范操作、参观示范样板等方式进行。主要培训内容包括：项目管理知识、施工技术标准与规程；与造林和人工林经营管理相关的实用技术。

在项目实施期间，参加项目的 218 个乡（镇、林场）一共举办了 3 600 期（次）技术培训班和现场操作技术培训，累计培训参加项目实体代表和农户 313 922 人次，是计划培训 154 800 人次的 202.8%。各县（区）项目乡（镇）举办的乡级培训班期数、培训人日数以及具体培训内容见附表 2 – 2 – 6。

2.3.2　编制和传播管理与技术信息

2.3.2.1　省级编制和传播的信息

（1）世界银行贷款项目管理手册。

项目启动后，河南省林业厅项目办编制了《林业持续发展项目管理手册》，并及时下发到各项目县（市、区）用于指导项目的实施。该手册主要包括以下内容：开发信贷协定、贷款协定、项目评估文件、可研报告、科技推广与培训计划、种植材料开发计划与苗圃管理规程、计划管理办法、财务管理、会计核算、提款报账办法、物资采购与工程招标管理办法、造林施工设计方法和造林检查验收办法、乡村社区林业评估工作手册和环境保护规程等。

（2）林业技术丛书。

河南省林业厅项目管理办公室组织了 12 位理论造诣深、实践经验丰富的知名专家，针对项目主要造林树种，编写了通俗易懂、适合于基层技术人员和广大农民使用的各类林业技术丛书、录像带或光盘 33 种，总计 24 820 本（册或盘），下发到县、乡各级项目技术人员、管理人员以及骨干农户手中，成为各级项目机构开展技术培训的好教材和广大农户施工作业的好帮手，受到了广泛好评。

（3）经济林优良品种及栽培技术录像带。

省林业厅项目管理办公室和县级项目办公室收集并选择了6个主要经济林树种优良品种及其优质、高产栽培技术的音像制品，制作成420盘录像带，于2005年5月分发到每个项目县（市、区）项目办公室，每县和重点项目乡级单位得到1～2盘。这些录像带为开展县级和乡级技术培训提供了更加直观易懂的教材，从而使县、乡两级技术培训的效果得到改善和提高。

（4）《世行项目科技简报或信息》。

省林业厅项目办公室转发了中央级《世行项目科技简报或信息》36期，编辑印发了河南省《世行项目科技简报或信息》66期，沟通和交流各级项目机构之间与各个项目区之间的科技推广信息和经验，同时还介绍世行项目造林、人工林经营管理及环境保护方面的国内外优良的种植材料和各种先进的实用技术，以推动育林和环保新技术在世行项目地区的推广应用。

《世行项目科技简报或信息》主要介绍项目进展、科技培训、名优新品种、实用技术和病虫害防治等内容，每年编制6～10期，每期100余册，发放到26个县（市、区）的项目管理办公室。

在项目实施期间，省级一共编制了项目管理读物33种，累计印发了24 820册。其中实用技术读物22种，累计印发了22 350册；技术录像带或VCD 6种，累计发放了420盘（省级编制和传播的管理、技术读物及技术录像带或VCD种类、数量和内容见附表2－2－7）。

2.3.2.2 县级编制和传播的技术读物

在传播和使用中央级、省级编制的各种技术资料的同时，许多项目县（市、区）针对本地项目实施中的具体问题和技术需要，也编制了一些通俗易懂的技术读物（包括小册子、明白卡等形式），发放到项目乡（镇）的管理人员、技术人员以及广大农户手中，作为他们开展技术培训和施工作业的参考资料与工具书。

在项目实施期间，26个项目县（市、区）一共编制了173种技术读物，累计印发了156 486册（张、盘）（县级编制和传播的技术读物种类、数量和内容见附表2－2－8）。

2.3.3 示范林和综合科技示范区建设

2.3.3.1 营建示范林

在各级科技人员的指导下，把优良的种植材料和先进的丰产栽培技术组装起来，或者以某一单项技术为重点内容，在有代表性的立地条件下营建示范林，用来向造林实体和广大农户展示优良新品种或配套栽培管理技术的优质高产潜力，便于他们对优良新品种和先进技术的学习、掌握与应用。在项目中所营建的示范林主要有以下两个类型：

（1）用材林示范林。主要示范优良无性系、优良家系和丰产栽培配套技术措施，例如杨树、松树新造林地局部抚育技术和科学施肥技术，以及杨树农林间作模式等。

（2）经济林示范林。主要示范最新选育的优良新品种和经济林优质高产栽培配套技术，例如合理密植、矮化栽培技术、人工授粉技术、整形修枝新方法、果实套袋技术、果树营养诊断技术和果树专用肥使用技术等。

在上述两类示范林中，同时还考虑了应用地膜覆盖和 ABT 生根粉蘸根等造林新方法，以及环保技术与病虫害综合管理技术的配套和示范。

在项目实施期间，13 个项目市 26 个项目县（市、区）营建了各类示范林，累计面积达6 152.5 hm^2，是计划营建面积600 hm^2 的10.25 倍，营建了示范林的项目覆盖所有的项目县（市、县），营建示范林所采用的树种包含了项目主要造林树种（各类示范林营建情况参见表2－2－3，各县（市、区）示范林营建情况参见附表2－2－9）。

这些示范林已成为参观、学习和培训林业科技的重要基地，已经和正在发挥着展示科技、培训科技与传授科技的重要作用。

表2－2－3　营建示范林情况统计表

示范林类别	示范林树种个数	计划营建面积（hm^2）	实际营建面积（hm^2）	是计划倍数
用材林	2	200	5 726	28.63
经济林	10	400	426.5	1.06
合计	12	600	6 152.5	10.25

2.3.3.2　综合科技示范区建设

省林业厅项目管理办公室选择国家级贫困县罗山县建立了综合科技示范区，以集中展示最新科研成果和先进技术在项目造林及人工林经营中的应用结果与效益，充分体现增加科技含量对保证造林质量和提高经营效益的巨大作用，取得了良好的示范效果。

2.3.3.3　示范林和综合科技示范区建设的内容

引进经济林、用材林优良新品种及先进的育苗和优质高产栽培技术，建立相应的品种和技术示范样板，包括示范园、林、圃，作为科技展示和推广基地；建立了面向农户、服务农户的县、乡、村科技推广与培训系统，对适宜、有效的科技推广方法进行应用和示范。

2.3.3.4 实施方法

围绕上述建设内容开展了示范林和综合科技示范区的实施工作。

（1）制定了综合科技示范区建设实施计划，确定了建立科技示范园、林、圃等各示范样板，以及开展面向农户的科技推广示范的具体内容和措施。

（2）聘请技术咨询专家，成立综合科技示范区建设技术咨询专家组，负责直接指导和参加综合科技示范区的建设工作。

（3）示范林技术咨询专家针对每个科技示范样板（示范园、林、圃）编制出了详细的实施技术方案，并且对负责示范样板建设的技术人员、承担农户进行现场指导，示范样板的营建与管理。

（4）省林业厅项目管理办公室编制了面向农户的科技推广与培训方法示范方案，并且指导县级林业局进行实施。在示范区建设期间，从建立县、乡、村三级科技推广与培训组织体系到进行技术培训、树立科技示范户、建立科技示范样板、引进技术人才和技术信息以及编发技术读物等方面完成了大量示范活动。

（5）省、县、乡三级技术人员每年经常性地到现场指导科技示范样板的建设和管理，包括指导和帮助农户按照示范样板实施技术方案营建、管理示范园、林、圃，随时为农户解决各种技术问题，定期按照监测方案规定的时间和方法对科技示范样板进行调查与记载。

2.3.4 示范林及综合科技示范区建设成果

经过6年多的实施，示范林及综合科技示范区建设已经取得了一系列重要的成果，并且已经对当地林业的建设与发展产生了积极影响。其主要表现为以下几方面：

（1）建成优良新品种和先进林业技术的示范园、林、圃共202个，涉及梨、杏、桃、枣、板栗、核桃和杨树等12个树种。这些科技示范样板已成为参观、学习和培训林业科技的重要基地，正在当地发挥着展示科技、培训科技和传授科技的重要作用。

（2）引进了一批适宜当地种植和发展的经济林、用材林优良新品种（共16个），极大地丰富了当地林业优良种植材料储备。这些优良新品种在河南省的推广和应用规模不断扩大，到目前为止它们在当地的种植和栽培面积已经达到1 665.7 hm^2。随着这些优良新品种示范样板示范效果的进一步显现，其推广应用规模将不断增加，最终将为示范区乃至周边地区的林业新老品种更换以及优良品种种植产业发展作出巨大贡献。

（3）引进、消化和吸收了一系列先进的实用技术，达30多项，目前在项目县的各个乡（镇）得到推广和应用，累计推广面积已经达到了650 hm^2。这些技术在今后的推广和应用规模将会不断扩大，对示范区乃至周边地区林业经济的振兴和综合效益的提高，以及农民的脱贫致富作出重大贡献。

(4) 共培养和树立了 26 户爱科技、学科技和用科技的科技示范农户，并且在他们的直接带动下，到目前为止又有 70 个农户成为懂科技、用科技的新科技示范户。在新老科技示范户的宣传、带动和指导下，将会有越来越多的农户加入到信科技、学科技、用科技的行列中来，这样就会大大加快示范区林业科技推广和应用的进程。此外，在科技示范区建设期间，还累计培训农户 2 100人次，使这些农户的科学知识和操作技能有了明显的提高。

(5) 为当地培养了一批县、乡（镇）级林业技术人才。共有 220 多名县、乡林业技术人员通过参加科技示范样板的建立与管理以及技术培训等活动，在科学知识、技能和素质方面有了很大程度的提高。此外，在示范区建设期间，还使 62 人次的县、乡（镇）级技术人员受到了省级技术咨询专家和县级技术骨干的培训，从而使当地林业技术人员队伍的整体实力有了显著增强。培养起来的县、乡（镇）林业技术人员已成为项目县科技兴林的生力军。

(6) 成功探索出了一套面向农户的科技推广模式，这套以县为单元建立和运作的科技推广体系具有普遍应用价值。这种以科技推广组织体系为基础，以建立科技示范样板和树立科技示范户为核心，再加上技术培训、编制、传播技术信息等传统推广与培训措施构成的新型科技推广模式，是适合我国贫困地区农村和农民科学知识少、文化素质低和思想观念落后等实际情况的科技推广模式。

2.3.5 出国考察与培训

为了学习和引进国外先进的林业经营管理经验和技术，结合项目实施的各项内容，省林业厅项目管理办公室先后组织项目市、县级项目管理人员和技术人员共 10 人次到美国、德国等国家进行考察和培训，使他们了解和学习这些国家科学的林业发展理念、现代的森林经营管理技术，以及高度集约化的果园管理方法、模式，认识到这些管理方法和模式在我国贫困地区有良好的借鉴与推广价值以及巨大的推广应用潜力，从而为提高项目的管理水平打下基础。

每次出国考察和培训结束后，考察和培训小组都认真总结考察和培训的经验与体会，并及时撰写考察或培训总结报告，发放到有关项目管理和技术人员手中，供他们在工作中学习和参考。

2.3.6 国内专家到项目区进行技术咨询

针对项目地区存在的主要技术困难和问题，省级和县级科技推广与培训组织的有关专家和技术人员，还不定期到项目实施地区和现场进行技术指导咨询，使基层项目管理人员和技术人员，特别是项目造林实体和广大农户及时得到了所需的技术指导与帮助。据统计，在项目实施期间，累计开展专家技术咨询1 763人次、19 318人·日，其中省级专家技术咨询每年到每个县工作3～4次，累计进行125人次、1 981人·日。详见表2－2－4。

表2－2－4　省级、县级专家现场咨询统计表

类别	现场咨询专家人数	现场咨询专家人日数
省级	125	1 981
县级	1 638	17 337
合计	1 763	19 318

2.4　科技推广与培训经费的来源和投入

科技推广与培训经费来源于世界银行信贷和国内配套资金。世界银行信贷用于支持开展国外考察与培训活动，国内配套资金用于支持开展省、县和乡级科技推广与培训活动。项目区各级推广与培训工作，是结合林业生产活动和政府组织的林业技术推广服务或其他林业工程项目的技术培训进行的。这样就扩大了本项目的科技推广与培训经费来源，也更加保障了项目科技推广与培训任务的全面完成。据统计，在项目实施期间，一共投入开展各级科技推广与培训的经费为956.36万元，占项目总投资的2.7%，是计划投入资金355.87万元的2.7倍（见表2－2－5、图2－2－5）。

表2－2－5　全省科技推广与培训经费使用情况统计表

类别	合计	考察、培训、资料编印（万元）	示范林（万元）	其他（万元）
省级	146.05	142.06		3.99
县级	810.31	297.87	506.22	6.22
合计	956.36	439.93	506.22	10.21

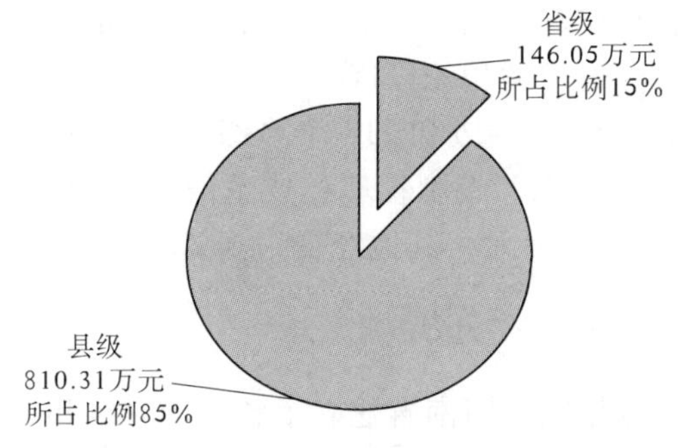

图2－2－5　省县科技推广与培训各项经费使用情况对比

2.4.1　省级科技推广与培训经费

省级科技推广与培训经费来源于项目的省级配套资金以及当地林业部门的相关投资。据统计，在项目实施期间，省级科技推广与培训经费一共投入146.05万元，其中用于培训与编制管理和技术信息的经费为68.22万元，编制技术信息的经费为32.74万元，国外考察和培训经费为41.10万元，专家咨询经费为3.99万元（见表2-2-6、图2-2-6）。

表2-2-6　省级科技推广与培训经费使用情况统计表

项目	完成投资		所占比例（%）
	人民币（万元）	美元（万元）	
管理与技术培训	68.22	8.24	46.68
编制技术信息	32.74	3.96	22.44
国外考察和培训	41.10	4.97	28.16
专家咨询	3.99	0.48	2.72
合计	146.05	17.65	100.00

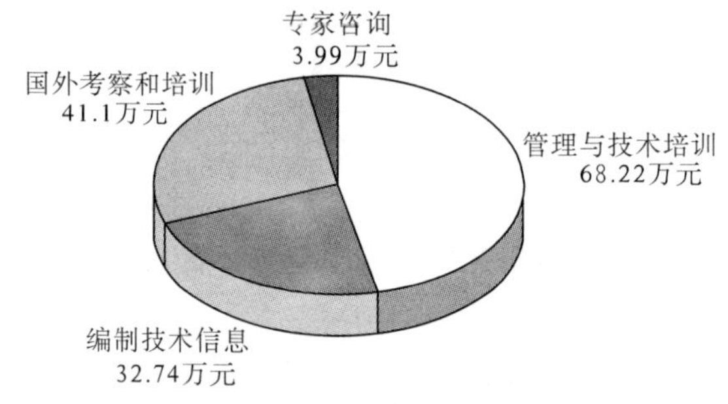

图2-2-6　省级科技推广与培训各项经费使用情况对比

2.4.2　县级和乡级科技推广与培训经费

县级和乡级科技推广与培训经费主要来源于省、市、县三级配套资金以及县、乡两级政府和林业部门的相关投资。

在项目实施期间，26个县级和218个乡级一共投入科技推广与培训经费810.31万元，其中用于培训、编制管理和技术信息的经费为297.87万元，营建示范林的经费为506.22万元，其他经费为6.22万元（见表2-2-6）。

3　科技推广与培训的成效分析

在7年的项目实施期间，河南省建立了省级、县级和乡级科技推广与培训组织体系，在中央级科技推广与培训计划指导下，制订了省级和各项目县的科技推广与培训计划实施方案，开展管理与技术培训，编制和传播管理与技术信息，营建示范林，建立综合科技示范区，组织专家或技术人员出国考察和培训以及深入项目区开展咨询与培训活动，实施过程中应用现代世行贷款项目管理理念、方法和技术标准，保证了项目高标准和高质量的实施；一大批优良新品种和先进技术推广应用到了项目造林与人工林经营中，增加了项目实施的科技含量和综合效益；参与项目实施的各级管理、技术人员管理技术素质和能力得到很大提高，成为了当地林业建设和发展的骨干力量；参加项目的广大贫困农户学会并掌握了培育、经营人工林的知识与技能，拓宽了他们脱贫致富的门路和生存技能。成功地引进与实践推广科学知识和技术的科技推广新模式，探索出了一套适合于贫困地区应用的、面向农户推广科学知识和技术的科技推广新方法，主要表现在以下几个方面。

3.1 成功引进并应用于项目中的国内外管理理念、方法和技术标准，保证了项目实施的高标准和高质量

在项目实施期间，共组织参加中央级项目管理类培训班 26 期（次）；举办省级项目管理类、技术类培训班共计 40 期（次），使项目的财务管理、物资采购管理、技术和质量管理、环境保护、社区林业评估等一系列与国际接轨的项目管理知识、技术规范被省级和县级项目管理人员所掌握，县、乡级培训大部分内容都是与项目实施相关的技术标准和规程。

此外，转发国家林业局世行项目管理中心编制的项目管理手册或技术丛书，编制和发放省级和县（市、区）项目办一系列项目实施应用的具体管理办法、规程和标准，作为培训教材或工作手册。

通过一系列培训活动，使这些科学、先进的项目管理知识和方法在项目实施过程中得到准确无误的推行与应用，确保了项目实施的高标准和高质量。同时，一大批先进的项目管理知识和方法还被借鉴与应用于其他林业工程项目，为当地林业建设工程的现代化管理发挥了重要作用。

3.2 项目实施中推广和应用优良新品种及林业先进技术，增加了项目实施的科技含量和综合效益

3.2.1 推广和应用优良新品种

据统计，在项目实施过程中营建的用材林和经济林全部采用了良种。在用材林营建中，在 26 个项目县 7 个树种全部应用了优良种源、家系或无性系，共 24 个，其中优良家系和无性系 17 个；在经济林营建中，项目县 11 个树种全部应用了优良品种、无性系，共 40 个。优良品种的推广和应用进一步提高了项目造林的质量、人工林的产量以及产品的质量，为增加项目人工林的效果奠定了基础（见表 2－2－7、附表 2－2－10）。

表 2 - 2 - 7 SFDP - PE 推广应用的优良新品种

造林类型	树种数量	良种数量	推广县数
用材林	优良种源	6	48
	优良家系	1	
	优良无性系	17	
经济林	优良种源	1	105
	优良家系	2	
	优良无性系	37	
	合计	64	153

3.2.2 推广和应用林业先进技术

在项目实施中累计推广和应用了 27 项先进、实用的林业技术，包括 4 项种植材料繁殖与培育技术、4 项造林技术、8 项人工林栽培和管理技术、3 项人工林病虫害防治技术和林产品采收技术、8 项其他技术（见表 2 - 2 - 8）。

表 2 - 2 - 8 SFDP - PE 中推广应用的先进技术统计表

技术类别	技术项数	应用树种个数	推广县数
种植材料系列与育苗技术	4	4	4
造林技术	4	10	8
人工林栽培技术	8	11	13
病虫害防治	3	8	6
其他	8	16	26
合计	27	49	57

先进技术的推广和应用，明显提高了项目育苗的生产管理和技术水平，使项目造林质量和人工林经营管理水平有了很大的改善，为项目林的整体质量和效益提供了保障，为在项目地区进一步推广和应用作出了良好示范，为提升当地林业技术的整体水平发挥了重要作用。

由于优良新品种和林业先进技术在项目区大面积的推广应用，极大地提高了项目实施的科技含量，使项目用材林、经济林和竹林的造林质量，以及人工林的经营管理水平显著提高，从而为最终实现项目林的优质高产和高效奠定了扎实的基础。

3.3 参与项目实施的各级管理和技术人员，提高了管理技术素质和能力，成为当地林业建设和发展的骨干力量

根据统计，参加项目科技推广与培训组织的省级、县级和乡级的管理与技术人员多达 2 318 人，其中省级有 30 人，县级平均 41 人，乡级平均 5.6 人，

县级参与项目实施的人数约占林业系统技术干部人数的一半，乡级从事林业工作基本全部参与项目实施。（见表2－2－9）

表2－2－9　SFDP－PE各级科技推广与培训组织人员数统计表

类别	总人数	平均每县人数	平均每乡人数
省级	30		
县级	1 068	41	
乡级	1 220		5.6
合计	2 318		

参加项目科技推广与培训活动人员，既是先进、实用林业技术和项目管理知识的学习者，又是使用者和应用者，从而使他们在项目的实施过程中逐步学会和掌握了一系列同国际接轨的项目财务管理、物资采购管理、技术与质量管理、环境保护、社区林业评估、科技推广方法等一系列项目管理的理念和方法，以及与用材林、经济林和竹林优良品种培育及集约经营相关的先进技术，使他们成为当地高素质的林业现代管理人才，为保障项目的成功以及当地林业的振兴都起到了关键的作用。

3.4　项目农户在实施过程中学会和掌握了培育、经营人工林的知识与技能，拓宽了他们脱贫致富的路子

SFDP－PE涉及26个项目县（市、区）的218个乡（镇、林场），占该项目县乡（镇）总数的68.5%；覆盖了1 210个村，占该县行政村总数的31.6%；参加项目的农户数为46 366户，占该县农户总数的9.6%；项目总受益人数达到了201 062人。

据统计，一共有2 196名骨干农民参与了乡级科技推广与培训组织，平均每个项目乡（镇）有101人，平均每个项目村有11人，平均每20个项目受益农民中就有1名骨干农民。他们在本乡林业站技术人员指导下，首先学会和掌握了项目造林及人工林经营管理的技术，再去教会本村的其他项目农户。此外，这些骨干农民还直接参加县级培训。据统计，在项目实施期间接受过县级培训的骨干农户达15 810人次，平均每村10人次。通过参加项目的科技推广、培训组织和县级培训，使这批骨干农民成长为本村的技术能手和致富带头人。

在项目区传播的实用技术信息、营建的示范林，以及技术人员的现场指导和咨询，也让参加项目的农户获得了更多学习知识和技能的机会。通过参加项目，使他们掌握了新品种、新技术以及经营管理用材林、经济林和竹林的知识与技能，使他们从不知到知、从不信到信、从不会到会、从不能到全能，进而

走上了依靠科学种树的脱贫致富之路。在这些项目农户的带动下，当地的其他农户也纷纷加入到种树致富的行列中来。

3.5　创建了一套适用于农村，面向农户推广林业科学知识和先进技术的科技推广模式

通过在项目实施地点示范林及综合科技示范区的实践活动，成功地探索和总结出了一套以县（市、区）为单元的，面向广大贫困农户推广科学知识和先进技术的科技推广模式（见图2－2－7）。

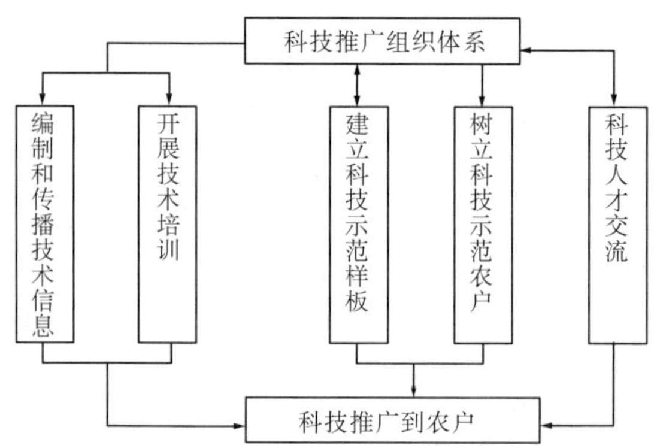

其中：

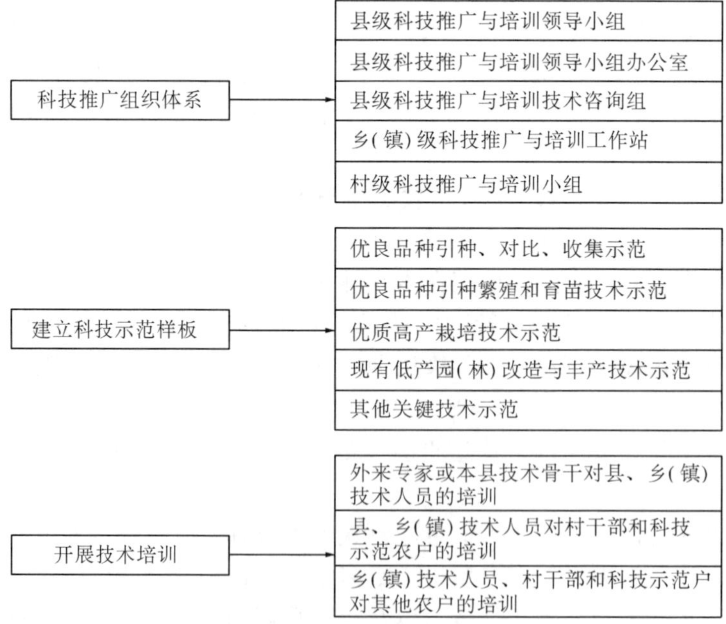

图2－2－7　以县为单元的面向农户的科技推广模式

这一科技推广模式以科技推广组织体系为基础、以建立科技示范样板和树立科技示范农户为核心，再加上技术培训和编制、传播技术信息等传统推广与培训措施构成的新型科技推广模式，是专门针对河南省边远农村或贫困地区农民科学知识少、文化素质低、思想观念落后等现状而采取的科技推广模式，在河南省边远农村或贫困地区普及科学知识、传播林业技术、更新传统观念和提高生产技能等方面的推广活动中有较高的应用价值。随着这一科技推广模式的广泛应用，将逐步解决全省边远农村或贫困地区科技推广难度大、效率低的问题。

4　经验与建议

SFDP－PE 的科技推广与培训工作创造性地、圆满地完成了项目科技推广与培训计划规定的各项任务，达到了各项预期目标，取得了一系列显著成效，为保障与提高工程项目的实施质量和效益，促进项目发展林业、改善生态环境和减轻贫困三大目标的实现，发挥了不可缺少的重要作用。回顾和总结 7 年来项目科技推广与培训的工作历程和取得的成效，现提出以下成功经验和相关建议，供世界银行及其他有关部门参考。

4.1　成功经验

4.1.1　科技推广与培训是大型林业工程项目重要的组成部分

在林业工程项目中设立科技推广与培训内容，并且有计划、有组织和有投资的加以实施是必要和正确的决定，它是确保林业工程项目高质量实施和高效益产出不可缺少的重要组成部分。在 SFDP－PE 中预算了项目总投资的 2.7%，用于支持科技推广与培训部分的实施，从而确保了项目工程建设的高标准和高质量，为实现项目的综合效益奠定了良好基础。

4.1.2　完善的组织体系是做好科技推广与培训工作的基础

与项目的管理机构紧密结合，吸收相关领域的管理和技术人才建立完善的科技推广与培训组织体系，是顺利实施和全面完成各项科技推广与培训计划内容和目标的必要基础。在本项目中建立的中央、省、县、乡 4 级科技推广与培训组织体系，把行政协调与推广以及培训服务有机结合起来，从而大大增强了科技推广与培训工作的力度和效率。

4.1.3　推广与培训内容与项目建设紧密结合是提高项目实施质量的关键措施

在本项目的科技推广与培训工作中，针对工程实施的各个管理和技术环节，选择先进、适宜的科学管理方法和实用技术，作为科技推广与培训的主要内容加以实施。在落实和运用项目各项技术标准的前提下，增加和扩大新品种、新技术的推广和应用，从而取得了显著的科技推广与培训成效，为项目工程建设起到了较好的支撑作用。

4.1.4 科技推广与培训工作未雨绸缪是项目顺利启动的必要条件

将科技推广与培训启动于林业工程项目的准备阶段，本项目在准备和规划设计阶段就筛选了一批最新林业科技成果，用于编制项目的造林模型、种植材料开发计划和环境保护规程等，把尽可能多的先进、成熟的新品种和新技术吸收到项目技术标准与管理规程中来，从而确保了一大批优良品种和先进技术在项目实施过程中的推广与应用，使科技推广效率显著提高。

4.1.5 适时调整科技推广与培训内容是使其工作更具针对性的重要手段

在本项目实施过程中，针对工程建设实施中出现的技术困难和问题，要及时调整和补充新的科技推广与培训内容，以满足对项目实施技术支持的需要。例如：及时增加了经济林有机肥使用及病虫害综合管理等方面技术内容的推广与培训，解决了经济林经营管理中科学使用有机肥和以预防为主的病虫害综合管理等项目实施中出现的技术问题。

4.1.6 充分利用现代通信工具是提高科技推广与培训效率的重要方法

利用现代互联网通信工具开展科技推广与培训工作，极大地提升了项目管理与技术信息的传播速度和效率，显著地提高科技推广与培训工作效率。

4.1.7 利用示范林和培育示范户是面向农民进行科技推广与培训的有效模式

针对项目农户观念落后、文化水平低和缺乏林业生产技术等特点，采取建设科技示范样板和培育科技示范农户是最直观、易接受和效果好的推广应用林业科技成果最佳方式之一，再配合技术培训和发放技术读物等传统措施，进行新品种、新技术的推广工作，引导项目农户信科技、学科技、用科技。本项目的示范林及综合科技示范区建设的成功经验，充分说明了这是行之有效的科技推广模式。

4.1.8 强化基层和受益人的培训是科技推广与培训工作的核心

为确保先进的管理和技术应用于林业工程项目中，强化了基层管理人员和受益人的科技推广与培训。强化基层管理人员和项目受益人培训，特别是把项目农户的培训、发放技术信息和提供现场技术指导与咨询，作为科技推广与培训工作的核心，这是科技推广与培训的最重要环节，它决定着所有的科技推广内容能够被施工者所掌握和运用，并且最终在造林和人工林经营管理实践中得到应用。本项目加强了对乡级技术人员、骨干农民以及所有项目农户代表的培训工作，是使项目各项技术标准和规程，以及一大批优良新品种的先进技术应用于项目的根本保证。

4.2　相关建议

在今后的世行贷款林业工程项目中，应该在以下几个方面改进和加强科技推广与培训工作的内容和实施方式，使科技推广与培训的设计和实施更合理有效。

4.2.1　让互联网在科技推广与培训中发挥更大的作用

在今后要加大对互联网的开发和应用力度，让互联网在科技推广与培训中发挥更大的作用。在项目投资中应该支持以下方面的工作：

（1）由中央级科技推广与培训组织建立、编辑和维护一个内容丰富、功能完善的科技推广网站，为项目各级管理人员、技术人员以及广大受益人提供快捷、全面的管理和技术信息服务。

（2）对县、乡级项目管理机构的计算机和上网设备进行必要的补充与更新，使之具备上网条件。

（3）加强对县、乡级项目管理和技术人员以及广大受益人进行操作计算机和使用互联网技能的培训。

4.2.2　加大对营建示范林（或科技示范样板）的重视和利用

应该把营建示范林（或科技示范样板）作为科技推广与培训工作更加重要的方式对待。要由中央级或省级科技推广与培训组织统一确定示范内容、编制营建示范林的技术方案，指导示范林的营建施工，从而让示范林发挥更好的科技推广与培训作用。

4.2.3　把科技推广与培训效果的动态监测作为科技推广与培训工作的组成部分

在科技推广与培训计划中增加科技推广与培训效果动态监测内容，科技推广培训与效果监测工作同步实施，从而及时、准确地跟踪了解和评价各项科技推广与培训活动的效果，以便适时调整、补充和改进科技推广与培训的内容、方法。同时，也为项目实施结束后，全面总结和评价科技推广与培训的成效，提供科学、可靠的依据。

附表 2－2－1 SFDP－PE 省级科技推广与培训支持组成员

名单	工作单位	职务	职称	技术专长	分工
卓卫华	河南省项目管理办公室	主任	高工	项目管理	组长
段绍光	河南省项目管理办公室	副主任	教授级高工	森林培育	副组长
张文杰	河南省项目管理办公室	副主任	高工	项目管理	副组长
范增伟	河南省项目管理办公室	科长	工程师	项目管理	成员
宋宏伟	河南省林业科学研究院	副院长	研究员	杨树、枣树	成员
李良厚	河南省林业科学研究院	科长	研究员	核桃、板栗	成员
冯建灿	河南农业大学	院长	教授、博导	经济林栽培	成员
苏金乐	河南农业大学	副院长	教授、博导	果树栽培	成员
夏丰昌	河南省林业调查规划院	科长	教授级高工	造林设计	成员
赵义民	河南省林业调查规划院	总工	教授级高工	造林设计	成员
尚忠海	河南省林业技术推广站	副站长	教授级高工	技术推广	成员
茹桃勤	河南省林业技术推广站	科长	教授级高工	病虫害防治	成员
杨洪义	河南省林业技术推广站	科长	教授级高工	技术推广	成员

附表 2－2－2 SFDP－PE 省级技术咨询专家所在机构统计表

机构类别	机构数量	各级职称数量			
		合计	正高级	副高级	中级
合计	9	30	10	16	4
省直机构和科研院所、高校	8	28	8	16	4
市、县直机构	1	2	2		

附表2-2-3　SFDP-PE省级技术咨询专家技术领域统计表

专家类型	各级职称专家数量			
	合 计	正高级	副高级	中级
	30	10	16	4
经济林专家	8	4	4	0
水果类	4	2	2	
干果类	3	1	2	
其他类	1	1		
用材林专家	6	1	4	1
杨树	2		2	
刺槐	2		1	1
泡桐	1	1		
火炬松	1		1	
其他类小计	16	5	8	3
项目管理	2		1	1
财务管理	2	1	1	
种植材料开发	1		1	
人工林经营	4	1	2	1
森林培育	3	1	1	1
种苗繁育	2	1	1	
病虫害防治	2	1	1	

附表 2 – 2 – 4　县级科技推广与培训组织人员统计表

县（市、区）名称	职称				
	高级职称	中级职称	初级职称	其他	合计
新郑市	1	4	3	1	9
开封县	3	7	34	160	204
偃师市	3	8	20	50	81
淇县		5	2	1	8
温县	1	16	2		19
沁阳市	1	10	4		15
南乐县	5	2	6		13
许昌县	3	4	12	15	34
襄城县	1	2	15	2	20
长葛市	2	4	10	20	36
郾城区		4	10		14
源汇区	1	2	4	10	17
召陵区		4	9	4	17
临颍县	1	5	8	1	15
邓州市	1	12	36	55	104
桐柏县	4	28	64	55	151
社旗县	1	4	18		23
罗山县		4	3		7
平桥区	2	9	4	15	30
淮滨县		2	38		40
息县	2	4	12	16	34
商水县	2	5	5		12
鹿邑县	2	8	17		27
扶沟县	1	15	32	12	60
平舆县	3	10	13	20	46
济源市	3	4	2	23	32
合计	43	182	383	460	1 068

附表 2-2-5 省级科技推广与培训期（次）统计表

序号	培训日期	主要培训内容	培训天数	培训人数	培训人日
1	2002 年 12 月 15 日	施工设计和技术标准	2	45	90
2	2002 年 12 月 26 日	项目管理及财务知识	2	30	60
3	2003 年 3 月 15～18 日	经济林栽培技术	3	35	105
4	2003 年 5 月 20～22 日	项目检查验收和质量评价	1	30	30
5	2003 年 6 月 10～12 日	项目提款报账办法	1.5	45	67.5
6	2003 年 7 月 20～22 日	物资设备采购	1	20	20
7	2003 年 10 月 25～27 日	苗圃建设	1	10	10
8	2004 年 2 月 26～28 日	财务决算	3	60	180
9	2004 年 3 月 8～9 日	询价采购	2	20	40
10	2004 年 3 月 24～26 日	营造林技术培训	3	70	210
11	2004 年 5 月 20～21 日	苗圃管理技术	2	30	60
12	2004 年 7 月 14～15 日	检查验收	2	40	80
13	2004 年 8 月 12～13 日	幼林抚育及修枝技术	2	40	80
14	2004 年 9 月 1～3 日	提款报账	3	60	180
15	2004 年 9 月 20～21 日	病虫害防治	2	40	80
16	2004 年 11 月 1～2 日	施工设计	2	60	120
17	2005 年 1 月 20～21 日	整地与丰产栽培技术	2	100	200
18	2005 年 2 月 16～18 日	育苗技术	2	60	120
19	2005 年 2 月 23～25 日	营造林技术	3	80	240
20	2005 年 3 月 24～26 日	化肥询价采购	2	40	80
21	2005 年 6 月 14～16 日	检查验收	3	60	180
22	2005 年 7 月 21～22 日	项目管理（新增项目县）	2	20	40
23	2005 年 10 月 10～11 日	社区评估（新增项目县）	2	25	50
24	2005 年 11 月 8～9 日	施工设计	2	60	120
25	2006 年 1 月 11～12 日	用材林速生丰产栽培技术	2	60	120
26	2006 年 11 月 25～26 日	经济林高产栽培技术	2	60	120
27	2006 年 3 月 20～21 日	用材林育苗技术	2	60	120
28	2006 年 8 月 15～16 日	幼林抚育技术	2	120	240
29	2006 年 9 月 5～6 日	主要林木病虫害发生规律及防治技术	2	60	120
30	2006 年 5 月 10～11 日	检查验收	2	40	80
31	2006 年 7 月 18～19 日	提款报账	2	60	120
32	2007 年 1 月 15～17 日	施工设计审查	3	20	60
33	2007 年 4 月 5～6 日	决算及财务管理	2	80	160
34	2007 年 5 月 9～10 日	检查验收	2	80	160
35	2007 年 7 月 1 日	苗圃建设管理	1	20	20
36	2007 年 8 月 2～3 日	提款报账	2	60	120
37	2007 年 9 月 20～21 日	果品无公害生产技术	2	80	160
38	2007 年 11 月 7～8 日	人工林病虫害防治技术	2	80	160
39	2009 年 8 月 24～25 日	竣工验收	2	140	280
合计			80.5	2 100	4 482.5

附表2－2－6　县、乡科技推广与培训期（次）统计表

单位	县科技推广与培训			乡科技推广与培训		主要培训内容
	培训期（次）数	培训人次	其中农民人次	培训期（次）数	培训人次	
新郑市	32	247	207	106	4 357	项目管理方法和技术标准与规程；林木栽培与管理技术、病虫害防治等；与当地项目实施有关的实用技术
开封县	15	318	232	50	5 611	
偃师市	295	1 677	1 546	974	29 587	
淇县	6	48	37	20	851	
温县	29	1 228	893	96	21 682	
沁阳市	58	1 010	980	192	17 852	
南乐县	27	367	337	89	6 478	
许昌县	62	788	699	205	13 909	
襄城县	50	781	769	165	13 780	
长葛市	58	781	715	192	13 780	
郾城区	11	632	624	36	11 153	
源汇区	11	133	128	36	2 351	
召陵区	13	743	720	43	13 111	
临颍县	18	1 076	1 002	59	19 000	
邓州市	48	218	184	159	3 850	
桐柏县	64	1 935	1 888	211	34 165	
社旗县	48	417	395	159	7 366	
罗山县	69	385	357	228	6 795	
平桥区	82	1 226	1 145	271	21 646	
淮滨县	7	60	56	21	1 064	
息县	11	276	216	36	4 863	
商水县	6	298	230	20	5 269	
鹿邑县	29	1 228	893	96	21 683	
扶沟县	15	442	375	50	7 781	
平舆县	26	1 469	1 182	86	25 938	
县级合计	1 090	17 783	15 810	3 600	313 922	

附表 2－2－7　省级编发的林业技术丛书及音像制品统计表

类别	名　　称	编发数量
管理办法	编制县级培训与推广计划的说明	200
	项目调整项目内容的有关问题的通知	50
	财务管理办法细则	200
	提款报账实施细则	200
	项目会计核算办法	200
	检查验收办法	1 000
	世行贷款项目管理办法	200
技术规程	世界银行贷款河南省林业持续发展项目工作手册	3 000
	经济林栽培技术	2 500
	病虫害防治技术	500
	苗圃建设细则	200
	造林地筛选流程	500
	环保规程	500
	造林施工设计实施细则	1 000
	造林施工设计实施细则（修订版）	1 000
	整地与丰产栽培技术	2 000
	社区评估工作方法	1 000
	项目管理工作手册	200
	用材林速生丰产栽培技术	1 000
	经济林高产栽培技术	500
	用材林育苗技术	500
	幼林抚育技术	500
	主要林木病虫害发生规律及防治技术	500
	检查验收办法	1 000
	用材林速生丰产栽培技术	500
	石榴栽培和管理技术	2 000
	杨树大径材培育技术	2 000
	果品无公害生产管理技术	1 000
	检查验收办法	200
	竣工验收工作指南	250
音像制品	板栗丰产栽培技术	200
	三倍体毛白杨栽培技术	120
	葡萄优质丰产栽培技术	100
合计	33 种	24 820

附表2-2-8 县级编发的林业技术丛书及音像制品统计表

单位	编发种类数	编发数量（册、盘）	主要内容
新郑市	4	2 430	项目管理方法和技术标准与规程；林木栽培与管理技术、病虫害防治等；与当地项目实施有关的实用技术
开封县	3	2 900	
偃师市	5	700	
淇县	3	7 030	
温县	12	8 000	
沁阳市	3	2 000	
南乐县	23	30 744	
许昌县	5	2 700	
襄城县	1	3 000	
长葛市	5	2 800	
郾城区	8	9 300	
源汇区	7	2 650	
召陵区	11	8 000	
临颍县	5	7 580	
邓州市	3	5 620	
桐柏县	15	10 526	
社旗县	8	3 720	
罗山县	8	11 345	
平桥区	10	5 041	
息县	2	1 600	
商水县	4	3 000	
鹿邑县	12	8 000	
扶沟县	12	5 300	
平舆县	4	12 500	
合计	173	156 486	

附表 2-2-9　省级营建的示范林统计表

树种	品种	地点（县、市、区）	面积（hm^2）	示范内容
杨树	中林 46、107、108、2000 系列	26 个项目县（市、区）	5 418	速生丰产栽培
杨树	毛白杨	温县、南乐县、桐柏县	230	丰产技术
杨树	鲁山杨	息县	70	栽培技术
松树	火炬松	桐柏县	8	营造林
枣树	灰枣	新郑市	60	推广应用
枣树	冬枣	许昌县、平桥区	19.6	集约化管理
枣树	梨枣、雪枣	偃师市	6.3	品种引进
枣树	无核枣	淇县	9.6	品种引进
石榴	豫石榴 2 号	开封县	2.5	病虫害防治
石榴	突尼斯软籽、红玛瑙	平桥区	15.5	高产栽培
石榴	大青皮、泰山红等	平桥区	5.8	推广应用
桃树	五月鲜	开封县、平桥区	7.2	修剪技术
桃树	新川中岛	长葛市	8	示范推广
桃树	寿桃	许昌县、偃师市	9.3	高产栽培
桃树	华光、曙光、艳光	沁阳市	2	示范推广
桃树	松森	襄城县	10.8	品种引进
桃树	安农水蜜	社旗县	20	品种引进
桃树	80-2-3	源汇区	3	品种栽植
葡萄	红提、黄提	沁阳市、偃师市、长葛市	23	品种栽植
葡萄	巨峰	召陵区、郾城区、长葛市	35.8	高产栽培
葡萄	维多利亚	偃师市	6.7	高产栽培
葡萄	白鸡心	偃师市	9	品种示范
板栗	豫罗红、689 栗	罗山县	21.3	栽培技术
核桃	中林 1 号	长葛市、召陵区	26.7	推广应用
核桃	迈核 1 号	偃师市	26.3	品种引进
梨	晚秋黄梨	许昌县、郾城区、临颍县	23	高产栽培
梨	红香酥、八月酥	襄城县、沁阳市	12.7	高产栽培
梨	黄金梨	沁阳市	6	品种引进
梨	爱宕梨	偃师市	4.3	品种引进
梨	香艳梨	社旗县	6	推广应用
梨	金季红梨	商水县	5	推广应用
梨	金晶梨	桐柏县	6	推广应用
杏	金太阳、凯特杏	襄城县、沁阳市、淇县	16	品种引进
柳条	杞柳	淮滨县	7.2	示范推广
银杏	家佛指	罗山县	5.3	示范推广
茶	银毫	桐柏县	6.6	示范推广
合计			6 152.5	

附表 2 – 2 – 10　推广应用优良品种统计表

序号	树种	品种类型	推广品种个数	推广项目县级数
用材林小计			24	48
1	杉木	优良种源	4	3
2	火炬松	优良种源	2	3
3	欧美杨	优良无性系	8	26
4	毛白杨	优良无性系	1	4
5	刺槐	优良无性系	6	4
6	泡桐	优良无性系	2	6
7	枫香	优良家系	1	2
经济林小计			40	105
8	核桃	优良无性系	6	5
9	板栗	优良无性系	3	5
10	枣	优良无性系	3	21
11	梨	优良无性系	6	14
12	茶	优良种源	1	1
13	杏	优良无性系	2	13
14	桃	优良无性系	6	12
15	石榴	优良无性系	4	11
16	葡萄	优良无性系	5	16
17	柳条	优良无性系	2	3
18	银杏	优良家系	2	4
合计		优良种源 优良家系 优良无性系	7 3 54	153

河南省林业持续发展项目人工幼林质量摸底调查报告

河南省林业持续发展项目人工林营造部分经过6年多的实施，完成了预定的目标和任务。为全面了解和掌握项目的实施情况，有针对性地提出后期加强质量管理的改进措施，实现项目可行性研究中确定的经济效益、生态效益和社会效益的目标，根据国家林业局下发的《关于开展“林业持续发展项目”人工林营造部分幼林质量摸底调查的通知》（林贷项便字［2008］06号）要求，河南省编制了《河南省世行贷款林业持续发展项目人工林营造部分幼林质量摸底调查工作方案》。全省26个项目单位于2008年6月4日至9月30日积极组织工程技术人员开展幼林质量摸底调查工作，现将调查结果汇报如下。

1 调查范围和内容

1.1 范围

本次调查的范围为2003年项目实施以来，经河南省林业厅检查验收合格并实施提款报账的所有小班，面积为63 807.3 hm^2。

1.2 内容

本次调查内容为：

（1）项目幼林保存情况；

（2）用材林生长量；

（3）经济林生长情况；

（4）经济林授粉情况；

（5）经济林病虫害发生情况；

（6）在调查的基础上，将项目实施以来的造林成果分为一、二、三类，并提出后期管理计划。

2 调查的依据、方法及认定标准

2.1 工作依据

每年项目造林检查验收报账小班图表、《河南省“林业持续发展项目”幼林质量摸底调查工作方案》。

2.2 调查方法

按照《河南省“林业持续发展项目”幼林质量摸底调查工作方案》，对2003年以来检查验收合格并实施报账的小班进行逐小班全面调查。对每个造林小班面积、幼林保存率、平均高、用材林生长量、树高株数达标率、经济林生长情况、经济林授粉配比率和病虫害发生情况进行调查记录。

2.3 质量认定

一类林：用材林幼林保存率在90%以上，平均生长量100%达标，生长量株数达标率在80%以上；经济林幼林保存率在90%以上，长势良好，授粉树配置合格率在95%以上，病虫害发生率小于10%，结实情况达到项目设计规定的标准。

二类林：用材林幼林保存率在85%～90%、平均生长量80%～100%达标、生长量株数达标率在50%～80%，但生长正常，通过加强后期幼林管护能达到项目规定的标准；经济林保存率在85%～90%，长势较好，授粉树配置合格率达到90%～95%，病虫害发生率在10%～30%，结实情况不能达到项目设计规定的标准，但生长正常，通过加强后期幼林管护能达到项目规定标准的预期目标。

三类林：造林保存率、生长量均未达到项目规定的标准，且幼林生长缓慢、不正常，即使采取各种后期管理措施都无法达到规定的标准，或者造林已经失败的记入三类林。经济林的造林质量较差，表现为成活率不高，长势弱，树形控制一般，授粉树配置不合理，病虫害发生率较高，通过后期管理难以达到预期的目标。

在检查验收过程中，项目单位组建的检查组成员都能够坚持原则、克服困难、排除干扰，严格按照《河南省“林业持续发展项目”幼林质量摸底调查工作方案》的要求，认真履行责任。外业调查认真，内业整理数据可靠，真实地反映河南省林业持续发展项目的造林情况。

3 调查结果及分析

3.1 分县汇总结果

河南省从2003年开始实施项目，到2009年8月累计完成世界银行贷款林业持续发展项目人工林营造提款报账面积63 807.3 hm^2。通过对项目林的用材林生长量、经济林生长情况等进行的全面调查，并按照幼林等级划分标准对幼林进行分类，统计分类结果如下：用材林生长量株数达标率在80%以上，平均高生长量达到标准，经济林长势良好，结实情况达到或超过项目设计规定标准的一类林面积41 441.21 hm^2，占64.95%；不能全部满足一类林标准，但生长正常，通过加强后期幼林管抚能达到项目规定标准的二类林面积 9 441.09 hm^2，占 14.79%；达不到一、二类林标准的三类林 12 925.00 hm^2，占 20.26%（详见附表 2－3－1）。

3.2　分年度汇总结果

河南省在项目实施期间实施提款报账的面积按年度统计结果如下：2003 年度提款报账面积为 12 032.70 hm^2，其中一类林面积 7 882.86 hm^2、占 65.51%，二类林面积 1 827.53 hm^2、占 15.19%，三类林面积 2 322.31 hm^2、占 19.30 %。2004 年度提款报账面积 13 589.13 hm^2，其中一类林面积 9 334.08 hm^2、占 68.69%，二类林面积 2 023.05 hm^2、占 14.89%，三类林面积 2 232.00 hm^2、占 16.42%。2005 年度提款报账面积为 14 203 hm^2，其中一类林面积 9 621.48 hm^2、占 67.74%，二类林面积 2 108.48 hm^2、占 14.85%，三类林面积 2 473.04 hm^2、占 17.41%。2006 年度提款报账面积 11 693.60 hm^2，其中一类林面积 7 320.47 hm^2、占 62.60%，二类林面积 1 784.03 hm^2、占 15.26%，三类林面积 2 589.10 hm^2、占 22.14%。2007 年度提款报账面积 11 537.97 hm^2，其中一类林面积 6 531.42 hm^2、占 56.61%，二类林面积 1 698.00 hm^2、占 14.72%，三类林面积 3 308.55 hm^2、占 28.67%。2009 年度提款报账面积 750.9 hm^2，其中一类林面积 750.9 hm^2、占 100%（详见附表 2－3－2）。

3.3　分林种树种汇总结果

3.3.1　分林种汇总结果

通过现场调查，在全省完成的造林面积中，用材林 49 726.41 hm^2，占 78%，其中一类林面积 33 322.04 hm^2、占 67.01%，二类林面积 6 282.92 hm^2、占 12.63%，三类林面积 10 121.44 hm^2、占 20.35%；经济林 14 080.89 hm^2，占 22%，其中一类林面积 8 119.17 hm^2、占 57.66%，二类林面积 3 158.17 hm^2、占 22.43%，三类林面积 2 803.56 hm^2、占 19.91%（详见附表 2－3－3）。

3.3.2　分树种汇总结果

在面积为 49 726.41 hm^2 的用材林中，火炬松栽植面积 634.9 hm^2，其中一类林面积 403.20 hm^2、占 63.51%，二类林面积 101.64 hm^2、占 16.01%，三类林面积 130.06 hm^2、占 20.49%；杉木栽植面积 74.83 hm^2，其中一类林面积 56.13 hm^2、占 75.01%，二类林面积 12.78 hm^2、占 17.08 %，三类林面积 5.92 hm^2、占 7.91 %；三倍体毛白杨种植面积为 1 857.80 hm^2，其中一类林面积 1 358.42 hm^2、占 73.12 %，二类林面积 146.39 hm^2、占 7.88%，三类林面积 352.98 hm^2、占 19.00 %；意杨栽植面积 46 301.92 hm^2，其中一类林

面积 31 230. 16 hm^2、占 67. 45 %，二类林面积 5 577. 03 hm^2、占 12. 04%，三类林面积 9 494. 73 hm^2、占 20. 51%；刺槐面积 506. 60 hm^2，其中一类林面积 153. 96 hm^2、占 30. 39%，二类林面积 278. 49 hm^2、占 54. 97%，三类林面积 74. 15 hm^2、占 14. 64%；泡桐面积 222. 50 hm^2，其中一类林面积 78. 81 hm^2、占 35. 42%，二类林面积 116. 99 hm^2、占 52. 58%，三类林面积 26. 70 hm^2、占 12. 00%；枫香面积 127. 86 hm^2，其中一类林面积 41. 36 hm^2、占 32. 35%，二类林面积 49. 60 hm^2、占 38. 79%，三类林面积 36. 90 hm^2、占 28. 86%。

在完成的 14 080. 89 hm^2 的经济林中，枣的种植面积最大，为 3 655. 54 hm^2，其中一类林面积 2 130. 72 hm^2、占 58. 29%，二类林面积 809. 77 hm^2、占 22. 15 %，三类林面积 715. 05 hm^2、占 19. 56 %；杏的种植面积次之，为 2 407. 32 hm^2，其中一类林面积 1 423. 22 hm^2、占 59. 12%，二类林面积 549. 43 hm^2，占 22. 82%，三类林面积 434. 67 hm^2、占 18. 06%；梨的种植面积为 1 288. 24 hm^2，其中一类林面积 499. 41 hm^2、占 38. 77%，二类林面积 414 hm^2、占 32. 14 %，三类林面积 374. 83 hm^2、占 29. 10%；葡萄的种植面积为 1 561. 66 hm^2，其中一类林面积 983. 26 hm^2、占 62. 96%，二类林面积 224. 44 hm^2、占 14. 37%，三类林面积 353. 96 hm^2、占 22. 67%；桃树的面积为 1 561. 15 hm^2，其中一类林面积 960. 03 hm^2、占 61. 50%；二类林面积 292. 51 hm^2、占 18. 74%，三类林面积 308. 61 hm^2、占 19. 77%；板栗的种植面积为 1 122. 87 hm^2，其中一类林面积 515. 13 hm^2、占 45. 88%，二类林面积 327. 99 hm^2、占 29. 21%，三类林面积 279. 75 hm^2、占 24. 91%；石榴的种植面积为 761. 81 hm^2，其中一类林面积 428. 41 hm^2、占 56. 24%，二类林面积 213. 07 hm^2、占 27. 97%，三类林面积 120. 33 hm^2、占 15. 80%；核桃的种植面积为 667. 40 hm^2，其中一类林面积 439. 57 hm^2、占 65. 86%，二类林面积 138. 56 hm^2、占 20. 76%，三类林面积 89. 26 hm^2、占 13. 37%；苹果的种植面积为 433. 21 hm^2，全为一类林；花椒的种植面积为 181. 40 hm^2，其中一类林面积 94. 79 hm^2、占 52. 26%，二类林面积 58. 02 hm^2、占 31. 98%，三类林面积 28. 59 hm^2、占 15. 76%；银杏的种植面积为 142. 50 hm^2，其中一类林面积 67. 38 hm^2、占 47. 28%，二类林面积 47. 26 hm^2、占 33. 16%，三类林面积 27. 87 hm^2、占 19. 56%；柳条的种植面积为 121. 00 hm^2，其中一类林面积 52. 18 hm^2、占 43. 12%，二类林面积 25. 79 hm^2、占 21. 31%，三类林面积 43. 04 hm^2、占 35. 57%；茶的种植面积为 117. 50 hm^2，其中一类林面积 62. 42 hm^2、占 53. 12%，二类林面积为 37. 78 hm^2、占 32. 15%，三类林面积 17. 30 hm^2、占 14. 72%；杜仲的种植面积为 37. 99 hm^2，其中一类林面积 19. 81 hm^2、占 52. 14%，二类林面积 10. 50 hm^2、占 27. 64%，三类林面积 7. 68 hm^2、占

20.22%；柑橘的种植面积为 21.3 hm^2，其中一类林面积 9.66 hm^2、占 45.37%，二类林面积 9.06 hm^2、占 42.53%，三类林面积 2.58 hm^2、占 12.10%。

3.4 结果分析

根据幼林质量摸底调查结果，河南省检查验收合格并实施提款报账的 63 807.3 hm^2，其中达到项目设计技术指标要求的一类林面积为 41 441.21 hm^2，占 64.95%；二类林面积 9 441.09 hm^2，占 14.79%；三类林面积 12 925.00 hm^2，占 20.26%。项目的实施，不仅增加了河南省用材林和经济林的营造面积，增加森林资源量和森林覆盖率，而且巩固了世行项目的科学管理模式，进一步增强了林业管理人员和技术人员的工作能力，提高了全省的林业管理水平和技术水平。

出现二、三类林的原因总结如下：一是 2008 年 1 月发生的冰雪灾害，对河南省部分项目区营造的人工林造成严重破坏；二是部分项目单位在施工过程中，未严格按照杨树用材林造林模型中的初植密度栽植，而是任意加大了种植密度，造成林内通风透光差，致使杨树幼林生长量达不到项目规定的标准；三是个别地方在树种选择和造林地选择方面没有做到适地适树，一些项目造林地块的立地条件未达到项目要求，从而造成造林成活率达不到一类林标准；四是部分造林单位的后期管护投入资金不足，致使一些项目造林地的管理粗放，幼林抚育措施不到位，林木生长情况没有达到项目规定的标准。

4 今后管理措施和经营计划

根据摸底调查结果，今后为切实加强世行贷款林业持续发展项目的幼林管理工作，推进项目林提前达到设计的各项技术经济指标，后期的管理措施和经营计划如下：

一是各项目单位认真分析三类林的形成原因，有针对性地采取果断措施。对那些因人为因素而导致造林失败形成的三类林，由项目实施单位立即采取措施，加大林木管护力度，在冬春造林季节，适时补植补造；对于自然环境因素而形成的三类林，应因地制宜地改善造林地的立地条件，重点对土壤瘠薄区追施农家肥，增加土壤的有机质含量，从而改善林木的生长环境；对于树种不适宜的造林地须重新选择树种进行改造。

二是对二类林要及时进行抚育，加强补植补造和后期幼林管护。重点是对这些林木及时进行松土、除草、施肥等措施，提高幼林长势和结实能力，有条件的结合间作花生、蔬菜等农作物以耕代抚；对土壤肥力偏低的造林地块，结合松土除草及时进行施肥，以促使其尽快成林。经济林应每年至少施肥一次，中耕除草 2 次，并适时进行浇水。通过这些抚育措施，使林木的生长量和结实情况尽快达到项目设计规定的标准。

三是对于达到一类林标准的用材林，当其幼林郁闭后，适时适量地开展抚育间伐，清除部分不良林木，合理调查林木各时期的密度，改善小气候、土壤条件，提高林分的生长率；对于达到一类林标准的经济林，随着林龄的增长，要及时进行定干，不断调整树干和树冠的比例，修剪下脚枝、下垂枝和病虫枝，以达到分枝疏密适宜，林内阳光充足，从而增大树冠面积，增加果品产量。

四是按照一、二、三类现有的林分类型，在不同的林分小班中选择不同抚育管理类型的样地进行监测，建立监测管理档案，不断总结管理经验，改进管理方法，推广应用新的经营管理技术，促进林分实现最大生态与经济效益。

附表 2-3-1 幼林摸底调查分县汇总表 （单位：hm^2）

单位	面积小计	一类林		二类林		三类林		备注
		面积	%	面积	%	面积	%	
合计	63 807.30	41 441.21	64.95	9 441.09	14.79	12 925.00	20.26	
新郑市	2 483.10	1 877.63	75.62	315.00	12.69	290.47	11.70	
开封县	3 289.54	2 562.74	77.91	380.50	11.57	346.30	10.53	
偃师市	920.40	616.20	66.95	88.30	9.59	215.90	23.46	
淇县	1 544.90	1 109.65	71.83	217.95	14.11	217.30	14.07	
温县	3 762.40	2 862.40	76.08	410.00	10.90	490.00	13.02	
沁阳市	1 093.10	784.10	71.73	130.00	11.89	179.00	16.38	
南乐县	1 943.50	1 472.90	75.79	170.60	8.78	300.00	15.44	
许昌县	2 451.50	2 015.82	82.23	235.68	9.61	200.00	8.16	
襄城县	4 521.50	3 118.77	68.98	419.30	9.27	983.43	21.75	
长葛市	3 438.70	2 712.90	78.89	423.10	12.30	302.70	8.80	
郾城区	1 709.30	1 087.00	63.59	169.10	9.89	453.20	26.51	
源汇区	565.90	329.51	58.23	66.39	11.73	170.00	30.40	
召陵区	518.20	348.03	67.16	57.57	11.11	112.60	21.73	
临颍县	2 121.60	1 104.30	52.05	314.40	14.82	702.90	33.13	
邓州市	2 292.00	1 904.60	83.10	101.40	4.42	286.00	12.48	
桐柏县	2 960.30	1 661.01	56.11	364.07	12.30	935.22	31.59	
社旗县	6 915.67	2 910.00	42.08	3 015.67	43.61	990.00	14.32	
罗山县	2 086.59	714.36	34.24	316.62	15.17	1 055.61	50.59	
平桥区	2 778.50	1 278.11	46.00	250.06	9.00	1 250.33	45.00	
淮滨县	4 045.10	2 589.20	64.01	425.30	10.51	1 030.60	25.48	
息县	2 081.40	1 207.60	58.02	273.80	13.15	600.00	28.83	
商水县	1 392.60	856.10	61.47	151.29	10.86	385.21	27.66	
鹿邑县	3 184.60	2 378.00	74.67	474.00	14.88	332.60	10.44	
扶沟县	1 665.50	1 317.20	79.09	148.30	8.90	200.00	12.01	
平舆县	3 312.60	2 179.35	65.79	433.25	13.08	700.00	21.13	
济源市	728.80	443.67	60.88	89.47	12.28	195.66	26.85	

附表2-3-2 幼林摸底调查分年度汇总表 （单位：hm^2）

年度	面积小计	一类林		二类林		三类林		备注
		面积	%	面积	%	面积	%	
合计	63 807.30	41 441.21	64.95	9 441.09	14.79	12 925.00	20.26	
2003	12 032.70	7 882.86	65.51	1 827.53	15.19	2 322.31	19.30	
2004	13 589.13	9 334.08	68.69	2 023.05	14.89	2 232.00	16.42	
2005	14 203.00	9 621.48	67.74	2 108.48	14.85	2 473.04	17.41	
2006	11 693.60	7 320.47	62.60	1 784.03	15.26	2 589.10	22.14	
2007	11 537.97	6 531.42	56.61	1 698.00	14.72	3 308.55	28.67	
2009	750.90	750.90	100.00					

附表 2－3－3　幼林摸底调查分树种汇总表　（单位：hm^2）

造林树种	面积小计	一类林		二类林		三类林		备注
		面积	%	面积	%	面积	%	
合计	63 807.30	41 441.21	64.95	9 441.09	14.79	12 925.00	20.26	
1. 用材林小计	49 726.41	33 322.04	67.01	6 282.92	12.63	10 121.44	20.35	
火炬松－14 纤	634.90	403.20	63.51	101.64	16.01	130.06	20.49	
杉木－14 建	74.83	56.13	75.01	12.78	17.08	5.92	7.91	
三倍体毛白杨－Ⅱ纤	1 857.80	1 358.42	73.12	146.39	7.88	352.98	19.00	
意杨－Ⅱ纤	46 301.92	31 230.16	67.45	5 577.03	12.04	9 494.73	20.51	
刺槐－Ⅱ矿	506.60	153.96	30.39	278.49	54.97	74.15	14.64	
泡桐－Ⅱ胶	222.50	78.81	35.42	116.99	52.58	26.70	12.00	
枫香－Ⅱ胶	127.86	41.36	32.35	49.60	38.79	36.90	28.86	
2. 经济林小计	14 080.89	8 119.17	57.66	3 158.17	22.43	2 803.56	19.91	
核桃	667.40	439.57	65.86	138.56	20.76	89.26	13.37	
板栗	1 122.87	515.13	45.88	327.99	29.21	279.75	24.91	
杜仲	37.99	19.81	52.14	10.50	27.64	7.68	20.22	
银杏	142.50	67.38	47.28	47.26	33.16	27.87	19.56	
枣	3 655.54	2 130.72	58.29	809.77	22.15	715.05	19.56	
梨	1 288.24	499.41	38.77	414.00	32.14	374.83	29.10	
茶	117.50	62.42	53.12	37.78	32.15	17.30	14.72	
杏	2 407.32	1 423.22	59.12	549.43	22.82	434.67	18.06	
柑橘	21.30	9.66	45.37	9.06	42.53	2.58	12.10	
桃	1 561.15	960.03	61.50	292.51	18.74	308.61	19.77	
花椒	181.40	94.79	52.26	58.02	31.98	28.59	15.76	
苹果	433.21	433.21	100.00					
石榴	761.81	428.41	56.24	213.07	27.97	120.33	15.80	
葡萄	1 561.66	983.26	62.96	224.44	14.37	353.96	22.67	
柳条	121.00	52.18	43.12	25.79	21.31	43.04	35.57	

河南省林业持续发展项目
新（扩）建苗圃工程竣工总结报告

1 苗圃工程的基本情况

河南省林业持续发展项目新（扩）建苗圃涉及信阳市的罗山县兴林中心苗圃、淮滨县的林业局中心苗圃，开封市的开封县林业局中心苗圃，焦作市的沁阳市苗圃场，濮阳市的南乐县马颊河苗圃共5个建设单位。其中淮滨县林业局中心苗圃为新建苗圃，其余4个为扩建苗圃。

1.1 苗圃建设评估时基本情况

苗圃建设计划总投资为1 250万元人民币，计划利用世行贷款625万元，国内配套625万元，各占计划总投资的50%。在计划总投资中，土建投资620.7万元、设备投资573.8万元、其他投资55.5万元。工程设计任务量育苗面积183.4 hm^2，产苗量为1 220万株/a（见表2－4－1、附表2－4－1）

表2－4－1 SFDP－PE苗圃建设评估时计划、构成和任务统计表

建设单位	计划投资（万元）			投资构成（万元）			任务	
	合计	其中：世行贷款	所占比重（%）	土建投资	设备投资	其他投资	育苗面积（hm^2）	产苗量（万株/年）
罗山县兴林中心苗圃	211.00	105.50	50.00	111.00	100.00		35.4	120
淮滨县林业局中心苗圃	252	126.00	50.00	130.70	110.30	11.00	68.0	540
开封县林业局中心苗圃	270	135.00	50.00	131.50	116.50	22.00	10.0	70
南乐县马颊河苗圃	265	132.50	50.00	117.50	125.00	22.50	50.0	210
沁阳市苗圃场	252	126.00	50.00	130.00	122.00		20.0	280
合计	1 250	625.00	50.00	620.70	573.80	55.50	183.4	1 220

1.2 苗圃建设调整后基本情况

苗圃建设调整后总投资为1 030万元，计划利用世行贷款515万元、国内配套资金515万元、工程设计育苗面积和产苗量未变。计划总投资构成变为土建投资684.5万元、设备投资345.5万元（见表2－4－2、附表2－4－2、附

表2－4－3）。

表2－4－2　SFDP－PE苗圃建设调整后计划、构成和任务统计表

建设单位	计划投资（万元）			投资构成（万元）		工程设计	
	合计	其中世行贷款	所占比重（%）	土建投资	设备投资	育苗面积（hm^2）	产苗量（万株/年）
罗山县兴林中心苗圃	205.00	102.50	50.00	135.00	70.00	35.40	120
淮滨县林业局中心苗圃	231.30	115.65	50.00	150.80	80.50	68.00	540
开封县林业局中心苗圃	222.00	111.00	50.00	152.00	70.00	10.00	70
南乐县马颊河苗圃	221.70	110.85	50.00	126.70	95.00	50.00	210
沁阳市苗圃场	150.00	75.00	50.00	120.00	30.00	20.00	280
合计	1 030.00	51.50	50.00	684.50	345.50	183.40	1 220

2　苗圃建设进展概况

2.1　项目设计的审批和批复

根据《国家林业局世行贷款项目管理中心关于印发林业持续发展项目人工林营造部分“苗圃和打井实施指南”的通知》（林贷项便字［2003］3号）和河南省林业厅关于印发《河南省林业持续发展项目苗圃工程实施办法》（豫林文［2003］78号）的要求，5个项目实施单位都分别委托河南省林业调查规划院编制了苗圃建设总体设计说明书，并于2003年10月底上报省林业厅项目办公室，省林业厅项目办公室组织河南农业大学、省经济林和林木种苗工作站、省林业调查规划院的有关专家进行了评审论证，各项目单位依据专家提出的审查意见，进行了认真的修改，并得到省林业厅项目办公室的批复。此后，各单位又编制了年度建设施工设计，报省项目办公室审查批准。

2.2　工程施工前准备情况

2003年11月16日，省林业厅项目办公室批复了各项目单位苗圃建设总体设计。同年12月，各项目单位完成了年度建设施工设计编制工作，省林业厅项目办公室审查批准后，5个苗圃建设立即开始了项目建设全面准备工作。一是苗圃建设用地及土地平整、种植材料开发等准备工作；二是开展土建工程和设备采购准备工作；三是开展生产用房及道路、生产供电、供水设施等基础设施建设准备工作。

2.3　世行采购程序执行情况

根据《国家林业局世行贷款项目管理中心关于印发林业持续发展项目人工林营造部分“苗圃和打井实施指南”的通知》（林贷项便字［2003］3号）

的有关要求与规定，河南省林业厅印发了关于《河南省林业持续发展项目苗圃工程实施办法》（豫林文［2003］78 号）并下发到各项目实施单位。各项目实施单位按照询价采购管理办法要求，成立了评标小组，开展土建工程和设备采购等工作，向供应商依照程序分发询价函。在收到报价书后，评标小组按照公开、公正、公平的原则筛选供应商，签订工程合同。供应商都按照合同的规定履行了义务，没有出现违约或拖延现象。至 2009 年 8 月底，5 个项目实施单位全部完成了土建工程。工程总体进度进展顺利，完成了大型日光温室、组培室、生产供电、供水设施等基础设施建设和育苗任务等预期的目标。

2.4　工程技术培训情况

在项目实施期间，县级科技推广与培训组织在省项目办公室指导下，开展了关于苗圃建设的一系列科技推广与培训活动。主要培训内容包括：项目管理方法和技术标准与规程；与当地项目实施有关的实用技术。据统计，共举办管理和技术培训班 16 期，累计培训 375 人次，其中县级举办管理和技术培训班 13 期，累计培训 315 人次。各项目县（市）举办的培训班期数、培训人次数以及具体培训内容见表 2－4－3（省、县培训情况详见附表 2－4－4）。

表 2－4－3　苗圃建设县级培训班统计表

县名	培训内容	期数	培训天数	培训人数
罗山县	板栗育苗、杨树扦插、木瓜育苗和马褂木育苗	4	5	100
淮滨县	苗圃管理、育苗技术	2	2	40
开封县	苗圃管理、育苗新技术	1	3	20
南乐县	林业育苗技术、标准及病虫害防治培训班	2	3	90
沁阳市	苗圃管理、育苗技术培训班	4	4	65
	合计	13	17	315

3　工程实施进度及任务完成情况

3.1　建设任务完成情况

项目建设完成苗圃建设 5 个，其中包括 4 个扩建苗圃和 1 个新建苗圃；建设期间完成苗圃用地建设 218 hm^2，其中育苗面积 183.4 hm^2；完成建设办公用房及生产用房 3 312 m^2，搭建温室或大棚 14 300 m^2；维修和购置喷灌设备 27 台（套、眼），其中购置 13 台（套）；维修和购置运输设备 14 辆，其中购置 5 辆；购置供水设备 16 台（套）；购置育苗设备 33 套；维修和购置其他设备41套，其中购置10套（见表2-4-4、详见附表2-4-5和附表2-4-6）。

表2-4-4　苗圃建设任务完成情况统计

县名	苗圃面积（hm^2）	温室或大棚		房屋建筑		供水设施（套、眼）	运输设备（套）	供水设备（套）	育苗设备（套）	其他设备（套）
		数量（个）	面积（m^2）	数量（个）	面积（m^2）					
罗山县	42	1	852	1	800	10	1	4		23
淮滨县	80			1	800	12	2		28	8
开封县	11	6	2 900	2	600		1	7		8
南乐县	60	13	9 100	1	462	1	10	5	3	2
沁阳市	25	4	1 448	4	650	4			2	
合计	218	24	14 300	9	3 312	27	14	16	33	41

3.2　投资完成情况

苗圃建设实际完成投资994.23万元，为计划总投资的96.53%。其中土建投资749.38万元，设备投资244.85万元。利用世行贷款516.09万元人民币，占完成投资的51.89%；国内配套478.23万元人民币，占完成投资的48.11%（见表2-4-5、详见附表2-4-7）。

表2-4-5　苗圃建设完成投资情况统计表　（单位：万元人民币）

县名	计划投资	实际投资			世行投资		完成配套
		合计	土建	设备	合计	占投资额（%）	
罗山县	205.00	153.73	116.00	37.73	73.10	47.56	80.62
淮滨县	231.30	234.76	160.50	74.26	129.00	54.95	105.76
开封县	222.00	232.20	152.10	80.10	129.53	55.77	102.70
南乐县	221.70	227.18	177.98	49.20	116.60	51.32	110.61
沁阳市	150.00	146.36	142.80	3.56	67.86	46.32	78.54
合计	1 030.00	994.23	749.38	244.85	516.09	51.89	478.23

4　工程建设效果

4.1　建成5个现代化苗木繁育基地

项目实施建设的5个苗圃已成为当地基础设施完善、功能齐全、集生产与科研于一体的造林绿化苗木繁育基地，如开封县林业局中心苗圃，利用现代农业脱毒和工厂化繁育技术，结合现代栽培技术进行品种引进、大田示范推广，建成开封县最大、最先进的工厂化育苗基地；罗山县兴林苗圃，通过项目建设实施，引进先进的现代管理、技术，调整苗木生产结构，以现代化、规模化、商品化、产业化发展优良苗木，打造成了集种苗繁育、种植基地、展示推介、苗木销售为一体的现代化苗木基地（见附表2－4－8）。

4.2　苗圃建设工程成效

2008年项目实施的5个苗圃，总育苗面积达183.4 hm^2，裸根苗产量达1 033万株，容器育苗达819.34万株，无性系苗产量达1 360.5万株，其他育苗产量达542.96万株。品种达20多个，用材树种有马褂木、刺槐、欧美杨、三毛杨、侧柏等，经济林树种有桃、苹果、杏、板栗、柿子、木瓜、石榴等，绿化树种有大叶女贞、大叶黄杨、马褂木、法桐等品种。工程建设完成后，苗圃受益逐年递增，2004年产值达378.72万元，2005年产值达665.16万元，2006年产值达715.2万元，2007年产值达628.4万元，2008年产值达642.7万元。从各年的产值及收益来看，成效显著，效益明显（见附表2－4－9）。

4.3　发挥了示范带动作用

在项目实施期间，5个项目县（市）对周边育苗农户开展了多渠道、多层次、多形式的科技培训及服务工作，举办了管理和技术培训班20期，累计培训755人次、3 825人·日，提高了苗圃生产管理水平（见附表2－4－10）。

4.4　苗圃建设的社会效益

项目建成后，每年育苗面积达183.4 hm^2，每年为周边农民提供就业800余人，实现周边农民年增收235余万元。既解决了部分农村富余劳力，增加了农民的收入，又为维护社会稳定起到一定的作用。

5　成功的经验和存在的问题

5.1　成功经验

5.1.1　成立组织，加强领导

各项目实施县（市）林业局均成立了以局长任领导小组组长、主管局长任副组长、苗圃单位的负责同志和林业局项目的有关人员为成员的项目建设领导小组，具体负责各县中心苗圃建设的组织、指导、监督与验收工作。

5.1.2　科学的规划与设计

根据《河南省林业持续发展项目可行性研究报告》、《河南省林业持续发展项目苗圃工程实施办法》，5个苗圃单位都委托具备甲B级资质等级的河南省林业调查规划院进行了规划设计，高标准与科学地规划苗圃建设。

5.1.3 严格执行苗圃工程实施办法

项目苗圃工程实施单位，均能严格执行苗圃工程实施办法实施项目工程。在实行土建工程招投标和采购农机部分及办公机具中，坚持至少向3家或3家以上具备资质资格的企业发询价邀请函，组织人员进行报价评审，确定中标企业报省林业厅世行项目办公室批准后，方可与中标企业签订施工合同。

5.1.4 加强实行全过程工程质量监理

在项目实施过程中聘请建筑质检员会同林业局及苗圃单位的有关人员组成工程监理组，对工程建设质量进行全程监理，发现问题及时纠正。

5.1.5 实行工程检查验收制度

项目建设领导小组与工程监理组联合成立工程质量检查验收组，按照工程建设工序检查验收工程建设质量，上一个工序检查验收合格后方可开展下一道工序的工作，严把工程建设质量关。

5.1.6 建立健全工程建设档案

按照项目管理的要求，对项目建设文件及时合理地进行分类归档，建立健全了苗圃规划设计、土建、设备采购及竣工验收档案。

5.2 存在的问题

罗山县、沁阳市苗圃建设没有完成预定投资计划，主要原因为利用其他资金完成了苗圃建设任务。目前，苗圃生产管理的科技含量有待进一步提高。

6 后续管理对策

根据世行提出的“苗圃和打井工程建设除改善项目区苗圃生产和技术条件，保证项目造林获得足够优质苗木供应外，要在引进新技术、推广新技术上起示范作用；要通过推广新技术，帮助林农提高培育优质苗木水平”的要求，要采取以下后续管理对策。

6.1 市场化经营与运作

自2004年12月项目建成后，经过近几年的运行，总体情况看，基本达到项目预期目标，每年生产的苗木，除了保证项目造林用苗外，还向项目区或外地提供部分造林用苗。但随着整个林业持续发展项目的竣工和市场要求的变化，必须对育苗树种和品种进行调整，以适应市场需求，提高经济效益。每年除了保证本地区林业生产育苗任务外，要根据市场需求，不断引进新的品种，增加园林花卉品种，适应在城市绿化和新农村建设绿化中市场变化。

6.2 加强技术更新

要巩固项目建设成果，不断引进新技术、新成果和先进管理方法，开拓进取，与时俱进，提高苗圃生产的经济效益。

6.3 实行目标管理、扩大再发展

对苗圃的基础设施要定期维护，延长使用寿命；对管理人员实行目标管理，签订目标责任书，竞争上岗，调动管理人员的工作积极性；对苗圃进行分区承包经营，调动生产人员的生产积极性；加强技术指导和技术服务，确保苗木质量和稳产高产；不断开拓市场，扩展业务范围，拓宽苗圃的生存空间。

附表 2-4-1　“林业持续发展项目”苗圃建设计划任务统计表（评估数据）

序号	苗圃名称	计划投资（万元人民币）				资金来源（万元人民币）			工程设计		备注
		合计	土建投资	设备投资	其他投资	合计	世行贷款	配套资金	育苗面积（hm^2）	产苗量（万株/年）	
1	罗山县中心苗圃	211	111	100		211	105.5	105.5	35.4	120	
2	淮滨县林业局中心苗圃	252	130.7	110.3	11	252	126	126	68	540	
3	开封县林业局中心苗圃	270	131.5	116.5	22	270	135	135	10	70	
4	南乐县马颊河苗圃	265	117.5	125	22.5	265	132.5	132.5	50	210	
5	沁阳市苗圃场	252	130	122		252	126	126	20	280	
	合计	1 250	620.7	573.8	55.5	1 250	625	625	183.4	1 220	

附表 2－4－2 “林业持续发展项目”苗圃建设计划任务统计表(调整后数据)

序号	苗圃名称	计划投资(万元人民币)			资金来源(万元人民币)			工程设计		备注
		合计	土建投资	设备投资	合计	世行贷款	配套资金	育苗面积(hm^2)	产苗量(万株/年)	
1	罗山县中心苗圃	205.00	135.00	70.00	205.00	102.50	102.50	35.40	120.00	
2	淮滨县林业局中心苗圃	231.30	150.80	80.50	231.30	115.65	115.65	68.00	540.00	
3	开封县林业局中心苗圃	222.00	152.00	70.00	222.00	111.00	111.00	10.00	70.00	
4	南乐县马颊河苗圃	221.70	126.70	95.00	221.70	110.85	111.85	50.00	210.00	
5	沁阳市苗圃场	150.00	120.00	30.00	150.00	75.00	75.00	20.00	280.00	
	合计	1 030.00	684.50	345.50	1 030.00	515.00	515.00	183.40	1 220.00	

注:此表按本省最后一次调整后的数据统计。

附表2-4-3　“林业持续发展项目”苗圃建设基本情况统计表

序号	苗圃名称	建设类别	建设单位	所有制形式	职工人数（人）	计划新增育苗面积（hm^2）	计划年产苗木（万株/年）				备注
							合计	用材林	经济林	其他树种	
1	罗山县中心苗圃	扩建	罗山县兴林公司	国有	15	35.40	120.0	70.00	39.00	11.00	
2	淮滨县林业局中心苗圃	新建	淮滨县林业局	国有	65	68.00	540.00	320.00	45.00	175.00	
3	开封县林业局中心苗圃	扩建	开封县国有苗圃场	国有	40	10.00	70.00	30.00	31.00	9.00	
4	南乐县马颊河苗圃	扩建	南乐县苗圃	国有	96	50.00	210.00	110.00	60.00	40.00	
5	沁阳市苗圃场	扩建	沁阳市国有苗圃场	国有	50	20.00	280.00	135.00	130.00	15.00	
	合计				266	183.40	1 220.00	655.0	315.00	250.00	

注：此表按项目评估时各苗圃设计文件数据统计。

附表 2－4－4 “林业持续发展项目”新(扩)建苗圃工程及采购培训情况表

序号	培训班名称	培训内容	培训时间	培训天数	培训人数	备注
				20	375	
1	(罗山)板栗育苗技术培训班	选种、催芽、苗床整理、下种	2003.02	2	30	
2	(罗山)杨树扦插技术培训班	种条选择、扦插方法	2003.02	1	40	
3	(罗山)木瓜育苗技术培训班	选种、催芽、苗床整理、下种	2003.02	1	20	
4	(罗山)马褂木育苗培训班	选种、催芽、苗床整理、下种	2004.03	1	10	
5	(淮滨)中心苗圃培训班	苗圃的管理	2004.06	1	20	
6	(淮滨)苗圃职工育苗培训班	育苗技术	2004.09	1	20	
7	(开封)育苗新技术培训班	杨树新品种育苗	2006.05	3	20	(省级)
8	(南乐)林业育苗技术及病虫害防治培训班	苗圃管理技术规程、经济林育苗技术	2004.03	2	30	
9	(南乐)育苗技术规程及造林树种苗木标准培训班	用材林育苗技术、苗木病虫害防治技术、育苗技术规程、主要造林树种苗木标准	2003.01	1	60	
10	(沁阳)育苗技术培训班	种条采集、储藏及种子处理	2003.12	1	10	
11	(沁阳)苗圃管理培训班	田间管理及病虫害防治	2004.05	1	15	
12	(沁阳)育苗技术培训班	苗木分级、包装运输及假植	2007.12	1	20	
13	(沁阳)苗圃管理培训班	田间管理及病虫害防治	2009.05	1	20	
14	苗圃建设与管理培训班	建设基本要求、管理要求	2003.10	1	20	省级培训
15	苗圃询价采购培训班	询价采购的程序、方式	2004.06	1	20	省级培训
16	苗圃财务管理及报账培训班	财务管理和报账要求	2004.08	1	20	省级培训

附表 2－4－5　“林业持续发展项目”苗圃工程任务完成情况统计表

序号	苗圃名称	苗圃面积（hm^2）	土壤改良面积（hm^2）	温室或大棚		房屋建筑		供水设施		运输设备（辆）	供水设备（台、套）	育苗设备（台）	实验室设备（台）	其他设备（台）
				数量（个）	面积（hm^2）	数量（栋）	面积（m^2）	数量（套）	面积（m^2）					
1	罗山县中心苗圃	42	6	1	852	1	800	10		1	4		4	19
2	淮滨县林业局中心苗圃	80	10			1	800	12		2		28	7	1
3	开封县林业局中心项目苗圃	11	9	6	2 900	2	600			1	7			8
4	南乐县马颊河苗圃	60	50	13	9 100	1	462	1	140 000	拖拉机 2 台、农用车 2 台、“三马”车 6 台	地埋管道 1 套 4 000 m、机井 4 眼	3	1	1
5	沁阳市苗圃场	25	12	4	1 448	4	650	4	25			2		
	合计	218	87	24	14 300	9	3 312	27	140 025	14	16	33	12	29

注：统计截止日期为 2009 年 8 月 31 日。

附表 2-4-6 “林业持续发展项目”新(扩)建苗圃建设完成情况比较表

序号	苗圃名称	投产年月	资金投入(万元人民币)		育苗面积(hm^2)		苗木年产量(万株)		其他副产品产量(万株)		年产值(万元人民币)	
			计划投资	实际投资	设计面积	实际面积	设计产量	实际产量	设计产量	实际产量	设计产值	实际产值
1	罗山县中心苗圃	2003.02	205.00	153.73	35.40	35.40	120 .00	141.00			300.00	
2	淮滨县林业局中心苗圃	2004.03	231.30	234.76	68.00	68.00	540.00	540.00			480.00	540.00
3	开封县林业局中心苗圃	2004.03	222.00	232.20	10.00	10.00	70.00	70.50			66.00	60.00
4	南乐县马颊河苗圃	2004.01	221.70	227.18	50.00	50.00	210.00	210.00	2.50	3.00	235.00	240.00
5	沁阳市苗圃场	2004.12	150.00	146.36	20.00	20.00	280.00	300.00			95.00	50.00
	合计		1 030.00	994.23	183.40	183.40	1 220.00	1 261.00	2.50	3.00	1 176.00	890.00

注:统计截止日期为 2009 年 8 月 31 日。

附表2-4-7 “林业持续发展项目”苗圃工程资金完成情况统计表

（单位：万元人民币）

序号	苗圃名称	计划投资			实际投资			报账金额			完成配套资金
		合计	土建投资	设备投资	合计	土建投资	设备投资	合计	土建报账	设备报账	
1	罗山县中心苗圃	205.00	135.00	70.00	153.73	116.00	37.73	73.10	52.20	20.90	80.62
2	淮滨县林业局中心苗圃	231.30	150.80	80.50	234.76	160.50	74.26	129.00	72.20	56.80	105.76
3	开封县林业局中心苗圃	222.00	152.00	70.00	232.20	152.10	80.10	129.53	68.43	61.10	102.70
4	南乐县马颊河苗圃	221.70	126.70	95.00	227.18	177.98	49.20	116.60	80.10	36.50	110.61
5	沁阳市苗圃场	150.00	120.00	30.00	146.36	142.80	3.56	67.86	64.26	3.60	78.54
	合计	1 030.0	684.50	345.50	994.23	749.38	244.85	516.09	337.19	178.90	478.23

注：统计截止日期为2009年8月31日。

附表2－4－8 “林业持续发展项目”新(扩)建苗圃新技术应用情况统计表

序号	苗圃名称	新技术、科研项目及拥有的技术特点名称	具体内容	辐射范围	经济效益	备注
1	罗山县中心苗圃	板栗良种“豫罗红”	良种嫁接,低质低产林改造	3个县28个乡(镇)	年增产值25万元,增产苗木30万株	
2	开封县林业局中心苗圃	壮苗培育技术	ABT生根粉应用	开封、尉氏、杞县、兰考、通许等周边5个县		
3	开封县林业局中心苗圃	地膜覆盖育苗技术	地膜覆盖育苗技术			
4	南乐县马颊河苗圃	反季节大棚桃、杏栽培	反季节大棚桃、杏栽培技术	2个项目乡	2万元/(亩·年)	
5	南乐县马颊河苗圃	快速育苗技术	繁育技术	全县育苗基地	100万元/(千头·年)	
6	南乐县马颊河苗圃	杨树育苗技术			0.4万元/(亩·年)	
7	南乐县马颊河苗圃	一条鞭毛白杨嫁接技术			0.4万元/(亩·年)	
8	南乐县马颊河苗圃	果树育苗嫁接技术			0.4万元/(亩·年)	
9	南乐县马颊河苗圃	壮苗培育技术	ABT生根粉赤霉素应用		0.4万元/(亩·年)	
10	沁阳市苗圃场	抗旱性技术	早春扦插或播种后覆盖地膜	西万、西向、紫陵、王召、柏香、王曲等7个乡(镇)	地膜覆盖后,一级苗出圃率提高30个百分点,产值提高25%	

附表 2－4－9　“林业持续发展项目”新(扩)建苗圃投产及收益统计表

序号	苗圃名称	育苗面积(hm^2)	投产年月	累计裸根苗产量(万株)																			
				合计	板栗	木瓜	马褂木	柿子	侧柏	花椒	杏	桃	梨	苹果	葡萄	柿子	石榴	冬枣	法桐	栾树	大叶女贞	大叶黄杨
1	罗山县中心苗圃	35.4	2003.02	193	93	50	30	20														
2	淮滨县林业局中心苗圃	68.0	2004.03																			
3	开封县林业局中心苗圃	10.0	2004.03																			
4	南乐县马颊河苗圃	50.0	2004.01	290							20	12	20	65	40	16	25	30	9	15	12	26
5	沁阳市苗圃场	20.0	2004.12	550					500	50												
合计		183.4		1 033	93	50	30	20	500	50	20	12	20	65	40	16	25	30	9	15	12	26

序号	苗圃名称	育苗面积(hm^2)	投产年月	累计容器苗产量(万株)					累计无性系苗产量(万株)					其他育苗产量	苗圃收益(万元人民币)				
				合计	侧柏	黄楝	一品红	牵牛	合计	杨树	石榴	速生柳	泡桐		2004年	2005年	2006年	2007年	2008年
1	罗山县中心苗圃	35.4	2003.02						195	195				216	123	260	204	94	92
2	淮滨县林业局中心苗圃	68	2004.03						365	365				175	66	103	124	100	100
3	开封县林业局中心苗圃	10	2004.03	18.34			14.7	3.65	67.5	41	27			66.96	34.72	104.16	231.9	249.4	260.7
4	南乐县马颊河苗圃	50	2004.01	151	116	35			483	400		28	55	35	125	158	105.3	135	140
5	沁阳市苗圃场	20	2004.12	650	600	50			250	250				50	30	40	50	50	50
合计		183.4		819.3	716	85	14.7	3.65	1 360.5	1 251	27	28	55	542.96	378.72	665.16	715.2	628.4	642.7

注:统计截止日期为 2009 年 8 月 31 日。

附表 2－4－10　“林业持续发展项目”新(扩)建苗圃示范作用情况表

序号	苗圃名称	对农户开展技术培训情况		召开育苗技术现场会情况		接待参观人数	备注
		培训班次数	培训人数	次数	参会人数		
1	罗山县中心苗圃	6	205	3	300	120	
2	淮滨县林业局中心苗圃	1	20	1	20	120	
3	南乐县马颊河苗圃	2	150	2	200	500	
4	开封县林业局中心苗圃	3	220	2	180	260	
5	沁阳市苗圃场	8	160	6	180	1 200	
	合 计	20	755	14	880	2 200	

河南省林业持续发展项目环保管理实施与效果总结报告

1　基本情况

1.1　世界银行及中国对林业建设项目环境问题的要求与关注

生态环境是人类生存和发展的基本条件，是经济、社会发展的基础。世界银行对在中国实施的世界银行贷款林业项目，包括“国家造林项目”、“森林资源发展与保护项目”、“贫困地区林业发展项目”的环境管理工作高度重视，相继制定了每个项目“环境保护规程”，要求采取一系列环境保护措施，避免或减轻项目活动对自然保护区、天然林和野生动物重要栖息地的破坏，控制水土流失和土壤肥力衰退，控制病虫灾害的发生，促进人工林生态系统的稳定和可持续经营，并把它作为衡量项目实施成功与否的一项关键指标要求；同时对林地的选择与布局、造林树种（品种）选择与配置、造林地清理与整地、幼林抚育、病虫害防治、采伐更新以及林道建设等项目主要施工环节，提出了明确的环境保护措施，并要求在项目施工中严格执行。“贫困地区林业发展项目”、“林业持续发展项目”还制定了“病虫害管理计划”，对项目人工林的病虫害预防、监测以及化学农药的安全使用作了具体规定，要求使用高效低毒的化学农药进行化学防治，并提倡使用物理和生物防治，在项目营建过程中对主要用材林、经济林、竹林和多功能防护林的主要造林树种林地建立环境监测点，开展以水土流失、土壤肥力及病虫害为主要内容的环境监测。

保护和建设好生态环境，实现可持续发展，是我国现代化建设中始终坚持的一项基本方针。我国生态环境整体状况比较脆弱，特别是森林资源相对短缺，主要表现在水土流失日趋严重、荒漠化土地面积不断扩大、森林质量不高等方面。1999 年 1 月国务院颁布了《全国生态环境建设规划》，提出综合运用生物措施和工程措施治理水土流失，实行草、灌木、乔木结合，恢复和增加植被；采取综合措施，大力增加沙区林草植被，建立农田保护网，控制荒漠化扩大趋势；发展水源涵养林，减少地表径流，防止土壤侵蚀。进一步发展森林资源，改善森林生态系统结构，提高森林资源质量，充分发挥森林的多功能、多效益，保障我国的国土生态安全。为此，我国政府提出了利用世行贷款实施

"林业持续发展项目"。

1.2 项目实施中涉及的主要环境管理问题

①在项目实施地区，对当地天然林或自然保护区及野生动物栖息地造成任何负面影响；②项目造林施工中，有没有造成水土流失、土壤肥力衰退、生物多样性受到破坏；③营建项目人工林生态系统的病虫害发生情况、控制方法，会不会造成有害生物入侵、引起病虫害大面积发生和防治时环境污染等；④项目人工纯林生态系统稳定性和环境保护功能。

2 项目环境管理的主要内容

2.1 编制并执行"环境保护规程"

为了指导河南省"林业持续发展项目人工林营造部分"（SFDP - PF）的造林、经营林等活动，使可能产生的对自然环境造成的负面影响减至最小或消除，在充分吸取了河南省已成功实施的世界银行贷款"国家造林项目"（NAP）、"森林资源发展和保护项目"（FRDPP）以及"贫困地区林业发展项目"（FPDA）环境管理的经验和教训，并参考了《中华人民共和国环境保护法》、《中华人民共和国森林法》、《中华人民共和国森林病虫害防治条例》、《中华人民共和国植物检疫条例》和《造林质量管理暂行办法》等相关法律、法规文件的基础上，根据世界银行项目认定组备忘录的要求，2000 年 10 月，河南省林业厅项目办公室组织相关专家制定了 SFDP - PF 实施的"环境保护规程"。

为了使"环境保护规程"提出的各项减缓措施落实到项目设计、施工和运营过程中，确保在项目实施中进一步增强生态环境效益，将可能产生的对自然环境造成的负面影响减至最小或消除，我们针对项目实施的主要环节，包括造林地和森林修复地的选择、树种（品种）的选择和布局、林地清理与整地、抚育管理、火灾管理、采伐与集材以及林道建设等，制定了详细具体的环境保护规程，在项目实施中认真贯彻和执行，从而确保全面实现项目预期的各项生态环境效益目标。本项目在河南人工林营造和管理中将"环保达标率"作为质量控制指标，实施 7 年中的检查验收"环保达标率"平均达到了 95.0% 以上，标志"环境保护规程"在项目施工中得到了较好的执行。

2.2 编制并执行"病虫害综合管理计划"

针对项目实施过程中使用化学农药可能对环境的污染和病虫危害等生态风险，本着"预防为主，科学防控，依法治理，促进健康"的森林病虫害防治方针，按照中国和世界银行的相关要求，本项目制定了项目林的"病虫害综合管理计划"，对项目林病虫害的发生和防治现状、防治目标和原则、监测和预报、主要树种的病虫害种类及其控制措施、安全农药的推荐和使用方法以及项目各级技术管理人员与项目受益人的培训等作出了明确规定，并要求在项目实施中认真贯彻和执行，并加大了物理防治和生物防治方法的应用，减少了对化学防治的依赖，保证在有效控制病虫害的同时，防止化学农药对环境造成污染。

3　项目环境管理的实施

3.1　成立环境保护领导小组

省林业厅世界银行贷款项目管理办公室组织林业、生态、环境保护等专业领域的专家，成立“项目环境管理专家支持组”，为项目的环境管理培训及环境监测工作提供技术支持与服务。各县项目管理办公室均指定专人负责项目的环境管理工作。各县项目管理办公室在组织开展项目参与式设计活动中，要宣传和讲解项目的环境管理要求与措施，并在与参加项目的实体或农户签订的项目合同中明确要求严格执行“环境保护规程”的条款和“病虫害管理计划”。各县项目管理办公室组织开展了项目造林实体或项目农户代表的培训和现场咨询活动，使他们掌握环境保护措施和病虫害防治措施等相关技术知识，为项目的环境管理落实到项目施工和运营的全过程中奠定了坚实基础。

3.2　开展环境保护与管理的措施及技术培训

3.2.1　执行措施

（1）省林业厅项目管理办公室将“环境保护规程”的执行与否作为项目实施质量检查验收的指标之一，纳入省、县两级项目实施质量检查验收制度。同时，各省、县项目管理办公室要在每半年及全年的项目实施进展报告中，专门对环境管理工作进行报告。省项目管理办公室对每个监测年度的环境监测结果进行总结并报告国家林业局世行贷款项目管理中心。此外，省、县项目管理办公室还经常到项目施工现场进行实地检查和监督，以发现项目实体或农户在施工和运营中产生的问题与困难。

（2）认真接受国家林业局世行贷款项目管理中心及国家环保局或国家林业局有关部门的检查与监督。对上级有关部门指出的问题和提出的改进建议及时解决并执行，同时按国家林业局世行贷款项目管理中心的工作安排与要求，上报省项目环境管理工作的设计文件、管理和技术规程以及进展报告等材料。

（3）认真开展项目的环境管理工作。省项目管理办公室按照国家林业局世行贷款项目管理中心和项目的环境保护要求，在半年及全年的项目实施进展报告中，专门对环境管理工作进行报告，同时要求各项目县级单位做到；经常到各县级项目单位的项目施工现场对环境管理工作进行检查和监督，发现项目实体或农户在施工和运营中存在的问题，及时提出改进建议与措施。

（4）全面贯彻落实“环境保护规程”和“病虫害管理计划”。在项目实施中，充分重视对环境保护工作的领导，各级项目管理办公室均设立环境保护小组，认真执行《中华人民共和国环境保护法》、《中华人民共和国水土保持法》和《中华人民共和国植物检疫条例》等法律法规，根据本地实际情况和项目特点，把执行《世行贷款林业持续发展项目环境保护规程》工作体现在项目实施全过程。

●选择造林地时注重物种多样性的保护。首先应选择符合条件的宜林荒山荒地，其次是退耕还林地，再次是疏林地以及需改造的低产人工林。注意保护好造林地周围的天然次生林，不得砍伐有保留价值的天然林来发展人工林。在规划设计新造林地时，对项目范围内的一切有价值的人类历史文化遗产、野生植物、野生动物栖息地及各种保护区，均要加以保留，不得破坏。

●提倡营造混交林。根据不同的树种特点，选择适宜的混交方式，每县都要选择若干个造林树种，阔叶林的比例最低在70%以上，每一块单一树种的针叶林面积不得大于100 hm^2。在实行带状、行间混交困难时，一定要实行针阔块状混交，即使在新栽植的针叶林地上，也要尽可能地保留一些原生阔叶树，避免大面积单一树种的人工纯林。

●经济林提倡复合经营。营造经济林的同时，提倡种植具有经济价值的乔木、灌木和草本植物，组成多层次的复合人工林群落。鼓励经济林下种植低秆作物，开展以耕代抚。

●搞好保持水土，防止水土流失和土壤退化。在山区，林地清理时禁止炼山；整地时必须“品”字形布穴，沿等高线栽植和设立植被隔离带。经济林选择在25度以下的坡地上，要采用水平阶、修筑反坡梯田，梯面栽树；特别是在水土流失较重的地方，不论坡度大小，都应采用修筑反坡梯田、水平阶、鱼鳞坑或水平沟等整地方式。幼林抚育采用扩穴、松土方式；尽量保留地表植被，抚育时杂草留于地表，禁止樵采林下枯枝落叶，以利蓄水保土。采用块状采伐时，每块伐区的最大面积，坡度15度以上时，不得超过5 hm^2；小于15度时，不得超过20 hm^2。采伐时要注意保护林下植被，采伐后翌年必须更新。

●加强病虫害防治。造林时，对立地条件和树种进行科学配置，创造有利于林木生长发育、不利于病虫害发生发展的环境条件，尽可能采用生物方法控制病虫害的发生和蔓延。及时伐除病弱植株，提高整个林分抵御病虫害的能力。必要时，本项目只许使用经国家有关部门注册、国家环保局批准可在农、林业使用的化学农药。本项目使用的种子、苗木等种植材料从国外引进或从外省（区）、县调入时，要凭“一签两证”调入，必须严格执行植物检疫制度，严禁使用带有病虫害的种苗造林。

●在针叶树造林集中的地方，要预留防火线，或开设防火隔离带，并在针叶林边缘种植阔叶防火树种，建成生物防火林带，与河流、道路共同形成闭合的阻火网络，每个网格中的针叶林面积不得大于 50 hm^2。项目造林防火必须纳入所在县的森林防火组织系统，统一防范和扑救。

3.2.2　技术培训

为在项目实施中认真、准确地执行"环境保护规程"、"病虫害综合管理计划"和"环境监测计划"等项目文件，河南省对项目的各级管理人员和广大受益人（特别是项目农户）开展了世界银行的安全保障政策，中国及地方的环保法律、法规，项目的环境影响、环境保护规程及其环保工作的组织管理与监督，病虫害综合管理计划，环境监测计划及实施方法等有关的环境管理知识和技能的培训。通过培训，使县、乡级的项目管理人员了解、掌握国家和地方的各项法律法规及规章制度、项目实施的正负面环境影响及环境管理的方案和措施，从而能够在项目实施中认真、准确地执行"环境保护规程"、"病虫害综合管理计划"和"环境监测计划"等项目文件的要求；使项目的实体和项目受益人农户代表学习并掌握项目环境管理的方案、措施及相关的操作技术，从而能够严格按照"环境保护规程"和"病虫害综合管理计划"的各项要求，开展并完成项目的各项施工活动。据统计，项目实施期间，共累计培训省级管理和技术人员 98 人·日，县级管理和技术人员 661 人·日，乡镇级管理和技术人员 1 878 人次，造林实体和农户 5 498 人次。

3.3　环境管理措施实施的监督

在充分吸收以往世行贷款林业项目环境管理的做法和经验的基础上，针对本项目的特点，开展了对环境管理措施实施的监督工作，主要在以下方面。

（1）在造林地的选择上，制定了造林地筛选方法流程，明确项目造林地的选择标准，不允许在坡度大于 35 度坡地上造林。同时，对新造林地的间作进行控制和规范，明确提出可以进行间作的造林地类型及间作作物的种类，防止不合理间作造成水土流失。

（2）在林地清理和整地上，"环境保护规程"中规定林地清理采用块状或带状砍草清杂，严禁炼山；整地方式，在 15 度以上的坡地上整地方式采用穴垦、带垦或梯级整地，25 度以上必须用穴垦；幼林抚育要求局部抚育尽可能多地保留造林地上的原生植被，要求把铲除的杂草保留在原地；在苗木栽植时，要求等高线"品"字形种植。

（3）在树种选择上，控制单一树种或品种连片栽植的规模。选择生态适应性好、抗性能力强的树种，优先选择乡土树种，提倡使用生态和经济兼用树种，多树种多品种搭配布局。

（4）在施肥方法上，要求尽量选用有机肥；施用化肥时，采用穴施或条施，严禁撒施；施后覆土。

（5）在项目人工林的病虫害管理上，落实“预防为主，科学防控，依法治理，促进健康”的方针，病虫害防治贯穿于林业生产全过程。造林育苗要求选用具有病虫抗性的强壮苗木；加强林木种苗检验检疫，杜绝带病虫苗木的运输和栽植；采取有效的营林控制措施，增强林木抗病虫能力，使森林保持健康状态；强调加强病虫害监测预报为防治决策提供依据；运用检疫法、营林法、物理和机械法、生物法及化学方法综合进行病虫害防治。采用的防治措施以物理和生物防治为主，所用的化学农药都是符合世界卫生组织允许使用的种类。

以上 5 个方面，除省级专家成立环境保护领导小组和“项目环境管理专家支持组”，定期或不定期对项目实施区的环境管理工作进行检查与监督外，省项目管理办公室把它作为项目检查验收工作的一项重要内容，要求在项目施工设计时，必须结合当地情况提出环保措施，并作为施工设计的一项重要内容，在整地、营林等具体措施中体现出来；在造林施工中，县项目管理办公室技术和环保人员要给予环保措施的指导与监督，按要求正确施工；对没有按环保要求施工的小班，责令其返工，把环保措施作为年度检查验收的重要内容之一，未达要求的造林小班，当年不得验收，不予报账。同时，要求各县级项目管理办公室在年度进展工作报告中，对本区的环境管理工作作为重要章节进行总结，定期向省林业厅项目管理办公室报告项目实施对环境的影响与分析等。

3.4　开展病虫害管理的动态监测

项目实施中病虫害管理的核心环节是做好病虫害监测与预报工作，因为病虫害监测与预报是监测病虫害发生、预测其发生动态和扩散蔓延趋势的技术手段，是科学实施病虫害防治的前提和保障。在项目的“病虫害管理计划”中，病虫害的监测预报坚持群众监测与专业监测相结合的原则，林地内病虫害发生动态监测调查主要采用定点监测、踏查、系统调查三种方式进行。

3.4.1　建立监测固定点

利用昆虫的趋性，在林间或林缘选择固定地点，应用灯光、性诱和信息素进行引诱，统计诱集数量，对病虫害的发生动态进行定期的观测。项目期间建立了 375 个省、县级病虫害监测与预报固定监测点，其中省级固定监测点 188 个（用材林 161 个、经济林 27 个）；县级固定监测点 187 个（用材林 167 个、经济林 20 个）。监测株数 14 573 株，监测点面积 25.02 hm^2。主要监测对象有松材线虫病、油松毛虫、美国白蛾、红脂大小蠹、杨扇舟蛾、枣尺蠖、天幕毛虫、杨树天牛、杨树病害、杨树食叶害虫等（见表2－5－1）。

表2－5－1　省、县级病虫害监测与预报固定监测点统计表

类型	林种	监测点个数	监测点规模		树种
			株数	面积（hm^2）	
合计		375	14 573	25.02	
省级	小计	188	12 784	21.85	杨树156个、泡桐3个、刺槐1个、其他1个
	用材林	161	10 843	16.53	
	经济林	27	1 941	5.32	干果12个、鲜果14个、茶1个
县级	小计	187	1 789	3.17	杨树163个、泡桐2个、刺槐1个、其他1个
	用材林	167	1 598	2.83	
	经济林	20	191	0.34	干果7个、鲜果12个、茶1个

3.4.2　建立虫情调查信息系统

在各级项目管理办公室都设专人负责病虫害管理工作，项目县指定了10～20名乡级林业技术人员负责各地的病虫害动态监测，省、县、乡三级病虫害管理人员利用现代通信工具建立起了信息共享平台。要求基层病虫害管理人员定期对林地内病虫害发生情况进行调查观测，报项目管理办公室和上一级林业主管部门。

3.4.3　共享病虫害监测与预报系统

河南省已建立完善的省、市、县三级病虫害监测预警体系，省、市、县三级均有森林病虫害防治检疫站或机构，负责其辖区内的病虫害防治组织管理、指导和监督工作。

县级项目建设机构应积极配合当地的森林病虫害防治检疫站或有关单位，根据当地病虫害的发生情况及生物生态学特性、发生发展规律，及时发布其发生动态及发生趋势预报。预报内容为发生期预报、发生量预报、发生范围预报、危害程度预报等。预报发送单位分别为政府有关行政管理部门、上一级林业主管部门、森林病虫害防治检疫站和森林所有者及经营者。

4　项目环境管理的实施效果评价

项目建设及运行过程中的林地清理、栽植抚育、林道建设、农药和肥料施用、采伐及运输等项目活动会对环境产生一定的负面影响，但通过在项目设计、施工及运营阶段采取的各种减缓环境负面影响的措施的实施，以及针对项目的潜在风险提出的防范措施的实施，本项目对环境产生的负面影响是可以得到有效的控制及恢复的。同时项目编制了详尽的环境保护规程、病虫害综合管理计划及切实可行的环境监测计划，通过这些计划的实施及执行，项目对环境的负面影响降到了最低限度。

4.1 项目造林中广泛应用了环境保护措施

为了把项目活动对环境的不良影响降到最低程度，制定了旨在减少水土流失、保护生物多样性的“环境保护规程”。按照规程，在造林地选择时只选择郁闭度0.3以下的荒山荒地，严格限制炼山和全垦整地，坚持实行沿等高线造林和“品”字形布穴，按要求设置了水土保持带和保留了原生植被带等，这些措施在项目实施中得到了较好贯彻与执行，收到了良好的效果，环境保护措施执行率和合格率均达到了98%以上。

4.2 较好地保护了项目区的生态环境及生物多样性

本项目的实施，每个项目县的项目区可增加森林覆盖率2~3个百分点，明显地增加项目区森林面积，同时其树种结构和森林质量也随之得到有效的改善，提高了森林质量，改良了区域生态环境。它对于增加项目区生物多样性、减缓和遏制土地退化、防治水土流失以及修复退化的森林和湿地生态系统功能都将产生积极影响，并且，本项目的实施还能增加当地群众的经济收入。

4.3 有效地防止了水土流失的发生

项目实施中要求林地清理时以穴状、带状清理为主，禁止炼山，尽量减少对原有植被的扰动，所以林地清理对环境造成的负面影响有限。整地时项目要求穴状、带状整地，有些是反坡梯田或鱼鳞坑，本身就是水保工程；同时要求尽量减少对原有植被的破坏和翻动土地，风沙区和大坡度造林地不提倡提前整地，幼林抚育的方式主要为扩穴培土、砍杂等。由于抚育措施的目的是促进林木生长，对土地的翻动范围不大，砍杂时对有价值的乔、灌树种要予以保留，因此项目造林、抚育过程中，有效地防止了水土流失的发生，也没有对林地生物多样性构成影响。

4.4 实现了项目林病虫害的及时、安全、有效的防治

全省已建成国家级森防检疫标准站30个，省级标准站64个，森林病虫害中心测报点90个，一般测报点1 680个，配备专职测报员382人，兼职测报员2 100人，形成了森林病虫害测报、防治、检疫、监测网络，基本实现了全省森林有病不成大灾。

在项目建设期间，重点是把好苗木和种子的检疫工作。本项目使用的种子、苗木等种植材料从国外引进或从外省（区）、县调入时，要凭“一签两证”，必须严格执行植物检疫制度，杜绝有检疫对象的苗木用于项目造林。造林时，对立地条件和树种进行科学配置，创造有利于林木生长发育而不利于病虫害发生发展的环境条件，尽可能采用生物方法控制病虫害的发生和蔓延。及

时伐除病弱植株，提高整个林分抵御病虫害的能力。必要时，本项目只许使用经国家有关部门注册、国家环保局批准可在农、林业使用的化学农药。项目实施过程中，要求遵守“环境保护规程”和“病虫害管理计划”，进行项目的设计、施工与经营，减轻或消除项目实施对环境造成的负面影响，增强人工林生态系统的稳定性和环境保护功能，实现了项目林病虫害的及时、安全、有效的防治。

4.5 增强了项目管理人员及广大受益人的环境保护意识和能力

项目建设改善了生态环境，为人们生产、生活提供更好的场所，从而提高人们的生活质量，促进人类健康。通过实施本项目，有助于人们认识生态环境与生存环境的密切关系，提高人们的生态建设意识和环境保护意识。

5 经验与建议

5.1 经验

5.1.1 加强“三队一点”队伍建设

“三队”建设即加强由项目管理人员和基层林业技术人员组成的环境管理与病虫害预测预报、以造林实体或项目农户为主力军的病虫害防治和执行环境保护措施以及县乡两级项目管理为主的环境保护监理三支队伍的建设；“一点”建设即病虫害预测预报点的建设。通过“三队一点”的建设，确保了环境保护措施的落实。

5.1.2 制定了规范性的规章制度和环保措施

在规章制度建设方面，严格按照世界银行安全保障政策及中国有关环境保护法律法规的要求，制定了《项目管理办法》、《检查验收管理办法》、《项目环境保护规程》、《项目环境监测方案》、《病虫害防治管理计划》等科学规范的管理办法或规定，并且针对项目设计和施工的主要环节，制定操作性强的环保措施。

5.1.3 严格了环境保护质量监督

在环境保护质量管理方面，运用了“事前培训、事中指导、事后检查验收”的环境保护管理模式和“分工序检查验收、分级检查验收”的质量监督办法，把执行“环境保护规程”与否作为项目施工质量检查验收的标准之一，从而保证了“环境保护规程”在项目实施中的认真执行并取得良好环境保护效果。

5.1.4 狠抓了技术队伍的培训

采用了走出去请进来、集中培训、以会代训、现场施教、科技下乡、发放技术明白纸六种环境管理培训形式，提高了环境保护管理人员和操作人员的素质，确保了环境保护合格率达到项目设计的目标要求。

5.2 建议

5.2.1 多树种、多品种造林，增加人工林稳定性

不同树种或品种对不同的病虫害有不同的抗性。当在同一林分中有不同的树种或品种时，就会有不同的病虫害存在，也就会产生不同的天敌种群，害虫与天敌之间形成一个稳定的生态链。因此，多树种、多品种造林是维持人工防护林稳定的基础。

5.2.2 营造混交林，增加生物多样性

林分中有害生物与有益生物此消彼长，相互制约，种群始终维持平衡状态。因此，营造混交林是维持人工林稳定的保证。

5.2.3 林种的合理搭配，提高项目林经济效益

人工林轮伐期长存在与早还贷的矛盾。收益期长的用材林和收益期较短的经济林进行一定比例的搭配，是解决林业收益慢与还贷期早矛盾的有效途径，以减轻造林农户特别是贫困户按期还贷压力。

河南省林业持续发展项目受益人参与总结报告

1　参与式项目设计的总结

1.1　工作方法概述

按照世界银行的要求，河南省“林业持续发展项目”人工林营造部分项目（SFDP－PE）参照世界银行贷款“贫困地区林业发展项目”的社区林业评估（CFA）方法进行了项目设计。河南省社区林业评估先后进行两次，第一次是根据国家林业局世界银行贷款项目管理中心2000年3月6日下发的“林业持续发展项目（SFDP）”宣传材料和“社区林业评估（CFA）工作手册”，分别成立了省、县两级社区评估小组，并在3月12日前把宣传材料下发到所有可能参加本项目的县、乡、村和农户，依照项目区选择条件，从参加申请的26个县中选择20个县作为SFDP项目县。评估从2000年3月25日开始到8月底全部结束，历时4个多月。评估时分重点县和一般县两种类型，重点县采用详细的评估，一般县采用简化的程序评估。第二次是在中期调整时，新增4个项目县，从2005年8月初开始至9月上旬结束，历时46天完成了新增4个项目县的一般性社区林业评估。两次共26个项目县中有4个重点县，其中温县为示范县，桐柏、淮滨、郾城三个县为推广县，对其进行了详细的社区林业评估（占全省项目县数的20%）；其余长葛、罗山等22个县（市、区）为一般县，进行了简化的程序社区林业评估（见表2－6－1和附表2－6－1）。

1.2　受益人的参与

1.2.1　社区林业评估工作参与

为达到了解、掌握预定项目区的社会、经济和目标群体的各方面信息、意愿和实施能力，给SFDP项目造林设计提供有参考价值的资料、数据，确保项目的顺利实施和社区评估的目的，按照“自上而下，自下而上，上下结合”程序和遵循“公开、公平、自愿”原则进行了社区评估。因此，项目设计时充分体现出了项目参与农户的意愿、建议和主动参与等特征，从而保证了本项目评估结果的科学性和有效性及可操作性。由此可以看出，受益群体参与了项目社区林业评估的全过程。据统计，社区林业评估时，申请乡（镇、场）291个，选择了218个，所占比例74.9%；申请行政村2 449个，选择了1 298个，所占比例53.0%；申请农户231 871个，选择了58 729个，所占比例25.3%（详见表2－6－2和附表2－6－2）。

表2－6－1　河南省SFDP－PE社区林业评估情况统计表

工作时间	评估类型	项目县名单	评估主要工作内容			
			宣传发动	访问村长、农户	填写申请书	项目规划
2000年3～8月	一般县（市、区）18个	长葛市、罗山县、平桥区、平舆县、沁阳市、源汇区、召陵区、南乐县、社旗县、济源市、商水县、鹿邑县、襄城县、许昌县、开封县、偃师市、新郑市、邓州市	√		√	√
	重点县（区）4个	郾城区、淮滨县、温县、桐柏县	√	√	√	√
2005年8～9月	一般县4个	淇县、息县、扶沟县、临颍县	√		√	√

注：温县为社区林业评估示范县，√表示开展此项工作。召陵区和源汇区为启动后因行政区划调整新增项目单位。

表2－6－2　参与项目社区林业评估农户统计表

评估时间	乡镇参与			行政村参与			农户参与		
	申请乡镇	选择结果	所占比例（%）	申请村	选择结果	所占比例（%）	申请农户	选择结果	所占比例（%）
2000年3～8月	243	183	75.3	2 158	1059	49.1	144 009	43 894	30.5
2005年8～9月	48	35	72.9	291	239	82.1	87 862	14 835	16.9
合计	291	218	74.9	2 449	1 298	53.0	231 871	58 729	25.3

1.2.2　项目实施期间参与

项目实施期间，各级项目管理办公室采用在定期造林检查、年度工作会议、培训会议等工作中与受益人沟通、磋商和遇到问题随时磋商与解决，以及与受益人信息交流、技术培训与指导、项目宣传等方式，始终坚持与受益人磋商和受益人参与的机制。据不完全统计，项目实施期间，每年定期工作交流的机遇和次数3 477次、不定期交流的机遇和次数2 054次、项目办向项目实体传达信息和宣传4 314次、实施期间接到投诉的次数275次（详见表2－6－3和附表2－6－3）。

1.2.3　项目设计的执行结果

1.2.3.1　项目县的社会经济信息

河南省共有26个县（市、区）参与SFDP项目实施，其中天然林保护工程项目县1个、国家级贫困县4个、省级贫困县3个、林业重点县6个；土地类型主要有三种，其中山地3个、平原15个、丘陵3个、丘陵与平原5个；曾参加过NAP项目的县2个，参加过FRDPP项目的县2个，参加过FDPA项目的县2个。项目县的少数民族主要有回族、蒙古族，占总人口的1.05%。项目从2002年项目准备启动开始到2009年8月31日实施结束，7年期间26个项目县平均人均年收入从2 104元增加到4 092元，年人均增加284元；项目的实施使项目县的覆被率平均增加2.54个百分点。项目县的社会经济信息详见表2－6－4和附表2－6－4。

表2－6－3　省、县二级项目人员与项目实体间的沟通磋商统计表

合计	每年定期工作交流的机遇和次数	每年不定期交流的机遇和次数	向项目实体传达信息和宣传的次数	实施期间接到投诉的次数
10 120	3 477	2 054	4 314	275

表2－6－4　项目县的社会经济信息调查统计表

类别	人均年收入（元）		天然林保护县（个）	贫困县	土地类型	少数民族名称	占全县人口（%）	曾参加世行项目（个）	重点林业县（个）	增加覆被率（%）
	2002年	2008年								
统计	2 104	4 092	1	国家级4个、省级3个	山地3个、平原15个、丘陵3个、丘陵与平原5个	回族、蒙古族	1.05	5	6	2.54

1.2.3.2　项目工程完成情况

项目实施自2003年1月29日开始，到2009年8月31日结束，历时7年，共完成工程量30.56万hm^2，其中营造高标准集约经营人工林6.38万hm^2（用材林4.97万hm^2，经济林1.41万hm^2），中幼林抚育17.8万hm^2·次；完成苗圃新（扩）建5个，总生产面积183.40 hm^2（见表2－6－5或详见附表2－6－5）。

表2－6－5　河南省SFDP项目工程完成汇总表

合计	新造林面积（万hm^2）			中幼林抚育（万hm^2）	苗圃新（扩）建（个、hm^2）	
	小计	用材林	经济林		个数	总生产面积
30.56	6.38	4.97	1.41	17.80	5	183.40

1.2.3.3 造林地权属和经营方式

项目实施营造的高标准集约经营人工林 6.38 万 hm^2，按土地使用权属，分别是：国有 0.05 万 hm^2，占 0.8%；集体 1.25 万 hm^2，占 19.6%；农户个人使用土地 5.08 万 hm^2，占 79.6%。农户个人土地使用期限为 30 或 50 年。按经营形式分别是农户个人经营 5.24 万 hm^2，占 82.1%；集体经营 0.74 万 hm^2，占 11.6%；合股经营 0.36 万 hm^2，占 5.6%；国有经营 0.04 万 hm^2，占 0.7%。改扩建苗圃 183.4 hm^2，权属和经营形式为国有 100 hm^2、集体 83.4 hm^2，分别占 55.6%、44.4%（见表 2－6－6 或详见附表 2－6－6）。

表 2－6－6 河南省 SFDP 造林地权属和经营方式面积分配统计表

造林地权属（万 hm^2）				人工林经营形式				改扩建苗圃权属（hm^2）			改扩苗圃经营形式	
小计	国有	集体	农户	农户	集体	合股合作	国有	小计	国有	集体	国有	集体
6.38	0.05	1.25	5.08	5.24	0.74	0.36	0.04	183.4	100	83.4	100	83.4
所占比重（%）	0.8	19.6	79.6	82.1	11.6	5.6	0.7		55.6	44.4	55.6	44.4

2 项目实施的社会效益和经济效益总结

2.1 项目的经济效益

SFDP－PE 项目的实施，使项目区农民收入增加幅度明显高于当地农民。据统计，项目受益人人均年增收入为 862 元，是项目县人均年增收入 284 元的 3 倍多。其增收来源主要为直接参与项目活动的劳务收入和项目林产品的经济效益。SFDP－PE 监测的项目桐柏县城郊乡毛坡村 2002 年和 2003 年营建 100 hm^2 茶叶，实施农户家庭人均年增收入为 3 445 元，是项目县人均年增收入 284 元的 12 倍多（见案例 1）。有关实施项目的经济效益及增收情况详见附表 2－6－7。

案例 1：桐柏县毛坡村股份制林场实施项目的经济效益

（一）基本情况

县：桐柏县　　乡：城郊乡　　村：姚河村

农户：445（户）；劳力：920（人），其中男劳力 472 人，女劳力 448 人。1999 年有林地面积 780 hm^2，林木蓄积 15 100 m^3。

2003 年有林地面积 1 050 hm^2，林木蓄积 17 500 m^3。

（二）项目执行情况

2002 年和 2003 年分别营造 50 hm^2 经济林，造林树种为茶树；造林密度 8 000 株/hm^2；整地方式为清杂整平、带 + 穴。

经营形式：股份制

（三）项目收入分配情况

（1）项目实施的组织方式：以村为单位，部分土地农户入股组成的股份制林场，由村统一管理。土地使用权限 50 年。

（2）农户参加项目的方式：以土地入股、投劳为主、部分户承包管护。股份制林场项目造林 100 hm^2，土地入股 180 户，参加投工 26 400 日，参加管护 20 户。

（3）收入分成方式、分成比例：采用收入分成，农户与村分成比例为6∶4。

（四）项目林收入及预测

项目林 2005 年开始见效益，收入 6 万元，2006 年收入 25 万元，2007 年收入 45 万元，2008 年收入 75 万元，2009 年收入 135 万元，预测 2010 年至 2022 年以后每年收入可达 140 万元。

（1）收入和测算

例表 1　建设投入表

项目执行时间		2002	2003
项目造林面积（hm^2）		50	50
参加项目农户数（个）		80	100
造林用工投资	工日（个）	10 000	10 000
	金额（元）	150 000	150 000
造林日工资（元）		15	15
苗木费	金 额	80 000	80 000
化 肥	品 种	尿 素	二 铵
	数量（kg）	12 000	20 000
	金额（元）	16 320	32 800

例表 2　效益测算表　（单位：万元）

收入年限	合 计	1 年	2 年	3 年	4 年	5 年	6 年	7 年	8 年	9～20 年
销售收入	1 826			6	25	45	75	135	140	1 400
经营投入	402.2			1.8	5.5	9.9	16.5	29.7	30.8	308
各种税、费	149.7			0.5	2.1	3.7	6.2	11.1	11.5	114.8
销售净收入	1 273.9	0.0	0.0	3.7	17.4	31.4	52.3	94.2	97.7	977.2

（2）利润预测

例表 3　现金流量分析（单位：万元）

项目	执行期投入	经营期投入（不含采收费）	其他投入	税费	收入
现金流量	125.0	402.2		149.7	1 826.0
净现值	106.0	305.9		72.6	885.8

（3）股东的纯收入（净现）

项目的实施组织方式是以村为单位，部分农户土地入股组成的股份制林场，分成方式为收入分成，入股农户与村的分成比例为 6∶4，入股农户不再参与村的分成。项目结束后，参加项目户总收入分为两种类型：

A：以土地入股农户

纯利润（现值）=885.8－72.6－305.9－106=401.3（万元）

户总收入：1 149.1÷10×6=689.46（万元）　户均收入：240.9÷100=2.409（万元）

户年均收入：2.409÷20×10 000=1 204.5（元）

B：村收入中户占金额

村总收入：401.3÷10×4=160.6（万元）

户均收入=160.6÷445=0.361（万元）　户年均收入：0.361÷20×10 000=180.5（元）

则：A、B 两种类型就收入折现到项目实施第一年现值，户均年收入分别为 1 204.5 元、180.5 元。

（4）股东静态纯收入

纯利润=1 826.0－149.7－402.2－125=1 149.1（万元）

A 类型：

户总收入=1 149.1×6÷10=689.46（万元）

户均收入=6.89 万元　户年均收入=3 445 元

B 类型

村总收入=1 149.1×4÷10=459.64（万元）

户均收入=1.032 9 万元　户年均收入=516.45 元

则：A、B 两种类型静态收入整个实施期内，户均年收入分别为 3 445 元、516.45 元（见例表 1 和例表 2）。

案例2：罗山县万河村项目农户实施项目的经济效益

（一）基本情况

罗山县青山乡万河村项目农户万文才，男，46岁；家庭人口5人，劳力2人；2003年家庭人均收入2 000元。

土地总面积1.33 hm^2，农业用地面积0.38 hm^2，林业用地面积1.04 hm^2。

2003年营造林4.1 hm^2，树种为板栗，2004年嫁接，造林密度为556株/hm^2，整地方式为清杂整平、穴状。

经营形式：个体经营。

（二）项目林收入及预测

2005年开始挂果，当年产板栗305 kg，产值2 450元，平均价格为7元/kg，净收入2 000元。2006年产量850 kg，2007年产量2 650 kg，2008年产量3 450 kg，2009年产量4 150 kg。目前市场价格6～8元/kg。

（1）静态收入：2009年经营每年投入1 500元，采收投入3 500元，项目产品收入26 850元，净收入21 850元。家庭人均项目收入4 370元。以15年为一个计算周期，周期内年均收入13 090元，家庭人均项目收入2 168元。

（2）动态收入：营林总投入22 623元，以15年为一个计算周期，经营投入40 000元，周期内年均收入7 013.7元，家庭人均项目收入1 414.7元。项目建设投入情况及利润预测和收益情况分别见例表4、例表5、例表6。

例表4　项目建设投入表

项目执行时间（年）		2002
项目造林面积（hm^2）		4.1
造林用工投资	工日（个）	820
	金额（元）	12 300
造林日工资（元）		15
苗木费	金额（元）	5 123
化肥	品种	尿素
	数量（kg）	2 000
	金额（元）	3 200
基肥	20 t	2 000
	总投入（元）	22 623

例表 5 利润预测表 （单位：元）

收入年限	合 计	1 年	2 年	3 年	4 年	5 年	6 年	7 年	8 年	9～15 年
销售收入	196 350			2 450	5 950	18 550	24 150	29 050	29 050	87 150
经营投入	67 632	22 623		5 000	5 000	5 000	5 000	5 000	5 000	15 000
各种税、费	16 100			201	488	1 521	1 980	2 382	2 382	7 146
销售净收入	137 590			2 247	4 153	12 948	16 857	20 277	20 277	60 831

例表 6 现金流量分析 （单位：元）

项目	执行期投入	经营期投入（不含采收费）	其他投入	税费	收入
现金流量	22 623	67 632.0		16 100.7	196 350.0
净现值	20 207.0	44 619.9		8 700.7	106 105.7

案例 3：开封县半坡店乡万河村实施项目的经济与生态效益

（一）基本情况

该行政村有 3 个自然村，6 个村民小组，331 户，1 230 人；有耕地 172.12 hm^2，人均 0.173 hm^2，林地有 1.6 hm^2 多。地处黄河故道区，土壤为沙土地。

村民的收入来源主要是两方面，一个是种地收入，另外一个就是打工收入。也有少量的农民做商品流通生意。

（二）项目的实施过程

2003 年至 2005 年三年间营建项目林 43.33 hm^2，其中乡村级道路绿化 10 hm^2、农田林带折合 33.33 hm^2 造林模式：①宽窄行农田间作（2 m×3 m～16 m），②4 m×8 m～10 m、亩栽植 15～20 株。树种为 107 杨或 108 杨。

利用 107 杨或 108 杨树树冠窄、生长快、根系深的特点发展农林间作。这种农林间作耕种模式总结为“三不两增一改善”。“三不”即一是不变更土地承包关系，按照树随地走的原则，树木、土地产权明晰。二是不影响农作物正常生长。107 杨具有冠小、树头抱长、遮阴小、生长快、根深、不与农作物争水肥的特性。以种小麦和花生为例，树木遮阴最严重时，反而小麦增产，原因是间作树木调节了农田小气候，小麦可以延长三天的灌浆期，每延长一天的灌浆时间就可以增产 25 kg，三天便可以增产 75 kg。而花生仅减产 8%，两季作物相抵补，全年总算账农作物不减产，也不减收。三是不影响大型农机作业。间作行距 8～16 m，大型农机都能作业，适宜农民普遍采用大型农机作业的现状。“两增”即增加土地产出和增加农民收入。以每亩间作树木 10 株、10 年一个轮伐期计算，可产大径材 8 m^3 以上，木材收入 5 000 元以上，每亩年增 500 元，比较效益明显。“一改善”即改善生态环境。

（三）项目林收入及预测

农杨间作投资少，易操作，无风险，回报率高。在农田中间种 107 杨或 108 杨树，立地条件优越，管理水平高，又是稀植，所以要比纯林更为速生，而且立木间分化很小，每株都能成材。在每公顷 120～150 株的条件下，10 年可长成 40 cm 左右的大径材，单株可达 8 m^3。为便于操作，栽植时杨树可以种在两家农户的地界上，也可以栽到一户的地中间。间作第 5～8 年及第 11 年的测产结果表明，间作区小麦略增，花生略减，全年平产，木材的收入是额外的纯增益。以一农户为例，1 hm^2 地可间种 150 株，按每株苗木 2 元，另加 20 元肥料，总投入 600 元，以单株立木 500 元计，总值 5 000 元。即一个农户投入 40 元，在 10 年粮食不减产的前提下，10 年后增收 5 000 元。

农林间作有其巨大的生态效益，是改善生态、保护环境、实现可持续发展的重要方式。一是间作可以降低风速，降低气温，增加湿度，防止干热风的危害。据河南省林业科学院对间作试验地内的长期观测，小麦灌浆期（5 月下旬至 6 月上旬），粮林间作区比空旷处风速降低 0.95 m/s，大气湿度增加 4.4%，日平均气温降低 0.77 ℃，30 ℃以上高温时间减少 70 min。据农业专家研究，在各气象因子中，以气温对小麦灌浆影响最大，日均温在 16～22.5 ℃。随温度升高，灌浆速度加快，高于 22.5 ℃速度减慢，高于 28 ℃或低于 16 ℃，灌浆速度成为负值。按日最高气温而言，以 26～28 ℃较为合适；28 ℃以上，随气温升高，第二天灌浆速度下降；30 ℃以上持续两天，第二天灌浆速度均为负值。二是风速降低后可以减少地表扬沙，降低沙尘暴的危害。三是防止地下水的污染。树木根系深，农作物施用化肥时，渗到深层的化肥被树木吸收，可以减少化肥对地下水的污染。四是改良盐碱农田。由于间作降低风速，增加大气湿度，以及树根吸收下层地下水，可以减少地表蒸发，因而可以减少地表返盐，发挥生物改碱的作用。五是农林间作可以更有效地利用土地资源，实现农、林、牧有效结合，长期并存，协调发展，并可为家具、密度板、人造板等企业提供稳定的原材料基地。

案例 4：开封县朱仙镇仰韶新村实施项目的经济效益

（一）基本情况

总人口 738 人，总户数 164 户，参与项目户数 124 户，项目造林总面积 10.8 hm^2，经济林造林时间 2003 年，树种葡萄，2008 年产量 315 900 kg、产值631 800万元，销售收入568 620万元，项目户均收入4 585.6元，受益人均收入1 019.0元。

（二）项目的经济效益

项目农户2002年人均收入2 345元，2008年人均收入3 634元，增加了1 289元，其中来自项目1 019.0元，占增收部分的79.1%。

2.2 项目的社会效益

项目建设为当地居民提供就业机会，缓解农村劳动力出路问题。项目实施后，将为社会提供800万工日，按每个劳动力每年工作250日，相当于一年雇用3.2万个劳动力。项目直接受益人5.6万户，受益人口23.5万人，经济纯收入37亿元，对当地农民脱贫致富、改善生产生活条件产生重要作用。项目建设还可带动项目区的资源开发利用、林产品加工及生态旅游等产业的发展，可进一步拓宽农民就业、增收之路。项目覆盖26个县（市、区），其中贫困县7个（包括国家级贫困县4个，省级贫困县3个），占全省44个贫困县的22.7%；项目受益乡218个，其中贫困乡65个，占29.8%；项目受益村1 298个，其中贫困村320个，占24.6%；项目受益人23.5万人（仅含造林部分），其中贫困人口3.9万人，占16.4%，说明扶贫面是比较大的。很显然，项目实施对当地经济发展和扶贫发挥了积极作用。

项目实施期间，参加项目的218个乡镇一共举办了3 600期（次）技术培训班和现场操作技术培训，累计培训参加项目实体代表和农户313 922人次；营建各类示范林面积达6 152.5 hm^2，省、县、乡三级技术人员每年经常性地到现场指导与咨询项目农户，对提高项目区农村和农民科学知识水平、文化素质和促进落后思想观念转变，起到了积极推动作用。通过本项目实施的技术推广与培训计划、咨询和宣传、带动和指导，将会有越来越多的农户加入到信科技、学科技、用科技的行列中来，使这些农户的科学知识和操作技能有了明显的提高。同时，通过对农户进行培训，提高了他们造林和森林经营的知识与技能。具体情况见案例5～6。

案例5：平桥区龙岗村项目实施的社会效益

（一）基本情况

总人口1 542人，总户数404户，参与项目户数7个，项目造林总面积14.9 hm^2，经济林造林时间2003年，树种石榴，2008年产量335 250 kg、产值268.2万元，销售收入201.2万元，项目户均收入28.7万元，受益人均收入7.5万元。

（二）项目实施情况

项目实施期间，用工1.08万个，劳务支出20.16万元，按目前农民年出工量210日计算，相当于51人就业。经营期管护、施肥、抚育、采收等用工，按常年平均每2亩需1人推算，可向社会提供113个劳动就业机会。

案例6：罗山县兴林苗圃项目实施成效

（一）基本情况

罗山县兴林苗圃总面积为100 hm^2，成立于1998年，隶属河南省罗山县林业局，属国有集体苗圃。苗圃设技术部、生产部、营销部、财务部4个管理部门和3个基地，现有员工45人。

（二）项目实施情况

项目实施以来，罗山县兴林苗圃作为SFDP－PE中心苗圃，为项目提供优质苗木125万株，净收入75万元，大大支持了苗圃的扩大再发展，使苗圃总面积由2002年的17.33 hm^2扩大到100 hm^2；同时带动了主要绿化苗木、花卉、盆景的生产。苗圃现有各类绿化苗木品种200多个、100多万株，年出圃各类苗木50多万株，其中大苗5万~6万株，产品远销全国10多个省市，年产值350万元。已成为集生产、科研、观光于一体的大型苗圃。2004年，温家宝总理在省、市、县领导的陪同下视察苗圃基地，给予了很高的评价。

在项目实施过程中，先后有62人次参与了省县级培训，同时在苗圃经营理念、产品定位，尤其在苗圃的规范化、科学化管理上进行了一系列的探索，取得了显著的成效，成为豫南地区苗圃生产的龙头企业。苗木生产除满足本县工程造林用苗外，还大量支援了外县、外省的林业生产。近几年，年均销往广西、江苏、安徽、湖北及本省有关县（市）各类造林用苗30万株以上，为罗山县、河南省乃至全国的绿化事业作出了较大的贡献。同时，苗圃也获得了较好的经济效益。近几年年均总产值在200万元以上，是2002年的8倍。

中心苗圃在抓好育苗生产的同时，充分发挥苗圃距城近、交通便利、土地面积大等有利条件，大力发展多种经营生产。除在顾寨分场营建板栗丰产园、在双园开展花卉生产和养鱼外，还积极引导职工利用自身优势开展家庭多种经营生产。目前，场职工个人开展的多种经营项目有商店、饮食、机动车维修、服装加工、扫帚加工、蔬菜种植、淡水养鱼及农经作物种植等，基本达到户户有项目。全圃年均多种经营收入在10万元左右，其中苗圃集体收入在1万元左右。近几年，苗圃根据市场信息，于每年秋季及时开展银杏叶收购与外销业务，使苗木产品得到综合利用，仅此一项年创收2万元以上。

2.3　项目的生态效益

项目实施后，每个项目县的项目区可增加森林覆盖率2~3个百分点，同时其树种结构和森林质量也得到了有效的改善。由于项目造林严格执行了“环境保护规程”，造林只能选择荒山荒地和郁闭度小于0.3的疏林地，因此其产生的涵养水源、保持水土的效益十分明显。根据有项目与无项目的对比分析，项目营造的6.38万 hm^2 人工林，年均可增加水源涵养量0.26万 m^3，每年减少水土流失量96万t。

当今，大气中由于 CO_2 浓度的增加而引起的“温室效应”，已成为全世界关注的环境热点。林木生长的过程就是不断从大气中吸收 CO_2、固定和积累碳的过程。因此，项目的实施对缓解温室效应能发挥积极的作用。根据河南省林业科学研究院专家测算，项目所营造的6.38万 hm^2 人工林在整个生长期内，能吸收和固定的碳量一共可达0.35万t，相当于吸收了0.46万t标准煤燃烧后排放的 CO_2 量。项目建设将改善生态环境，为人们生产、生活提供更好的场所，从而提高人们的生活质量，促进人类健康。通过实施本项目，有助于人们认识生态环境与生存环境的密切关系，提高人们的生态建设意识和环境保护观念。

相关情况参见案例7~9。

案例7：温县实施项目生态效益

（一）基本情况

温县总面积480 km^2，耕地面积260 km^2，黄河滩区108 km^2，总人口38万人。2002年到2009年期间，森林覆盖率从10.8%增加到21.4%，增加了10.6个百分点。

（二）项目的生态效益

2003年以来，SFDP营造项目林3 762.4 hm^2，使全县森林覆盖率增加7.8个百分点。温县在2002年到2009年森林覆盖率增加的10.6个百分点中，81.25%来自于SFDP项目造林。

案例8：邓州市杨树项目林施肥技术效益分析

（一）基本情况

该项目区地处南阳盆地南部，和湖北接壤，年均降水量750~950 mm，

2003 年至 2009 年，先后营造高标准项目林 2 292 hm^2，其中 107、108 杨 1 625.8 hm^2。从 2003 年 4 月份开始，该县在省项目科研施肥课题组的指导下，开始进行杨树施肥试验，并逐渐在全县项目区推广，先后在项目区的 8 个乡（镇）推广杨树施肥技术，推广面积 358 hm^2，占杨树造林面积的 22.0%，占全县项目造林总面积的 15.6%。

（二）施肥的时间、方法、种类与施肥量

栽植时每株施 10 kg 有机肥作底肥，在造林后第 2、3 年的 5 月结合中耕除草，各追肥一次。每株各施尿素 0.2 kg，施肥后浇透水一次。施肥采用穴施法。

（三）施肥效果分析

对采用上述施肥技术施肥的 6 个项目造林小班进行典型调查，将其与不施肥的项目林进行对比，结果见例表 7。

例表 7 施肥效果分析

项目	造林时间	造林树种	平均树高（m）	平均胸径（cm）	蓄积（m^3/hm^2）	产材（m^3/hm^2）	产值（元/hm^2）	造林成本（元/hm^2）
施 肥	2003 年	107、108	19.2	18.7	128.0	88.9	34 954	2 330
不施肥	2003 年	107、108	17.0	16.1	100.1	70.0	27 802	1 815

从表中看出，虽然施肥比不施肥单位面积造林成本高 25%，但由于施肥后林木生长量增加，单位面积蓄积量比不施肥高出 26%，产值比不施肥高 26%。由此计算到主伐时，每公顷项目林施肥比不施肥增加林木蓄积 50.4 m^3，增加产值13 339 元。

由此推算，该县全县共推广杨树施肥技术 358 hm^2，共增加经济收入 477 万元，经济效益十分明显。

案例 9：开封县项目中心苗圃能力建设

（一）基本情况

开封县林业持续发展项目中心苗圃建设，总投资 259 万元，其中世行贷款 129.5 万元，国内配套及建设单位自筹 129.5 万元。总投资中，土建工程投资 152.06 万元，苗圃设备投资 82.59 万元，其他费用投资 24.35 万元。

截至 2005 年底，苗圃土建已全部竣工，SFDP 扩建苗圃总占地面积 11 hm^2，其中育苗面积 10 hm^2，土壤改良面积 9 hm^2，塑料大棚 1 500 m^2，温室 1 400 m^2，建造办公楼一栋 560 m^2，生产管护房 40 m^2。机井 4 眼，排水渠 2

km，耕作机具3套，计算机办公设备1套，灌溉设备1套，自动喷雾装置3套，喷灌及配套3套，锅炉1台。通信设备3部。

（二）项目实施情况

SFDP苗圃建成后，育苗面积达10 hm^2。培育速生、抗病虫、适应性强、干形好的优良用材树种和抗性强、经济效益好的经济林树种以及具有较高观赏价值的园林绿化树种。取代了生产上需要淘汰的老化树种，优化了苗木的品种结构。培育的主要品种有：

杨树：中林46杨、107杨、108杨等。

经济林：桃、杏、梨、枣、柿、石榴等。

绿化树种和花卉：雪松、女贞、一品红、仙客来、牵牛花、四季海棠等。

据统计，2004～2008年五年间，年均收益176.2万元；2009年，出圃苗木152.8万株，收益370.78万元。

利用项目建设资金建设的温室进行花卉养殖，主要品种有仙客来和蝴蝶兰，共养殖2.2万株，当年产值80多万元，效益10多万元。

开封县项目中心苗圃利用现代农业脱毒和工厂化繁育技术，结合现代栽培技术进行品种引进、大田示范推广，已成为开封县最大、最先进的工厂化育苗基地。

附表 2－6－1 林业持续发展项目人工林营造部分社区林业评估统计表

总项目县数（竣工时）	项目启动前			项目启动后	
	CFA 示范县名	CFA 推广县名	其他 CFA 县（市、区）名	县名（退出县，时间）	县（市、区）名（新增县，时间）
26	温县	桐柏县，淮滨县，郾城县	新郑市，许昌县，长葛市，襄城县，鹿邑县，商水县，平舆县，罗山县，平桥区，开封县，沁阳市，南乐县，社旗县，邓州市，偃师市，济源市		召陵区（2005），源汇区（2005），临颍县（2005），息县（2005），扶沟县（2005），淇县（2005）

注：召陵区和源汇区为项目启动后因行政区划调整增加的项目单位。

附表 2－6－2 世界银行项目县、乡、农户数和参加实体统计表

年份	项目乡个数	项目村个数	项目农户数			项目林场数				其他实体
	个数	个数	总户数（个）	其中：贫困户数	其中：少数民族户数	小计（个）	股份合作林场	集体林场	国有林场	（如有，填写名称）
2003 年	183	1 059	43 894	7 900	86					
2005 年	218	1 059	56 127	9 630	102					
2009 年	218	1 298	58 729	10 112	117					

附表 2－6－3　县项目人员与项目实体间的沟通磋商表

参与方式	主要内容	次数
每年定期工作交流的机遇和次数	1. 报账检查验收，每年 2 次；	390
	2. 技术培训，每年 9～10 次；	1 482
	3. 技术咨询每年 3～5 次；	546
	4. 规划设计；	30
	5. 资金发放；	180
	6. 成效调查；	60
	7. 施工设计；	156
	8. 年度造林验收；	165
	9. 造林现场指导；	162
	10. 年度工作会议 1 次；	216
	11. 问卷调查	90
	小计	3 477
每年不定期交流的机遇和次数	1. 随机查访，每年 3～5 次；	520
	2. 咨询服务，每年 5～8 次；	624
	3. 信息交流，每年 6～10 次；	676
	4. 随机走访造林实体，进行跟踪问效；	156
	5. 监测调查	78
	小计	2 054
向项目实体传达信息和宣传的渠道和次数	1. 现场交流；	2 496
	2. 会议；	312
	3. 电视讲座；	20
	4. 广播；	30
	5. 宣传单、专栏；	104
	6. 电话、网络；	78
	7. 通过广播电视发布病虫信息、防治方法；	390
	8. 通过手机短信《林木病虫情报》发布信息；	104
	9. 设立咨询电话	780
	小计	4 314
实施期间接到投诉的次数	1. 资金拨付时间	30
	2. 林种调整	85
	3. 项目管护	160
	小计	275
合计		10 120

附表2－6－4 世界银行项目县社会经济信息调查表

序号	项目县	人均收入（元/年）		是否天保工程项目县（是/否）	是否贫困县（国家级/省级/非贫困）	土地类型（山地/高原/盆地/平原/丘陵）	少数民族名称	少数民族占全县人口（%）	曾否参加过世行项目（NAP/FRDPP/FDPA）	是否重点林业县（是/否）	森林覆盖率（%）		
		2002年	2008年								2002年	2008年	本项目增加时的覆盖率
1	新郑市	2 650	5 200	否	否	平原	回族	0.80	无	否	20.50	28.50	2.80
2	济源市	2 425	4 925	是	否	平原	回族	0.60	无	是	38.90	40.00	0.38
3	许昌县	2 392	4 492	否	否	平原	回族	1.00	无	否	19.20	25.10	2.08
4	长葛市	2 556	6 300	否	否	平原	回族	0.80	无	否	17.30	24.80	5.29
5	襄城县	2 008	5 445	否	否	平原、丘陵	回族	0.02	无	否	16.40	30.40	4.91
6	鹿邑县	1 860	3 869	否	否	平原	回族	0.75	无	否	21.70	29.00	2.57
7	商水县	1 818	4 268	否	省级	平原	回族	0.012	NAP	否	20.10	23.10	1.06
8	平舆县	1 740	3 813	否	国家级	平原	回族	0.06	无	否	10.30	17.70	2.59
9	郾城县	2 456	6 205	否	否	平原	回族	0.000 09	无	否	14.40	21.80	2.59
10	罗山县	1 829	2 464	否	省级	丘陵、山地	回族	0.35	FDPA	是	32.70	35.20	1.00
11	平桥区	1 999	2 894	否	否	丘陵、山地	回族	0.90	NAP、FRDPP	是	14.30	18.60	1.50
12	淮滨县	1 501	3 791	否	国家级	平原	回族	0.10	无	否	14.10	23.80	3.39
13	开封县	2 108	3 493	否	否	平原	回族	1.40	无	否	14.60	20.30	2.00
14	沁阳市	2 700	3 970	否	否	山地、丘陵	回族	0.50	无	是	26.80	31.80	1.75
15	温县	2 691	4 991	否	否	平原	回族	0.85	NAP	否	10.80	21.80	8.14
16	南乐县	2 000	3 985	否	否	平原	回族	0.55	无	否	17.80	26.70	3.12
17	桐柏县	1 356	3 158	否	国家级	丘陵、山地	回族	0.87	NAP、FRDPP	是	49.20	52.30	1.53
18	社旗县	1 400	2 987	否	国家级	山地、丘陵、平原	回族	0.65	无	否	7.20	19.60	5.75
19	邓州市	1 990	4 347	否	否	丘陵、平原	回族、蒙古族	1.60	无	否	8.80	12.7	1.00
20	偃师市	2 600	5 423	否	否	丘陵、平原	回族	0.65	无	是	16.30	20.10	0.98
21	淇县	2 300	4 700	否	否	平原、丘陵	回族	0.90	无	否	20.49	27.90	2.60
22	扶沟县	2 030	3 702	否	否	平原	回族	0.005 5	无	否	18.46	22.30	1.42
23	息县	2 073	3 713	否	省级	平原	回族	0.05	无	否	16.40	19.30	1.00
24	临颍县	2 812	5 997	否	否	平原	回族	0.20	无	否	20.50	27.90	2.58
25	召陵区	2 256	4 289	否	否	平原	回族	0.95	无	否	15.20	18.80	1.28
26	源汇区	2 245	4 300	否	否	平原	回族	0.90	无	否	16.50	24.50	2.81

附表 2-6-5 完成项目工程统计表

序号	项目县（市、区）	总造林面积（hm^2）				苗圃新建扩建	
		小计	新造用材林	经济林	竹林（含垦复）	个数	总生产面积（hm^2）
1	新郑市	2 483.10	1 159.50	1 323.60			
2	济源市	728.80	137.00	591.80			
3	许昌市	2 451.50	1 686.10	765.40			
4	长葛市	3 438.70	2 538.70	900.00			
5	襄城县	4 521.50	3 758.30	763.20			
6	鹿邑县	3 184.70	2 589.11	595.59			
7	商水县	1 392.60	718.90	673.70			
8	平舆县	3 312.60	3 221.60	91.00			
9	郾城县	1 709.30	1 305.80	403.50			
10	罗山县	2 086.50	1 180.40	906.10		1	35.40
11	平桥区	2 778.50	2 060.10	718.40			
12	淮滨县	4 045.10	3 970.30	74.80		1	68.00
13	开封县	3 289.50	2 142.50	1 147.00		1	10.00
14	沁阳市	1 093.10	636.90	456.20		1	50.00
15	温县	3 762.40	3 632.00	130.40			
16	南乐县	1 943.50	1 325.70	617.80		1	20.00
17	桐柏县	2 960.30	1 874.60	1 085.70			
18	社旗县	6 915.70	5 905.60	1 010.10			
19	邓州市	2 292.00	1 625.80	666.20			
20	偃师市	920.40	266.40	654.00			
21	淇县	1 544.90	1 400.80	144.10			
22	扶沟县	1 665.50	1 665.50				
23	息县	2 081.40	2 081.40				
24	临颍县	2 121.60	1 965.00	156.60			
25	召陵区	518.20	368.60	149.60			
26	源汇区	565.90	509.80	56.10			
合计		63 807.30	49 726.41	14 080.89	0	5	183.40

附表 2－6－6　造林地权属和经营方式统计表

序号	县（市、区）名	造林地权属（hm^2）					改扩建苗圃权属（hm^2）					人工林经营形式（%）					改扩建苗圃形式（%）			
		小计	国有	集体	农户	*	小计	国有	集体	农户	*	小计	国有	集体	农户	合股合作	国有	集体	农户	合股合作
1	新郑市	2 483.10		926.30	1 556.80									24.30	71.20	4.50				
2	济源市	728.80	20.50	180.60	527.70									11.80	80.91	7.31				
3	许昌县	2 451.50		526.80	1 924.70									20.50	77.01	2.50				
4	长葛县	3 438.70		600.60	2 838.10							100.03		16.50	80.32	3.21				
5	襄城县	4 521.50		758.00	3 763.05							100.04		15.80	81.65	2.59				
6	鹿邑县	3 184.70		558.30	2 626.40									16.50	80.91	2.56				
7	商水县	1 392.60		250.40	1 142.20							100.02		17.00	80.77	2.25				
8	平舆县	3 312.60		880.90	2 431.70							100.00		13.60	77.60	8.80				
9	郾城县	1 709.30		320.10	1 389.20							99.97		5.70	85.47	8.80				
10	罗山县	2 086.50	40.00	650.00	1 396.50		35.4	14.9	20.5			100.05		18.20	73.13	8.72	42.00	58.00		
11	平桥区	2 778.50	30.00	535.60	2 212.90								0.45	6.30	85.84	7.43				
11	淮滨县	4 045.10		855.20	3 189.90		68.0	51.0	17.0			99.96		8.10	85.06	6.80	75.00	25.00		
12	开封县	3 289.50		650.90	2 638.60		10.0	6.0	4.0			100.01		6.80	87.41	5.80	60.00	40.00		
13	沁阳市	1 093.10	70.20	250.80	772.10		20.0	10.2	9.8			99.95		9.90	77.83	12.22	51.0	49.0		
14	温县	3 762.40		650.80	3 111.60		50.0	25.0	25.0					9.30	89.90	0.80				
16	南乐县	1 943.50		259.70	1 683.80									5.40	93.84	0.80	50.00	50.00		
17	桐柏县	2 960.30	107.90	390.00	2 462.40									6.20	90.38	3.44				
18	社旗县	6 915.70	50.00	982.30	5 883.40								0.52	7.20	88.07	4.20				
19	邓州市	2 292.00		625.50	1 666.50									14.30	81.71	4.00				
20	偃师市	920.40		132.80	787.60							99.97		4.40	88.57	7.00				
21	淇县县	1 544.90		356.00	1 188.90									10.00	81.96	8.00				
22	扶沟县	1 665.50	181.60	460.60	1 023.30							100.04		14.70	73.94	11.40				
23	息县	2 081.40		301.80	1 779.60									6.50	88.50	5.00				
24	临颍县	2 121.60		175.10	1 946.50							100.05		5.30	91.75	3.00				
25	召陵区	518.20		120.20	398.00							100.00		10.20	81.70	8.10				
26	源汇区	565.90		105.00	460.90							100.05		5.60	86.35	8.100				
合计		63 807.30	500.20	12 504.30	50 802.80		183.4	107.1	76.3											

附表 2－6－7　代表性受益人（农户、林场）调查表

长葛市	受益人简介	娄水田，男，52 岁，家住长葛市后河镇娄庄村，位于长葛市西北部丘岗区，全家 6 口人，有女劳动力 1 人，男劳动力 3 人，家庭经济条件中等偏上。全家有责任田 0.4 hm^2，夏季以小麦为主，秋季以玉米为主。2007 年承包村里经过土地治理的荒地，参加世行项目种植欧美杨，希望通过项目造林，获得可观的经济效益
	参加项目和经济/非经济受益的情况如何？	2007 年贷款 1 万元，栽植欧美杨 6.7 hm^2，通过加强抚育管理，目前长势良好，平均胸径达到 12 cm。一个轮伐期按 10 年，可生产木材 1 200 m^3，总产值达到 100 万元，年均可收入 10 万元，来自项目的收入占其年均收入的比例达 76% 以上。树木栽植后的前三年，通过以耕代抚，种植小麦、花生、大豆等农作物，每公顷年均可收入6 000元，3 年可收入 12 万元
	对项目有何意见和建议？	项目的实施加快了速生丰产林工程建设的进程，大大增加了林木资源总量，促进了农业产业结构的调整和农民的脱贫致富。同时，借鉴世行管理办法形成的一套工程造林管理经验，对今后造林管理再上新台阶具有十分重要的作用。项目虽已竣工验收，但项目造林要取得预期的综合效益，还要继续加强管理，希望能继续给予资金、技术、管理等方面的支持
罗山县	受益人简介	万文才，男，现年 46 岁。家庭人口 5 人，劳力 2 人。住房面积 200 m^2，2008 年总收入 17 500 元，人均收入 5 500 元。土地总面积 1.33 hm^2，农业用地面积 0.38 hm^2，林业用地面积 1.04 hm^2。2003 年参加项目，造林 4.1 hm^2，树种为板栗。为改善家庭经济收入，2000 年参加项目评估时，主动要求参加项目，并于 2002 年秋冬整地，2003 年春造林 4.1 hm^2。2004 年嫁接后，2005 年开始挂果，当年产板栗 305 kg，产值 1 068 元
	参加项目和经济/非经济受益的情况如何？	2003 年在万河村土门后山营造经济林板栗 0.27 hm^2，总投资 53 370 元，其中世行贷款 26 685 元，自筹资金 13 343 元。2005 年挂果，当年收入1 068元，2006 年收入 2 000 元，2007 年达到 3 900 元，2008 年由于雨雪冰冻灾害，几乎绝收，截至目前从项目中收入 1.2 万元。估计到 2012 年，板栗可达到盛产期，每公顷产量将达到 3 000 kg，按每千克 3.5 元计，每公顷可收入 10 500 元，4.1 hm^2 可收入 4.3 万元，扣除各项开支，纯收入可达 3 万元，前景可观。每年项目增收在 3 000 元左右，年增长率 10%。预计到 2025 年，项目收入的比例占到家庭总收入的 28% 左右。主要有在家短期务工收入每年 4 000 ~ 5 000元，家庭养殖收入 3 000 元左右，农业收入 6 000 元，其他收入 1 000 元
	对项目有何意见和建议？	项目带动了地方经济发展，增加了群众务工收入，感觉项目有发展后劲。建议延长贷款宽限期，等项目林达到盛产期后再开始还贷，农户压力会小一些；适当地降低利率，让利于民，让农户真正受到实惠

续附表 2－6－7

平桥区	受益人简介	胡店乡龙岗村农民戚永祥，1998 年注册成立“信阳市永翔林果有限公司”，先后投资 220 万元，共开发山、林、水面积 30 hm^2，其中以石榴为主的生态型经济林 4.7 hm^2、苗圃 1.67 hm^2、防护林 5.3 hm^2、水面 8 hm^2，取得了很好的经济效益和社会效益。2002 年，他想进一步开发荒山，扩大庄园规模，参加了世行项目
	参加项目和经济/非经济受益的情况如何?	2003 年，他申报了 47.1 hm^2 石榴，得到世行项目贷款 150 230 元。为使果园管理精细化、科学化，他聘请了区林果专家及乡中学一名教师作为常年技术顾问，对果树实行挂卡建档管理。石榴开始挂果后，当年纯收入达到 11 万元，这更坚定了他发展林果业的信心和决心。目前，他的果园年总收入达到了 550 万元，实现利税 470 万元以上
		为全身心地投入到果园开发上来，他辞去了乡建筑公司经理职务，又先后买断了本村 24.67 hm^2 坡耕地的经营权，投资近 70 万元用于新园配套建设，整修了 4 口大塘，建成了种苗基地、精品园基地、实验园基地和一个农家餐厅，走生态型经济林立体综合开发之路
	对项目有何意见和建议?	世行贷款不但带来了资金，而且还带来了先进的管理技术
		项目实施手续繁杂
平舆县	受益人简介	李建国，平舆县西洋店镇后岗村人。西洋店镇位于平舆县东南部，汝河穿境而过。该镇地势低洼，易遭受涝灾，农作物每年都不同程度地受灾，每公顷平均产量不足其他乡镇的 40%，严重影响了农民群众的经济收入，农民群众种粮的积极性也不是很高。2003 年，该县林业世行项目的实施，使该乡的农民看到了希望：种树比种粮强，它受旱涝灾害的影响不大，又比种粮的劳动强度小，收益也比种粮高。于是他们纷纷递交申请，愿意参与世行项目造林
	参加项目和经济/非经济受益的情况如何?	李建国 2003 年在后岗村承包土地 10 hm^2，利用世行贷款种植速生丰产林杨树，按照项目规划，他获得了 4 万元贷款。2008 年底，林木经过 5 年的生长，他对已经郁闭的林地进行了抚育间伐，共间伐 4 500 株，每株售价 30 元，共计收入 13.5 万元。再加上每年间作套种一些花生等林业作物，每年又收入 1 万多元。平均计算，每年可增加收入 3.9 万元，除去成本，平均每年也可净赚 1 万多元。李建国全家 5 口人，平均每个人纯收入增加了 2 000 多元。与 2002 年人均纯收入 1 725 元相比，纯收入比原来增加了 1 倍多
		通过林业世行贷款项目的实施，示范带动周边农户在低洼易涝地营造用材林 130 多公顷，既保护了环境，取得了良好的生态效益，又推动了乡镇林业经济的发展。李建国本人被评为植树造林先进个人，受到了广大群众的称赞
	对项目有何意见和建议?	林业持续发展项目在平舆县的实施，提高了平舆县的森林覆盖率，起到了很好的生态、社会、经济效益。同时通过项目的实施使全县的项目管理水平、营造林技术水平、农民群众对林业的认知水平等都得到了很大的提高。项目转贷手续有些繁杂，各级手续周转的时间较长。项目的管理、实施、技术等方面的培训少

续附表 2-6-7

淇县	受益人简介	赵泽平，男，西岗乡马湾村人，全家5口人，劳力3人，平时生活经济来源主要是种地和出外打工，经济生活水平一般，人均收入4 500元。2007年在项目政策宣传、项目条件以及林业市场的引导和影响下，承包村东河滩地2.3 hm^2，发展项目用材林（杨树），期望经营项目林增加家庭收
	参加项目和经济/非经济受益的情况如何？	项目商品林，面积2.3 hm^2，贷款0.5万元，林分生长良好，各项指标均达到一类林标准，前景预期可观。预估到2015年，可产木材460多 m^3，每立方米700元，收入32.2万元，减去贷款及每年的抚育投入2.5万元，净利润达29.7万元，年收入净增3.72万元，占现在年收入的166%
	对项目有何意见和建议？	林业持续发展项目很受项目农户的欢迎，既绿化了环境，又增加了农民的收入，农民在经营项目林的同时也提高了林业管理技术。但林业项目投资长，后续管理还需要经济支持，建议上级给予适当扶持
沁阳市	受益人简介	宋全计，男，现年53岁，家住沁阳市西万镇西万村，全家5口人。2000年承包村里200 hm^2 荒山，致力于荒山绿化。他所承包的荒山地处太行山南端与平原的交接地带，大部分地段自然条件恶劣，干旱贫瘠，生产条件落后，本人前几年办企业积累了一部分资金，2000年得到林业持续发展项目宣传后，积极申请参加林业持续发展项目，希望得到项目支持，通过项目建设，取得一定的经济效益
	参加项目和经济/非经济受益的情况如何？	宋全计于2003年参加了林业持续发展项目，建设内容为人工造林，2003年至2005年共完成项目造林30 hm^2，累计贷款金额10万元。目前已完成沁阳市九凤山生态林业园区建设，20 hm^2 大枣园区、5 hm^2 梨树园区以及5 hm^2 桃杏李园区均已进入盛果期，每年经济收入5万元以上。到目前为止，已经从林业持续发展项目建设中获取经济收入15万元。从市场形势来看，项目收入的前景比较乐观。总体估算，项目区每年可增收5万元以上，项目林收入占整个园区收入的50%左右
		项目建设为沁阳市九凤山林业生态园区注入了活力，目前园区已具备一定规模，形成集林业生产、休闲观光、垂钓、餐饮等为一体的林业生态园区。每年果实成熟的季节，园区举办“红枣节”等开园售果活动，游客在观光的同时，可品尝新鲜水果；园内有鱼池、餐厅供游客垂钓、餐饮，每年可取得5万元左右的收益
	对项目有何意见和建议？	自从林业持续发展项目实施以来，沁阳市九凤山林业生态园区取得了长足的发展，生态效益、经济效益和社会效益比起项目实施以前发生了很大的变化，生态环境改善了，经济效益提高了，同时每年吸纳了50余名农村剩余劳动力就业。因此，认为林业持续发展项目是一项利国利民工程
		从整个市场形势来看，林业产业仍属弱势产业，投资时间长，经济效益低，但生态效益和社会效益属于全社会共享，与经济效益相比其价值更大。因此，国家对林业的投资政策应更加优惠，建议国家降低或补贴贷款利息，延长贷款期限，让投资者获得更多的经济效益

续附表 2-6-7

鄄城县	受益人简介	刘振宇，商桥镇前甄村村民，家有5口人，其中劳动力2人，责任田0.4 hm^2，1997年在村后责任田内栽植葡萄0.13 hm^2。自葡萄挂果后，每年能收入5 000元左右。通过区林业局对世行贷款造林项目的宣传，知道能用贷款造林，便于2003年底参与了项目建设
	参加项目和经济/非经济受益的情况如何？	2003年底，依托世行贷款项目，刘振宇承包了土地，又在村南栽植了4.0 hm^2 葡萄，总投资8.66万元，贷款金额3.8万元。自2005年葡萄挂果后，产量18.6万kg，按均价1.7元/kg，收入31.62万元。除去投入的资金，净收入13余万元。通过几年来的辛勤努力，他也成了远近闻名的有钱户
	对项目有何意见和建议？	世行贷款项目是国家实施惠农政策的又一体现。由于造林几年后才能见效益，因此农户不愿投资。自实施了世行贷款项目，解决了造林投资期长，缓解了造林农户资金短缺的问题
		虽然近几年葡萄已经有了经济效益，但由于2008年冰雪灾害的影响，项目林大面积受灾，葡萄树木保存率下降，产量偏低。建议上级相关部门能相应地减免一定的债务
源汇区	受益人简介	张东方，问十乡问十村人，2003年参加此项目，当时农业结构比较简单，农民收入来源少，靠种地为主，长期以来收入低，生活得不到改善，虽有发展经济林的愿望，但由于缺乏资金，一直未能实现。项目建设为该农户的产业结构调整提供了资金，带来了契机
	参加项目和经济/非经济受益的情况如何？	该农户于2003年营造了6.65 hm^2 桃树，贷款金额为23 496.23元，目前树龄已有6年。该桃树第2年挂果，当年平均产量约为6 300 kg/hm^2，第3年平均产量约为18 900 kg/hm^2，第4年平均产量约为31 500 kg/hm^2，第5年平均产量约为35 280 kg/hm^2，第6年平均产量约为37 800 kg/hm^2。减去树苗、整地、抚育、农药、化肥等费用约16万元，已获得收入约240万元，每年收入约40万元。参加此项目前该农户每年种地收入约为2万元，项目收入约占总收入的96%
		对发展优质高效农业、推进农业生产具有重要的战略意义，使林农走上了高投入、高产出、高回报的科技致富之路，同时也培养了一批林果技术“土专家”，使其得到了一技之长，减少了外出打工和留守儿童的发生概率，为农村社会稳定作出了贡献
	对项目有何意见和建议？	林业持续发展项目是一项利国利民的建设项目，它能优化森林生态系统，减少水土流失，保持土壤肥力和人工林生物多样性，促进水、肥、气等农业生产生态要素和区域农业生态系统的改善，改善农田小气候，减少自然灾害，在一定程度上促进农业增产增收
		1. 能否使贷款利率更优惠一些；2. 能否使贷款手续更简化一些；3. 能否使贷款方式更灵活一些；4. 能否在主伐受益时还款或者一次性把贷款还完

续附表 2－6－7

社旗县	受益人简介	朱集镇前张村张留群，家有 4 口人，耕地 0.55 hm^2，劳动力 2 个，有农用拖拉机一部。项目造林地块位于西岗。2000 在项目评估选择造林农户时，他积极申报，被选择为 2003 年项目参加农户。由于家庭收入较低，两个孩子上学，花费开支较大，传统的种植模式不能增加收入，因而急需调整种植结构，期望增加收入
	参加项目和经济/非经济受益的情况如何？	该农户造林树种为优良经济林品种黄金梨，面积 0.2 hm^2。2003 年至 2005 年共贷款 1 100 元，黄金梨树苗由镇政府提供。2006 年开始挂果，2009 年进入盛果期。每公顷产量 11 250 kg。由于果实套袋，品质较高，每公顷净收入可达22 500元，所有果实都由乡政府林果业公司全部收购，2008 年优质果被选定为北京奥运会特供梨品。该农户 0.2 hm^2 梨年收入可达 4 600元以上，估计次年以后每年收入可稳定在 5 000元以上。剩余耕地 0.34 hm^2，年均收入 2 000 元。其他畜牧养殖业年均 2 200 元
	对项目有何意见和建议？	还贷时间更长一些
扶沟县	受益人简介	扶沟县包屯镇谭岗村谭五德等 5 户，总人口 28 人，劳动力 15 人，其中妇女劳动力 7 人。2004 年承包村林场 23.9 hm^2 刺槐采伐迹地，当年种植农作物，因土地沙化，产量低而不稳，入不敷出。2005 年申请加入世行贷款林业持续发展项目，营造杨树速生丰产林，实现了生态、经济双赢
	参加项目和经济/非经济受益的情况如何？	2005 年 8 月，扶沟县启动世行贷款林业持续发展项目，他们踊跃参加，及时向林业局递交了参与世行贷款林业持续发展项目的申请。2006 年春季，他们利用世行贷款 4.3 万元，在承包土地上进行了井泉配套，并按照林业技术人员要求，选择中林46 杨和107 杨作为主栽品种，对造林地进行穴状整地，尽量减少发生水土流失的可能。由于品种选择正确，施工设计合理，抚育措施得当，造林前 3 年，他们又在林间隙地种植小麦、花生等农作物，土壤植被得到迅速恢复，彻底锁住了风沙，现林分已郁闭成林，平均胸径 12.8 cm，平均树高 13.3 m，总收入达 120 万元，取得了生态、经济双赢的佳绩
		由于他们严格按照世行要求施工，造林地进行穴状整地，尽量减少发生水土流失的可能，彻底治愈了风沙危害，因而生态环境得到显著改善
	对项目有何意见和建议？	世行贷款项目管理规范，项目管理办公室工作人员服务尽职尽责，科技人员指导及时，使我们真正体会到了世行项目的先进性、可行性
		由于世行贷款利息较高，希望能把利息降低一些

续附表 2－6－7

商水县	受益人简介	1. 朱伟，商水县练集镇朱集行政村支书，典型平原农区，家庭人口5人，劳力3人，承包土地0.67 hm^2，中等生活水平，2004年参加世行贷款项目造林，发展种植美人指葡萄，搞集约经营，以点带面，示范带动村民大力发展葡萄种植，期望经过实施项目，使全村人均年收入达到5 000元 2. 段愉快，商水县张明乡王岗行政村农民，典型平原农区，家庭人口5人，劳力3人，承包土地2 hm^2，中等生活水平，2004年参加世行贷款项目造林，搞精品果园建设，种植金季红梨及林下经济；期望经过实施项目，使家庭人均年收入达到4 500元
	参加项目和经济/非经济受益的情况如何？	段愉快，资金贷款190 500元，建起梨园，同时搞林下经济，在果树下养鸡。经过几年精心管理，已取得可观的效益，目前已经从项目上得到10万元的经济收入。家庭人均年收入达到5 000元，比2002年人均收入提高了3个百分点；项目收入前景比较乐观，估计每年增收1万元，项目收入占总收入的92%
		朱集行政村经过几年项目实施，取得了较好的经济效益和社会效益，不仅增加了农民收入，美化了环境，而且带动了集体经济的发展壮大；农民富了，村里社会治安明显好转，由于集体经济的发展壮大，村里成立了农民入股参与的服务公司——练集美人指葡萄农民专业合作社，以小三农服务大三农，农忙时节，帮助家庭劳力少的农户，抢收抢种，解决家庭无劳力人员的后顾之忧。目前，此经验在全省进行推广，取得了很好的社会效益
	对项目有何意见和建议？	通过实施项目造林，改善了生态环境，增加了林木覆盖率，改善了农业生产条件，提高了农作物产量，增加了农民经济收入，带动了全县林业第三产业的发展
		林业作为公益事业和弱势产业，国家应加大对造林单位和农户的扶持力度，多投入资金进行直补，体现国家惠农政策和对林业可持续发展的支持。建议在今后项目造林中，多造混交林，避免单一树种造林，防止大面积发生病虫害
襄城县	受益人简介	襄城县麦岭镇扁担李村，距县城东14 km，镇政府驻地5 km，位于茨（沟）逍（遥）公路南侧。全村450户，1 800人，有劳动力900人，170 hm^2 耕地，人均耕地0.09 hm^2。该村地势洼平，居住松散，民舍多砖木结构瓦房。全村以农为主，养殖业为副。2002年人均收入2 300元，其中农业人均纯收入500元，占农民人均纯收入的22%。2000年世行贷款项目进行社区林业评估时，该村村支书李关照代表全村人表达了强烈的意愿：希望通过项目资金，利用剩余劳动力规模种植经济林，增加农民收入

续附表 2－6－7

襄城县	参加项目和经济/非经济受益的情况如何？	2003 年项目启动后，该村以村支书李关照为首，成立了农户联合体，农户 110 户，种植桃树 10 hm^2、杨树 11.6 hm^2。2005 年桃树开始挂果，每公顷产量在 1 500 kg左右，按 1.6 元/kg 计，每公顷产效益 2 400 元左右，扣除采收成本 600 元，每公顷产纯收入 1 800 元左右；2006 年桃树产量每公顷 3 750 kg 左右，每公顷效益达 6 000 元，扣除采收成本 1 500 元，每公顷产纯收入 4 500 元左右；2008 年、2009 年桃树进入盛果期，每公顷产量 15 000 kg 左右，市场价 2.5 元/kg，每公顷效益达 75 000 元，扣除采收成本 1 200 元，每公顷纯收入 6 300 元左右。桃树造林投资成本 562 元，投资 7 年后扣除成本每公顷收入可达 12 075 元，第 8 年后农户每年每公顷可平均收获31 500元左右
		主要为农药的安全使用方面。用果农的话说就是：以往果树生病了生虫了，只知道打农药，什么药治打什么药，经过世行贷款项目技术人员的指导，知道什么时候该打什么农药，什么药在什么时候不能打，什么药使用对人畜都好。农户说，以前是不知道，现在知道了，有毒的农药那是一定不能使了，果子是卖的，也是吃的，不能为了挣钱坑害别人，另外也污染环境，所以打药还得听技术人员的
	对项目有何意见和建议？	村支书李关照说：项目是站在农户的立场上的，目的是叫老百姓发展林业，改变生态环境，用农村的一句老话说就是："不见兔子不撒鹰"。形象地概括了林业持续发展项目严格的管理模式，诚实的工作态度。另外，农户对项目遵从老百姓的意愿，想种什么就种什么，不像过去一刀切的做法表达了强烈的感激意愿
		建议贷款资金多发放点，村民们想在营销方面多投入资金，让襄县的果品也能走进大城市，走进大超市
开封县	受益人简介	关小六：家住朱仙镇仰韶村，有 4 口人，2005 年参加林业世行贷款项目，种植梨树，期望以后多发展此类项目，以加快林业发展 杨振鹏：家住范村乡杨楼村，家有 5 口人，2003 年参加林业持续发展项目，种植杨树，由于杨树栽植密度要求过大，树长势不好，期望用材林密度减少 蒋玉林：家住兴隆乡白楼村，有 4 口人，为调整农村种植结构，2004 年参加林业持续发展项目，种植苹果，期望以后加大对经济林的扶持力度
	参加项目和经济/非经济受益的情况如何？	他们分别种植了梨树 2.5 亩、杨树 5 亩和苹果 2 亩，贷款数量分别为：666.5 元、528.5 元、1 316 元。与 2002 年以前参加项目时相比，从项目直接得到的收入分别为 3 600 元、16 800 元、4 500 元。经济林收入相对比较稳定，杨树价格较以往有所下降。估计每年纯收入增收 200 元，占总收入的 40%
		新修了许多道路，改善了农民的出行条件。改善了居住环境，优化了农林产业结构调整

续附表 2-6-7

开封县	对项目有何意见和建议？	项目的实施大力发展了经济林，调整农林种植结构，由原来的单纯种粮发展到种粮和种树相结合，提高了单位面积的产出和经济效益，增加了农民收入
		杨树要求密度过大，长势不好，希望缩小杨树的密度。由于木材价格的下降，化肥和农药价格的上涨，投入较大，产生的经济效益较低，因此希望降低贷款利率，延长贷款期限
桐柏县	受益人简介	淮源镇陈庄村满堂河组胡本国，现年 56 岁，3 口人，以农业和林业生产为主，承包该组河滩组地 14 hm^2，于 2004 年利用世行贷款项目资金栽植杨树 11 340棵，并于 2004～2006 年间在林间套种药材（夏枯草），以耕代抚，以短养长，现在效益可观
	参加项目和经济/非经济受益的情况如何？	胡本国于 2004 年利用世行贷款承包河滩地 14 hm^2，栽植杨树 11 340 棵，2004～2006 年在林间套种中药材（夏枯草），每年每公顷产量 1 800 kg，每千克市场价 5 元，年获益 12.6 万元，3 年累计药材收入达 37.8 万元。目前，他栽种的速生杨树由于投资到位，施肥合理和管理科学，平均胸径已达 12 cm 以上，预计 3 年后总效益可达 40 万元。带动了全村农民发展林业的积极性，增加了农村剩余劳动力的就业机会，提高了林业经营管理水平，改善了村庄周围的生态环境，美化了农村的生活环境
	对项目有何意见和建议？	增加森林覆盖率，促进了工农业发展，保持了水利设施，带动了木材、药品、果品、编织等林产品加工业和运输业的发展
		贷款利率有点高，还贷的时间和方式应灵活一些，能否在主伐收益时开始还贷或者贷款户有资金时将资金一次性全部还上
偃师市	受益人简介	高龙章，顾县镇顾县村第三十三村民组人，2002 年在白云岭上承包耕地 11 hm^2，种植粮食作物，虽然管理较好，但除去所雇工人工资，所剩无几；核桃种植管理方便，投工少，收益高，2005 年参加世行项目，期望通过项目贷款发展核桃种植，增加经济收入
	参加项目和经济/非经济受益的情况如何？	顾县村高龙章 2005 年申报世行项目，利用项目贷款 13.2 万元，种植优质核桃 11 hm^2。今年核桃产量已达 1 万 kg，按每公斤售价 16 元计算，销售收入 16 万元，预计明年将收入 50 万元左右。目前高龙章已经从项目中得到收入 40 余万元，项目收入已经占总收入的 85% 以上，估计每年增收 10 万元左右
		参加项目后，前两年核桃树苗小，地里没有收入，高龙章就在地里间作一些豆类作物，搞林下养殖鸡、鸭，每年收入 2 万多元

续附表 2－6－7

偃师市	对项目有何意见和建议？	林业生产周期长，需经过较长时间才能见到效益；林业发展项目贷款时间长，还贷期相对较长，符合林业生产的需求，对林业发展很有必要
		世行贷款年利率为6%，就已经不低了，如果再加上启动费、承诺费，则项目贷款的年利率就显得更高了。希望将贷款利率降低一些
邓州市	受益人简介	刘德生，白牛乡盛营村人，2003 年计划引进种植中华寿桃，希望得到项目支持而申请参加项目。项目区位于白牛乡东北 1.5 km，S231 线东侧，黄棕壤土，排灌、交通条件较好。现有固定生产人员 5 人，年临时雇工 8 人。期望通过项目运行致富
	参加项目和经济/非经济受益的情况如何？	参加项目的内容为经济林，品种为中华寿桃，规模 23.1 hm^2，贷款金额 6.8 万元，项目造林 2006 年后逐渐形成产量，到目前为止年平均产量达到15 t/hm^2，产值 6 万元/hm^2，已经从项目产生得到 60 万元收入。就目前市场和管理经营状况分析，最近 5 年内项目收入前景良好，预计每年增收在 10 万元以上。项目收入为其主要收入，占总收入 80%
		利用果园空隙地培育优良桃苗，年可出圃合格苗 2.3 万株，收益在 5 万元左右
	对项目有何意见和建议？	“林业持续发展项目”的实施，解决了项目建设的主要资金来源，对项目成功起到了关键作用；同时示范带动周边发展中华寿桃种植，成为当地农民增收的主要途径之一
		项目贷款标准相对于总投资较低，对项目发展作用有限；宽限期较短，不利于项目的后续发展

第三部分　各类管理办法、规定

林业持续发展项目人工林营造部分的实施规定

财政部　国家林业局财际函［2002］72号

（2002年11月8日）

为执行2002年7月2日中华人民共和国与国际复兴开发银行（以下简称“世行”）签订的“林业持续发展项目贷款协定”（以下简称“贷款协定”）和财政部与各项目省签订的“林业持续发展项目转贷协议”（以下简称“转贷协议”），保证项目的顺利执行，特作如下规定：

一、在国家林业局的组织管理和协调下，各项目省人民政府应按照“贷款协定”、“转贷协议”和本规定的要求，责成林业厅（局）全面负责组织各自的分项目的具体实施；各项目省财政厅作为项目省人民政府的债权债务代表，应切实加强对项目贷款使用的管理和监督，负责世行贷款的再转贷、报账与回收，并按规定向财政部还本付息。

二、项目省应根据项目的总体安排和本省承贷的世行资金额度（详见附表1），负责完成本规定附表2所确定的各项实施任务，发展林业、改善生态环境和实现林业持续发展的目的。

在项目实施过程中，需要调整项目内容的（如增加或减少造林规模和调整项目县等），必须事先征得财政部和国家林业局的批准。

三、项目省各级人民政府应建立世行贷款林业项目领导小组，领导、协调本项目的实施工作；并在林业部门内成立世行贷款项目办公室，具体组织项目的实施。项目省人民政府应督促有关部门为各级项目办配备必要的、称职的工作人员，以保证有效地履行实施项目的各项职能。

各级项目办应根据国家林业局批准的省可行性研究报告和国家林业局授权林业厅（局）批准的县级造林总体设计，按照财政部、国家林业局分别制定的项目财务管理办法和提款报账办法，项目各树种造林模型、种植材料开发计划、环境保护规程、监测与评价计划、推广与培训计划、少数民族发展计划、移民框架等规定组织实施项目，建立和完善项目的各项支持体系，勤奋、高效地实施好本省的分项目。

四、项目省人民政府应通过省财政厅将财政部转贷的世行贷款逐级向下转贷。在“贷款协定”生效后的两个月内，各项目省应签订省逐级向下转贷的转贷协议，明确债权债务关系。

项目省应按照财政部有关规定建立项目还贷准备金，为防范债务风险，各省财政厅应加强项目贷款资金回收的管理。

五、项目省应负责筹集并如期落实占项目总投资 50% 的配套资金。配套资金还应包括用于支付世行贷款项目建设期息费的资金部分。省、地、县和生产单位各级配套资金的比例由各省自行确定（一般省级不得低于 15%，地县两级为 10%），但生产单位的劳务折抵不得超过 25%。当年配套资金总额的 60% 要在本年度的第一季度内到位。

六、本项目的资金使用，要单独设账记账、单独核算，并按照《财政部关于印发〈世界银行贷款项目财务报告暂行规定〉的通知》（财世字［1997］6 号）及《财政部关于印发〈世界银行贷款项目会计核算办法〉的通知》（财际字［2000］13 号）的要求以及本项目财会管理的具体实施细则进行财务、资金管理和会计核算，编制半年和年度财务报表，逐级汇总上报。

项目执行单位要按照健全的会计惯例，保存足以反映实施本项目各个部分的有关业务、资金筹集和开支情况的各种记录、账目和凭证（合同、订单、发票、收据、记账凭证等），以备世行、财政部国际司、国家林业局世行贷款项目管理中心（以下简称“世行中心”）和审计部门随时检查。

七、各项目省向财政部提款报账，应按照财政部颁发的本项目专用账户及提款报账管理办法的规定严格执行。

八、为满足项目管理的需要，该项目将根据财政部财世字［1998］90 号文件规定，收取总额不超过项目世行贷款 1.4% 的项目管理费，用于本项目实施的监督与管理。其中，中央一级的项目管理费，由项目省人民政府责成林业厅（局）按本省当年计划使用的世行贷款金额的 0.42% 用人民币向财政部指定的账户缴纳；国家林业局世行中心将按国家规定的预算外资金管理办法申请和使用管理费。

为确保项目技术推广、培训和监测评价计划的实施，各项目省除分担世行特定从贷款中安排的用于整个项目的技术推广、培训和监测评价的资金债务外，还应从配套资金中提取用于本省项目的技术推广、培训和管理监测资金，这部分资金由省、县两级项目办公室管理和使用。有关提取上述专项费用的金额详见附表 4。

九、由国家林业局负责统一实施的货物采购、国外考察培训和技术咨询等，发生的有关费用由国家林业局进行债务分割。凡直接用于各项目省的费用，由各项目省自行负担债务；对一些必须由国家林业局执行的公共费用，经商项目省同意，由国家林业局世行中心按各省使用世行贷款额度所占比例分摊。采购物资所必需支付的手续费、关税、港口费和国内运杂费等，应列入项目费用开支，由物资使用单位负担。

本项目使用世行贷款进行的工程建设、货物采购和咨询服务，必须执行世行的有关规定。项目中农药的采购、储运和使用，应按世行农药使用指南的规定办理。采购农药的资金从配套资金中解决，各级世行贷款项目办公室应负责监督项目单位正确地安装、使用和维修项目采购的各种设备。

十、各项目省人民政府可根据需要，按“转贷协议”和本规定的要求，制定本省的项目实施细则，保证在项目实施过程中严格遵守本项目的各项条件和条款。

项目省林业厅（局）应在2002年11月30日以前，完成县级造林总体设计，并在今后严格按此设计开展造林活动。

十一、各项目省人民政府应责成财政厅、林业厅（局）按与财政部签订的“转贷协议”和下述要求分别向财政部和国家林业局世行中心报送各项工作计划和总结报告，并完成有关的调查工作：(1) 在每年的11月30日以前，报送下一年度的项目投资和生产计划、种植材料开发和苗圃管理工作计划、推广和培训计划；(2) 每年的2月1日和8月1日以前，编制并提供半年度项目实施报告，并将前一阶段项目监测评价的结果写入本实施报告；(3) 每年的11月30日前，报送本年度种植材料开发和苗圃管理评价报告；(4) 2005年3月30日以前提交项目中期检查和评价报告，其内容包括项目前一阶段的实施情况和监测评价结果，以及保证今后项目有效实施的措施；(5) 在2002年11月31日前，编制并每年更新项目营造的各经济林的产品的路边价，以监测价格的涨跌情况；(6) 各项目省保证拟申请使用营销基础设施子贷款的县一级项目办，于2006年6月30日前，按世行接受的工作大纲，就项目经济林产品销售情况和具体的营销安排进行调查，并于2006年8月31日前，提交调查报告。

十二、项目省人民政府应负责督促省财政厅、林业厅（局）及参加项目的地、县和生产单位，以应有的勤奋和效率，严格执行项目的有关营林、财务和环保等规程，开展项目的各项活动，并根据需要及时提供该项目所需的资金、设施、服务等，严格履行我国与世行签订的“贷款协定”，以及财政部与各省人民政府签署的“转贷协议”。

十三、项目省如未能履行“贷款协定”、“转贷协议”和本规定的有关条款和条件，经财政部和国家林业局商定，可以停止该省或其部分县的项目实施或报账申请，直至问题得到全部解决为止。

十四、本规定自印发之日起执行。

十五、本规定的解释权归财政部和国家林业局。

（附表略）

财政部与河南省人民政府关于利用世界银行贷款“林业持续发展项目”的转贷协议

（4659 – HENAN）

为执行 2002 年 7 月 2 日中华人民共和国与国际复兴开发银行（以下称“世行”）签订的“林业持续发展项目”的《贷款协定》（贷款号 4659 – CHA；以下称《协定》），财政部（以下称债权人）与河南省人民政府（以下称债务人）协议如下：

一、根据本项目《可行性研究报告》和《协定》确定的方案及本协议的条款和条件，债权人同意将世行提供的贰仟零贰拾万美元（USD20 200 000）的贷款转贷给债务人，用于本项目中河南省所应实施的部分。

二、本贷款的转贷条件为：

1. 贷款的期限为 16 年，包括 7 年宽限期。

2. 对尚未提取的贷款本金，债务人应按 0.75% 的年率，每年分两次向债权人交付承诺费。承诺费自《协定》签字后 60 天开始计起。

3. 本贷款为美元浮动利差贷款（VSL）。对已提取但尚未偿还的贷款本金，债务人应按世行在《协定》中对债权人要求的贷款利率，每年分两次向债权人交付利息。

4. 债务人应通过债权人向世行支付一笔相当于转贷款总额 1% 的先征费。该笔费用应在生效日或生效日之后，由世行代表债权人从贷款账户中提取，支付给世行。

5. 贷款宽限期满后，即从 2009 年 11 月 15 日起至 2018 年 5 月 15 日，债务人应根据本转贷协议附件 2 “分期偿还时间表”的规定，并根据财政部国际司具体付款通知的要求，每年分两次向债权人偿还贷款本金。

6. 还本付息/费日为每年的 11 月 15 日和 5 月 15 日。

7. 贷款的还本付息/费按美元计算，以美元交付。

8. 债务人应优先偿还本项目的贷款本金及息/费。债务人应就迟付的贷款本金和息/费按 1‰的日率向债权人交付滞纳金。滞纳金按美元计算，以人民币交付，以债权人开出的滞纳金通知单为准。债权人可通过财政预算扣收债务人拖欠本项目的贷款本金、息/费及相应的滞纳金。

9. 债务人应承担本贷款所有的汇率及利率风险。

10. 如果世行对本项目的还款安排进行调整，债权人将对上述转贷安排作出相应调整。

三、债务人的财政厅为其债务代表人，负责办理转贷、还本付息/费以及提款报账等手续。

四、本项目的专用账户由债权人负责开设和管理，债务代表人负责向债权人提款报账。债务代表人授权的代表为本项目的提款签字人。

五、债务人应根据国家计委批准的可行性研究报告以及本项目的《协定》实施本项目。

1. 债务人应做好项目投资概算的估算和贷款的分配。

2. 债务人应负责落实本项目所需的配套资金。在本项目实施期间，如因物价或汇率变动而造成配套资金不足时，债务人应采取相应的措施，以保证原定项目目标的完成。

3. 除《协定》规定可以由本贷款支付的费用外，其他一切与本项目有关的费用均应由配套资金支付。

4. 任何由贷款支付的支出、贷款的提取、财务与审计报告的编制均应按照世行相应的规定或指南和债权人的有关规定进行。

5. 因债务人失误所造成的任何损失，由债务人自行承担。

六、债权人可随时检查本项目的执行情况、贷款的使用情况。当债务人违背《协定》和本协议时，债权人可以采取一切措施，包括部分或全部中止债务人对贷款的使用，以保证问题的及时解决和项目的正常执行。

七、债务人应按世行的要求及时向世行提供《项目进度报告》、《项目年度审计报告》和有关财务报表以及其他有关材料，并同时抄送债权人。

八、债务人对本项目建设方案作出的任何调整应在获得国内主管部门的批准后方能正式提交世行，并抄报债权人。对《协定》的修改应通过债权人进行。项目实施后期结余的贷款资金由债务人编制余款使用方案，汇总后报债权人，并经债权人商世行批准后方可使用。

九、本项目下各主要机构以及其他与项目实施有密切关系的单位和部门若更名、撤销或停止业务活动，债务人应及时通知债权人并及时办理债权、债务和项目执行安排等有关手续。

十、贷款的提款截止日为2009年8月31日。如需延长，债务人应在截止日前6个月通知债权人，并通过债权人提请世行批准。

十一、债务人对贷款资金类别进行的任何调整应通过债权人提请世行批准，并且在得到债权人的正式批准调整通知后，债务人才可以按照调整后的类别使用资金。

十二、本协议自双方签字之日起生效，至债务人还清全部贷款债务时终止。

十三、本协议执行期间，协议双方可通过“转贷协议修改书”对协议进行修改。

本协议由协议双方签署盖章，并经有关部门签署，以昭信守。

财政部
二〇〇二年十一月七日

河南省人民政府
二〇〇二年八月三日

河南省财政厅
二〇〇二年八月三日

（附表略）

国家林业局关于世界银行贷款“林业持续发展项目”人工林营造部分省级分项目可行性研究报告的批复

（林计批字［2003］97 号　2003 年 3 月 10 日）

河北、山西、辽宁、安徽、山东、河南、湖北、湖南、海南、四川、甘肃省林业厅（局）：

你厅（局）报送的世界银行贷款林业持续发展项目分省可行性研究报告收悉。根据国家计委对林业持续发展项目可行性研究报告的批复精神（计农经［2002］1096 号），现对该项目分省可行性研究报告批复如下：

一、同意使用世界银行贷款进行林业持续发展项目人工林营造部分的建设。项目布局及投资规模见附件 1、2。

二、项目实施期间，如因汇率变化等原因致使世界银行贷款有节余时，请你厅（局）在我局限定时间内另行编制余额使用方案，报送我局审批。

三、严格按照附件 3 所列项目造林面积和造林树种实施，若有变更，须报我局审批；同时，请你厅（局）严格监督，避免与其他内外资林业项目重复。

四、项目所需采购的物资设备采取政府选购，由我局世界银行贷款项目管理中心统一组织办理，具体数量见附件 4。经批准购置的车辆和有关设备等，因客观条件最终不能使用信贷资金采购时，可用国内配套资金购买。控购指标请向你省主管部门申请。项目所需物资要加强管理，不得挪用或倒卖。

五、加强资金管理，严格执行财政部和国家林业局制定的林业持续发展项目人工林营造部分的《提款报账办法》。资金实行专款专用，严禁任何单位或个人挪用。各省应负责筹集足额的配套资金，并保证及时到位，确保项目顺利进行。

六、项目实施要严格按照林业持续发展项目《贷款协定》、《项目评估报告》、《实施规定》、《社区林业评估工作手册》、《造林施工设计方法》、《造林模型》、《中幼林抚育间伐管理办法》、《中幼林抚育间伐模型》、《种植材料开发计划》、《培训和推广计划》、《监测方法》、《环境保护规程》、《病虫害防治管理计划》、《物资设备采购管理计划》、《造林检查验收办法》和《项目财务管理办法》的规定进行，以达到项目的预期效益目标。

七、项目建设时间从 2003 年至 2008 年，共 6 年，包括造林后两年抚育。

八、请按照批准的可行性研究报告，由你厅（局）抓紧对各项目县的造林总体设计进行审批，并报我局世界银行贷款项目管理中心备案。

（附件略）

林业持续发展项目环境保护规程

（国家林业局世界银行项目管理中心
2001 年 4 月 10 日）

一、概述

本规程的目的是从以往的人工林项目（即“国家造林项目”、“森林资源发展和保护项目”和“贫困地区林业发展项目”）中汲取经验，保证“林业持续发展项目”（SFDP）下的人工林可达到最高的生产力水平和经济效益；同时将项目造林可能对当地社区和自然环境造成的负面影响减至最小。本指南是根据下列法律文件制定的：

●中华人民共和国的法律和法规，具体是：环境保护法、森林法、森林病虫害防治条例、植物检疫条例、森林防火条例和水土保持条例；

●世界银行业务方针，具体是：“业务方针 4.04 自然栖息地”、“业务方针 4.09 病虫害管理”、“业务方针 4.36 林业”、“业务方针 4.11 文化遗产”和“业务方针 4.20 当地居民”。

本规程共由 8 个部分组成：“造林地的选择”、“造林设计”、“造林”、“人工林抚育”、“土壤和流域的保护”、“病虫害综合防治”、“火灾预防与管理”、“人工林采伐”以及“监测与评价”。

成功实施人工林项目最重要的前提是对管理目标，包括产品和生产的预期结果、土地恢复、流域保护、生境的保护和恢复以及社区发展和社区参与这些方面进行明确的陈述。对这些目标清楚的描述可对造林地的选择、（项目）设计和实施、监测和评价这些人工林管理的各个方面产生根本的影响。每一个造林项目的管理计划都应包括一个依据本规程的要求对管理目标进行的明确陈述。

二、造林地的选择

（一）对土地利用/地表植被的考虑

根据上述中国的法律和法规，凡拥有文化或遗产资源的地区，长有天然林，不论是从未砍伐的还是可以恢复的（如：以乡土树种为主，其树冠郁闭度大于 20% 的林地）地区或全部或部分位于划定的自然保护区之内的地区，均不能转用于营造人工林。

从环保的角度考虑，用于营造人工林的林地优先选择的顺序应是：新近采伐过的人工林迹地或低产量的人工林林地、农民同意转用作造林的农田、具有裸露的地面并长有外来草种（如：马鞭草和菊科泽兰属植物）的退化的林地、长有偏途〔演替〕顶级植被类型（即对一特定气候带来说，属非典型的植被类型）的林地。

在转用作营造人工林的林地中可能产生较多问题的方面是当地的灌木群落和疏林地。中国本土生态系统的多样性正处于危急状态，最“原始的”生态系统目前仅局限在山区。在大多数的低地地区，为本地的植物、鸟类和哺乳动物遗留下来的最后的避难所是当地的灌木丛和次生疏林地群落。世界银行“业务方针 4. 04 自然栖息地”明确规定，除非（有证据）表明这些地区是一般性的，并且如果届时确实选不到其他的造林地了，那么像这样的地区是不得转作他途的。《中华人民共和国森林法》（第二十四条）规定了保护具有代表性的自然生态系统，不得在从国家到直辖市各级政府的规划中将其转作他途的内容。建议实施保护的（生态系统）的相对优先顺序如下：

最优先的顺序是：〔演替〕顶级灌木群落；具有高度多样性的高级演替灌木群落和更新的乡土树种（的混合植物群落）；较干旱地区的疏林地。

次优先顺序是：因较大程度的土地破坏造成的多样性较低的先锋演替灌木群落、潮湿气候地区的疏林地。

这些（保护）决定不能仅根据一个个地区的情况作出，而是要通过一个目标、目的和决策标准明确的、透明的、多学科相互渗透的规划方法来作出。在中国的许多地区，像这样的规划方法正得以应用，作出县级土地利用的总规划。根据这些规划，应能作出这样的决定：①哪些地区应保留不动或恢复成天然林。②哪些地区可允许营造人工林。③后者在天然植被中应保留多少才利于人工林内生物多样性的保护。各施工单位应参考这样的县级计划。

项目造林地的选择要按“造林地筛选程序”页码确定后填写具体页码进行，每个小班调查表需附该程序，以供世界银行检查。

在项目实施期间，造林地筛选按“造林地筛选方法流程表”进行，其目的是要了解造林地有无天然栖息地、有无文化遗产价值和记录、造林地选择的决策是如何作出的。该流程表及筛选过程中的照片应与小班调查表存放在一起，并归入小班档案。

（二）对造林地适宜性的考虑

鉴于坡地的不稳定性和较低的生产能力，凡大于 35 度的坡地都不允许营造生产性人工林。介于 30 ~ 35 度坡地上人工林的种植密度都应大于通常的种植密度，以限制种植和采伐对土壤造成的破坏，保留地表植被。

选择造林地时，必须特别注意其气候和土壤特点是否适合正在考虑当中的造林树种和品种。

在土壤肥力管理方面，应特别注意考虑热带土壤（如海南），尤其是酸性红—黄灰壤（氧化土和老成土）的地力，使其在没有严重土壤养分损耗的情况下，能维持几个较短轮伐期的木材生产。在选择造林地时，应充分利用各项目地区现有的科研成果和土壤调查材料，以避免地力退化。

（三）对社会方面的考虑

选择立地时，必须特别注意与社区相关的问题。设计队必须参考在其本省有关的试点县进行的“社区林业评估”（CFA）的内容，以更好地了解农民所喜爱的方案。人工林设计必须涉及和涵盖下列问题：

1. 参与

●制定人工林发展计划时应与授权土地使用者或该片土地上的受益农民进行协商。所有的乡、村和农户都必须得到有关项目的充分通知。从发放项目材料到接受参加项目申请的时间最低不得少于 10 天。

●造林地设计方案必须符合受益人的特殊需要，只要这些需要与有关政府的方针政策相一致。

●相对于集体和国有林场，应优先考虑单个农户、农户组和各种合股形式。

●少数民族和妇女在提出申请和参加项目方面，必须拥有平等的机会。

2. 土地使用权

●当前的土地所有权属必须确定，只有在事先与授权土地使用者签订了协议，并在他们参与的情况下，才可进行造林。

●除了与授权土地使用者签订的书面协议外，所选择的造林地必须首先有一份与拥有人工林的单个农户签订的、目前仍有效的长期合同，从而不会造成这些土地使用权发生改变。

●如果所选定的造林地目前仍属集体所有，参加项目的农户必须接受一个不少于 30 年的个人拥有土地使用权的期限。

●如果确定土地使用权发生了变化，则必须通知省林业厅项目办公室。

3. 获得土地和资源

●在设计村小组的人工林面积时，必须留出足够的土地用于放牧、生产薪材和其他资源，以满足当地居民的需要。

●将陡坡上的农田/荒地转用于造林时，其设计方案应考虑其采用的方案，如林农混作和乔灌草混种的形式。

●在划为生物多样性保护的地区，必须考虑传统森林利用的适应性问题。

4. 生产安排

●在选择生产安排时，必须优先考虑由受益农户或农户组直接承包和管理。

●如果农户或农户组要与另一方一起参加股份制的生产形式，那么，应公开、坦率地与农户讨论这一生产形式的方案及其含义。达成一致意见的生产安排应写进由各方签订的合同中。参与各方均应持有一份合同副本。

●应由省林业厅项目办公室编制具有标准条款的合同样本。

三、造林设计

（一）树种的选择和栽植

树种的选择应根据其对造林地全面的适应性和对管理目标的适宜性来进行。为了加强生物多样性的保护，在乡土树种和外来树种之间，应更倾向于选择乡土树种来进行造林和实施流域保护计划。只有在外来树种的整体长势优于乡土树种时，才可选用外来树种。应对这些外来树种进行监测，以发现其非正常的死亡率、病虫害和对生态产生的负面影响。只有在当地的试种和经验都表明这些外来树种在生态上是可适应的、非侵略性的，并且对其他生态系统不会产生重大的生态影响时，才可大规模引种新的外来树种。

人工林并非天然森林，它更像农场经营。人工林（在遗传物质、树种、树龄级、景观层面上的空间结构这些方面）的多样性对生态的稳定及其恢复能力，以限制失败的风险，减少人们在这些简化的生态系统中的投入和必要的管理是至关重要的。凡大于50 hm^2 的人工林都必须由几个小班组成，其面积和数量视人工林的规模而定，尽可能包含不同树龄的林木（以促进林分结构的多样性）、各种乡土和外来树种、树种内不同的遗传型、残留的乡土天然植被类型。凡是在可行的地方，考虑到人工林的规模，其设计和布局应通过利用野生动物走廊、保留乡土树种、（利用）河流保护走廊、（采用）不同树龄和轮伐期的组合模仿天然林景观格局这些方法，促进天然植物群落的保护、恢复和保留。

不允许种植大面积的单一无性系人工林。每个县毛白杨、杉木或泡桐的无性系个数都不得少于10个，否则将得不到批准。作为一般的原则，在一个县内，项目人工林林地的80%应平均种植5个无性系，其余的20%种植余下的5个无性系。

对所有的人工林都必须更强调鼓励种植乡土阔叶树种。虽然这些树种生长较缓慢，但它们却有较高的水土保护价值，主伐时也会带来较好的货币收益。

凡面积超过 100 hm^2 的人工林造林地上生长的天然植被包括乡土阔叶树都要保留，以利于生物多样性的保护。

（二）河岸地的保护

对（地形）简单、（河道）标准的河流保护得不好，就很难保证对地形复杂地区的（河流）进行充分的保护。（因为）这类河流在坡度、横断面、流量、稳定性、生态重要性方面差异极大。一个有效的方法是根据河流的大小和横断面、河道固有的稳定性、直到毗连的河岸地的特点，把河流保护区的面积与简单的河流分类系统联系起来。——河流保护区指的是这样一个地区：该地区在造林期间不得进行林地清理或地表破坏；保留乡土植被；不允许进行森林采伐。如果不划定足够面积的保护区，那么有两种类型的河流就会有可能受到人工林的影响。这两种类型的河流都具有“水流冲成的沟渠”的形式，其两岸边坡的坡度不低于 25 度。这两类河流及其保护地区的划界示意如下：

1. 冲刷出的小河（通常宽度不超过 5 m），河床基底由卵石或基岩组成。建议保护的地区：从小河两岸冲刷出的斜坡坡顶开始，各留出 5 m。

2. 冲刷出的小河（通常宽度不超过 5 m），河道基底由细沙组成。建议保护的地区：从小河两边冲刷出的斜坡坡顶开始，各留出 15 m。这类河床的稳定性常常依赖于河谷两岸生长的植被及沉积在河道中的较大的腐木碎片。为了保护河道的稳定性，必须保护所管理的人工林能不断地提供较大的腐木碎片。

图 1、图 2 标明了这两类河流保护区的利用方式。

造林设计不仅要考虑造林，还要着眼于最后的主伐。特别是要考虑立地的交通状况，以便于产品的收获。

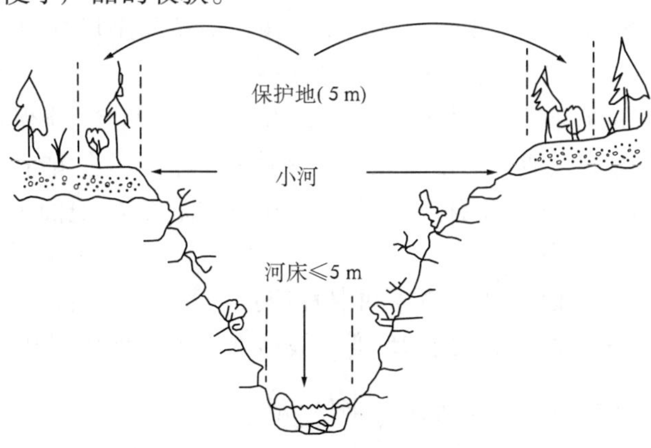

图 1　河流保护区的利用（1）

第一种类型的河流：冲刷出的具有卵石/基岩河床的小河；

第二种类型的河流：冲刷出的具有细沙质河床的小河。

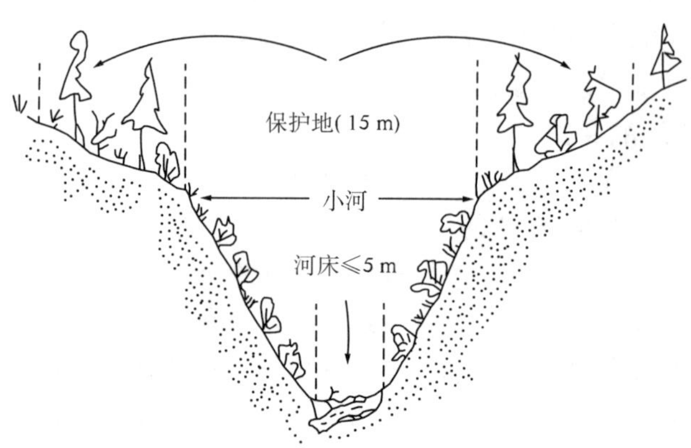

图 2 河流保护区的利用（2）

四、造林

在清理造林地和整地时，严禁炼山。必须用手或机械设备进行林地清理。不得砍除坡顶、坡脚和所有河岸上生长的植被，不管这些植物是永久性的还是短生植物。整地工作包括挖穴、带状整地或全垦，应按照下列要求去做：

●全垦可允许在小于 15 度的坡地上或绝对需要控制杂草的地方进行。在长度大于 200 m 的坡地上进行全垦时，应每隔 100 m 保留一条宽度不小于 3 m 的水平植被带。

●在介于 16 ~ 25 度的坡地上可挖穴或进行水平带状整地，应在每一水平带之间保留原有的地表植被。

●在介于 26 ~ 35 度的坡地上可穴垦。树坑应按品字形排列。

●在 25 度以下的坡地上才可营造经济林。

梯级整地只能在特殊的情况下采用，并需认真设计。能保留水分的梯地（所谓的竹节坑）应只能在降水量较低且土壤较厚、排水性能较好的地区（修建）。在其他地区，梯地应能将地表径流水输送到稳定的地面上或使之流入可接收多余水量的河流中。

在坡地人工林林地上进行的林间混种应按水平方向进行。大于 25 度的坡地上不允许进行这类种植。大于 15 度的坡地上不得间种块根和块茎作物。

五、人工林抚育（只适用于用材林）

除草应限于造林必要时再进行。尽可能利用抚育下的剩余物保护地表植被。人工抚育提倡采用局部除草。除草后所剩的植被剩余物应留在地里作为覆盖物。

间伐一般应按作业设计方案进行，但实际的间伐次数应根据定期的调查结果来定。抗病虫害的关键之一是要使林分健康、生长茂盛（参阅第七部分），而这又有赖于及时的间伐。应采取有效措施促使间伐剩余物尽快腐烂，以减少火灾的发生。应对间伐作业进行认真的规划和实施，避免损害保留的树木和破坏土壤。

六、土壤和流域的保护

应采取措施维持和改善土壤结构、土壤肥力和生物活性。在尽可能的地方，采用天然的方法，减少对无机肥料的依赖性。在可行的地方，提倡使用有机肥、绿肥和进行林间套种固氮植物。施用无机化肥应严格按照造林模型的要求进行。在这些造林模型中，施肥方案必须根据适宜的科研成果或适当的测试结果进行调整，在项目实施期间，施肥方案还将根据新的科研成果加以调整。施肥时，只可采用穴施或条施，严禁撒播。

在经济林方面，要求对其灌溉需求以及在不影响其他用水者、水生动植物资源的情况下，能否获得必要的用水这两方面进行评价。还应特别关注造林对一般地区的产品加工能力（如木材和橡胶以及水果/竹笋罐头的加工）所带来的潜在影响和对任何扩大的加工生产造成的潜在影响（如对水的要求和废水的产生）。

七、病虫害综合防治

必须采取措施预防或最大限度地降低病虫害、火灾以及引种侵害性植物的情况发生。病虫害综合管理（IPM）应是人工林管理计划中至关重要的部分。它主要依靠预防和生物控制方法，而不是化学杀虫剂。使用化学杀虫剂必须满足以下条件：在全面的病虫害综合防治体系的框架内被证明是可使用的且属世界卫生组织划定的二类和三类杀虫剂；只针对某一特定的害虫；对非目标生物是低毒的。凡将要使用杀虫剂的工人和林农在使用前都必须接受化学杀虫剂安全管理、贮藏和使用的培训。二类化学杀虫剂应由林业局经过培训且装备齐全的治虫专家进行使用和管理。

SFDP 项目下的“病虫害综合管理计划”已由 PMC 编写，以满足“世界银行业务方针”有关病虫害管理（业务方针 4.09）方面的要求。

八、火灾预防与管理

森林防火工作必须纳入各级地方火灾管理体系中。每个造林单位都必须编制森林防火计划，建立火灾管理机构，明确职责。制定防火、公众教育、巡逻、执法和火灾应急的详细计划。

凡面积超过 100 hm^2 的人工林地块都必须建立防火带，把地块分成几个小于 80 hm^2 的小班。防火带的宽度应为 10～20 m。尽可能利用河道和乡土天然防火植被作为防火带。

九、人工林采伐

采伐技术和采伐量以及林道的建设和维护都不能造成长期的土壤退化，也不得对水的质量和流域的水文状况带来严重的影响。采伐作业应严格执行《中华人民共和国森林法》的规定，坡度大于 15 度坡地的采伐面不得超过 5 hm^2，同一年相邻的采伐面之间至少相距 50 m。坡度小于 15 度坡地的采伐面应不得超过 20 hm^2，相邻的采伐面之间至少相距 100 m。

采伐时应尽可能地保留地表植被，采伐迹地应在采伐后的第二年立即进行更新造林。道路和林间小道应按照可接受的工程标准进行施工并定期维护。

十、监测与评价

与生产的规模相适应，人工林监测计划应包括两个主要的方面：①合格率监测：用以评价造林施工与批准的设计计划和这些规程相一致的程度；②管理监测：用以确定人工林的长势，并发现造林地和非造林地的生态与社会影响。

（一）合格率监测

合格率监测是用来评价项目实施是否按照既定的标准进行。这类指南通常不能执行的原因是它们企图涵盖所有的林地条件和施工活动。正如这一名词所示，这类指南的作用是对作业设计和施工进行指导。而 PMO 的职责就是确保所有的人工林设计规划都要符合这类指南中规定的原则、标准和数据。PMC 将通过定期评价随机抽样的人工林设计方案的方式监管设计方法。一旦计划编制完成并得到批准，县 PMO 应通过定期检查与监督的方式，负责保证所有的作业施工都按照批准的计划进行实施。为了保证对合格率监测的一致性和连续性，应采用标准的汇报格式。省 PMO 应通过定期随机检查的方式，确保监测施工作业的工作质量。合格率监测最重要的核心是对人工林多样性、河流保护、整地、抚育（除草和间伐），病虫害管理（杀虫剂的采用和施用方法以及工人/农民的安全）和收获这些方面的计划规定。

（二）管理监测

应对管理监测进行特别的设计用以评价：①人工林计划的实施进度；②这些指南和发展计划在保护环境和加强环保工作中的有效性；③人工林在当地社区福利上的帮助作用。这类监测应采用一定数量的实际监测指标，每隔一定时间就对这些指标进行测量并进行定期评价，以确定管理方法是否需要修改。PMC 已设计出了一个总的管理监测计划，各 PMO 将对之进行修改以使它们适应各项目省和县的具体需要。拟议的人工林长势、环保和社会监测指标在下列各部分中已分别进行了描述。这些指标并未和每一地区、每一种情况相联系，(因此) 必须对之进行筛选使它们适合具体的监测计划。监测计划必须是实用的、有意义的，并且可以承受的。

(三) 人工林长势监测指标

●定期保留的人工林小班记录和标明每年造林地区的地图，包括树种/品种、种植密度和造林施工的全部成本（尽可能）。

●按年统计的成活率（%）、树种和补植面积（hm^2）。

●每年进行抚育作业（除草、间伐、修枝、施肥）的范围（hm^2）。

●病虫害和火灾的发生（次数和受灾面积）以及所采取的行动（方法、治理/迅速采取措施的面积）。

●按小班统计的生长率或产量。用材林（按样地）记录高度和胸高直径的生长量或按 m^3/hm^2/每年计算的生长量；经济林按 kg/hm^2 计算年产量。

●用材林的采伐作业（面积、每公顷的产量和立地级）。

(四) 环保监测指标

●统计在每块项目造林地面积≥50 hm^2 中，留作生物多样性保护和河流保护地区的面积（hm^2 和在项目人工林区所占的百分比）。

●按树种统计的每年施肥、使用除草剂和杀虫剂的情况（kg/hm^2）。

●在杀虫剂的安全使用、管理和风险等方面对杀虫剂使用者进行培训。

●沿等高线整地、品字形栽植的情况。

(五) 社会问题监测指标

●参加农户的数量。

●农户对项目提供服务的满意程度（占项目农户数%）。

附件 1

造林地筛选方法流程表

第一步　拟选造林地现状：

1. 拟造林地上是否有文化或遗产资源？

2. 拟造林地上是否有天然林，包括原始林和可恢复为天然林的植被？（即有无主要由树冠覆盖率超过 20% 的乡土树种）

3. 这种拟选造林地全部或部分位于保护区？

如果以上三个问题当中的任意一个答案为“是”，则这些土地不能作为造林地。应重新考虑选择其他造林地。如果以上三个问题的答案都为“否”，则进入第二步筛选过程。

第二步　该造林地的面积是否小于 35 hm^2？

如果小于 35 hm^2，则无论它位于何处，新造林应不会对当地生境造成负面影响，筛选过程终止，该地可以用于发展人工林。如果大于 35 hm^2，进入第三步筛选程序。

第三步　所选的造林地是如下哪一类？

第 1 类——低产人工林地或采伐迹地；

第 2 类——从前或近期的退耕还林地；

第 3 类——荒山荒地；

第 4 类——其他土地，如有潜在价值的自然栖息地，包括覆盖率小于 20% 的天然林、天然草地（高海拔地区）、湿地和沼泽。

如果造林地属于第 1 ~ 3 类，则新造林应不会对当地生境造成负面影响（请注意，位于农区的土地或远离天然林区的土地应属于前 3 类中的一类），筛选过程终止，该地可以用于发展人工林。如果所选土地为第 4 类，则进入第四步筛选程序。

第四步　所选择造林地生态类型是否很普遍？（例如，建议的造林地面积占该土地生态类型的 5% 以下）

如果选择的造林地类型比较普遍，该地可以用于发展人工林，但是，应该对该造林地进行拍照，并与记录造林地植被等内容的小班调查表放在一起。

如果选择的造林地类型不普遍，则该地不能用于造林。应重新考虑选择其他造林地。

林业持续发展项目病虫害防治管理计划

（国家林业局世界银行项目管理中心
2001年4月10日）

前　言

根据国务院1989年12月18日发布的“森林病虫害防治条例”和世界银行的业务方针“病虫害综合管理”（4.09）的要求，编制本项目人工林病虫害防治管理计划。文中病虫害是指害虫、害螨、植物线虫和病害。制定该计划的目的是加强“林业持续发展项目”人工林病虫害的预测预报与防治工作。

1　中国的病虫害管理

1.1　林业部门关于病虫害防治的法制法规

1.1.1　法制与法规

关于中国病虫害防治的主要立法和法规概述如下。

为了加强病虫害防治与检疫，中国政府颁布了“森林法”、“森林病虫害防治条例”、“森林植物检疫技术规程”、“森林植物病虫害防治目标管理办法”和“农药管理条例”。

在“农药合理使用准则”和“农药管理条例”的实施下，病虫害综合管理（IMP）得到了推进。

关于农业化学农药的生产、销售和使用。任何一个公司要生产或复配一种农药，第一，必须按照“农药管理条例”进行注册，并要符合安全、质量控制条件和对环境及对污染的控制条件。第二，任何农药销售商只有获得许可证后才能经营，而且只能销售经过注册公司所生产的农药。剧毒和毒性大的农药不得生产、销售、用于食品生产。第三，对农药残留量超过农药残留标准的（特别是蔬菜、水果和粮食作物）禁止在市场出售。

当病虫害严重发生而且使用其他的防治方法不能有效控制时，农民可以使用高效低毒的化学农药进行防治。对农民来讲，当一些病虫害严重流行时，应用化学农药进行防治是必不可少的防治方法。

国家、省、县和地方不同级别，由下列机构负责对条例的监督和实施：

●与森林病虫害有关的国家、省、县和乡镇林业主管部门；

●粮食作物和蔬菜由各级农业局（中国农业部、省、县和乡 镇）负责；

●中国农业部农药检验所、各省的农药检验所负责监测农产品农药的残留（特别是蔬菜、水果和粮食作物）。

1.1.2 中国的植物保护政策

中国政府对森林病虫害防治工作很重视，强调采用“预防为主，综合防治”的植保方针，未来将逐步采用以生物防治为主的防治方法。中国农业部绿色食品发展中心曾对有机食品的生产公布了一个“农药使用规程”，以指导“绿色”食品（A级）和有机食品（AA级）的生产。

政府政策的目的旨在把病虫害的密度（指危害程度）控制在低水平，促进林业的质量和增进林业资源可持续利用。其目的也就是要保护林业资源和保护生态环境。

自从1975年以来，植物保护政策强调“预防为主，综合防治”。中国也采用了格拉斯（1975）提出的病虫害综合管理（IMP）的定义——综合病虫害防治是一个系统，在与环境有关及病虫害种群变化的情况下，利用适当的技术和方法，在（生态的）尽可能兼容的情况下，把病害的种群维持在尽量低的经济损失水平。

经济损失水平（EIL）的定义是：“需要进行病虫害防治，避免由于病虫害种群数量的增加而造成经济损失的病虫害种群密度”。

中国的政策是“谁的树，病虫害就由谁来防治”。经济林和用材林的病虫害防治原则是谁种则由谁来负责，除非是灾害性的病虫害，如蝗虫。

中国政府对食品的安全给予了极大的关注。按照“农药管理条例”（中国政府颁布的）、“农药安全使用标准”（中国农业部颁发的），任何农业化肥生产商生产农业化肥产品都必须遵循上述“规程”、“条例”和“标准”。这些文件清楚说明了：

●哪些农药适用于农业生产中病虫害的防治（非常危险的和重大毒性类的农药是禁止的）；

●哪些高效的、低毒和低残留的农药，在非农药方法不能防治时，可推荐使用；

●农药残留超标的农产品不得进入市场销售；

●安全使用农药的方法包括：农药的形式，安全和合理使用的方法，一般的剂量和最大的剂量，在同一年内极限的使用次数，从最后一次使用到收获期的时间等。

农药管理条例鼓励使用高效、低毒和低残留农药及规定了销售农药的标准。“农药安全使用标准”和“农药管理条例”中已经规定一些化学农药如对硫磷、久效磷、甲拌磷是被禁用的。

一些省为了生产安全的食品，已着手制定当地的生产安全农产品的规程。

中国农业部的农药检验所和各省的农药检验所，是负责农产品、农药残留的监测机构（特别是蔬菜，水果和粮食作物）。

快速发展的“绿色食品”市场，提供了价格刺激以减少或不使用化学农药。

1.1.3　组织机构

中国对林业病虫害防治有强大的组织机构。国家林业局造林司负责全国病虫害防治的管理、指导和监测。森林病虫害防治总站则负责实际的工作。

每个省、市、县林业局都设有病虫害防治组织，负责管理、指导和监督其辖区内的病虫害防治工作。各省、市区和县一级已建立了 2 400 个病虫害防治和检疫站。雇用的人员有 14 000 人，其中 8 100 人是专业技术人员。全国还建立了 6 100 个监测站，并有 4 300 多个专业技术人员从事监测和预测工作。

每个县也有一个病虫害防治站，负责森林和经济作物的病虫害管理、指导和监督工作（包括监测和预测）。每级政府都为其下一级指导和提供病虫害的防治技术。

在国家、省、市和县一级的组织机构中都建立了研究所和实验室来保护森林植物。林业科学家对主要的虫害的生活史，生物学特性和防治方法进行了研究。研究的结果用于林业生产取得了良好的效果。一些范例见下文 1.2.2 节。

1.2　推荐使用的病虫害防治方法

1.2.1　病虫害防治方法

国家林业局和农业部推荐了五种防治方法：

植物检疫。这是国家采用的一种方法，以防止作物受到病虫害的破坏以及杂草对农作物生产区的侵害和蔓延。中国检疫始于 20 世纪 30 年代。1991 年中国实施了“进出口植物检疫法”。中国在全国海关、内陆和航空港建立了 300 多个检疫机构，以防止来自国外的病虫害的进入、传播和蔓延。这些机构在防止病虫害方面起了非常重要的作用（比如葡萄根瘿蚜）。多年来，检疫出了很多害虫，诸如地中海实蝇、美国白蛾。中国检疫的功能分为两个部分：农业检疫（由农业部国家植物保护总站）和林业检疫（由国家林业局国有林场和种苗管理总站管理）。

省检疫站（属省林业局）负责省与省之间的植物材料运输的内部检疫。县检疫站（属县林业局）负责省内县与县之间植物材料运输的内部检疫。

物理和机械的方法。森林病虫害防治普遍使用这一方法，原因是：①便宜——农民不需要购买农药，中国劳动力也便宜；②有效——物理的和机械的方法对防治一些病虫害非常有效（比如，在树干上包上一层带黏性的塑料纸可以防止枣尺蠖和草履蚧成虫爬上树）；③安全——无污染，环境安全和天敌安全。

这样的方法包括：摇动树干，按照其假死的特点而捕捉金龟子类成虫；刮削苹果老粗树皮是消灭树皮下越冬的虫卵和病菌最有效的办法；及时摘除虫果是减少果实害虫密度的有效方法；黑光灯诱集有趋光性的害虫能够有效地减少害虫虫口密度（对50余种农业害虫有效）。

物理和机械的方法可减少大量的虫害的种群，并避免增加其抗基性。其主要的局限性是时间长，有时需要一些专门的工具。这些方法只能对某些害虫有效，只能是一种补充的方法。

农业方法。这是一种基于使用农业技术的环境因素的方法，从而减少害虫对作物引起的损失。它包括加强综合树体管理，提高树体抗虫害和病害的能力，翻耕土壤把害虫暴露在极端气候下，清除果园内的枯枝落叶并集中烧毁，及合理配置栽植树种，切断害虫食物链（如：避免苹果、梨、李和桃混栽）。

农业病虫害防治方法可以大大地减少或消灭重要害虫的种群，且费用相对较低。这种方法防治害虫，对环境和害虫天敌都安全。其局限性是费工，且见效慢。

生物方法。生物防治方法是用节肢动物或昆虫病原微生物（病毒、细菌、真菌和线虫）和它们的代谢物来进行的。生物防治对人类和牲畜、植物及环境都很安全，可把害虫种群控制在较低的水平。生物防治剂在世界上是一种很丰富的资源，然而，生物防治的效果并不像化学农药的效果来得快，通常费用要比化学农药高。为此，种植者宁愿使用化学农药而不愿使用生物防治方法。最近两三年来，一些种植者日益增加采用生物防治方法，因为市场不断地要求“绿色食品”。

化学方法。化学防治方法的使用在全世界十分普遍。所采用的农药达上千种，如：锌森锌、代森锰锌（大生）、福美胂（阿苏妙）、三乙磷酸铝（疫霉灵、疫霜灵、乙磷铝）、百菌清、敌磺钠（敌克松、地克松）、福美甲胂（退菌特）、多菌灵（苯并咪唑44号）、甲基硫菌灵（甲基托布津）、石硫合剂、波尔多液、敌敌畏、辛硫磷（肟硫磷）、久效磷（纽瓦克）、亚胺硫磷、氧乐果、乐果（乐戈）、抗蚜威（辟蚜雾）、水胺硫磷、杀螟硫磷（杀螟松、速灭松）、溴氰菊酯（敌杀死、凯素灵、凯安保）、氰戊菊酯（素灭杀丁、杀灭菊酯、敌虫菊酯、戊酸氰醚酯）、氯氰菊酯（安绿宝、灭百可、兴棉宝、赛波凯、轰敌）、甲氰菊酯（灭扫利）、三氟氯氰菊酯。

快速高效是化学方法最显著的优势。另外，化学农药在任何时候都可买到，没有季节限制。但化学农药造成的极为严重的污染却威胁着人类和家畜的健康。杀虫剂杀死了目标害虫的许多天敌，同时也使众多害虫对化学农药产生了抗药性。

1.2.2 病虫害综合管理的经验和农药的使用情况

病虫害综合管理（IPM）是林业部门优先推荐的防治方法。

不同的病虫害因其特点不同需要不同的防治方法，而不能仅仅使用化学方法。防治病虫害的原则是尽可能地采用综合的方法。对于某些林产品的生产，特别是那些可食用的林产品（比如水果）的生产，就不能仅仅采用化学防治方法。因为水果的质量，特别是其安全性如何（无化学污染）直接影响着人类的健康。由于近几十年来中国消费者的生活水平不断提高，各种水果和林产品的数量也在增加，人们更多地关注食品的质量和安全性。化学农药是影响食品安全生产的一个关键因素。这不仅是因为化学农药是有毒的，还因为化学农药杀死了害虫的天敌，造成了人们更加依赖农药防治害虫。因此，采用病虫害综合管理的方法防治病虫害是非常必要的。IPM 根据害虫不同的生物特点和习性，首先考虑采用检疫法、物理和机械法、农业和生物法防治害虫。只有在上述方法不能成功地防治病虫害的情况下，才可采用高效低毒的化学杀虫剂。

在 IPM 方法中，特别是在生物防治方面取得了一些成功的经验。饲养赤眼蜂，然后成功地放飞以防治害虫。利用昆虫病原体线虫可防治经济林和森林中的多种苹果小食心虫和蛀干性害虫，也研究和生产出了一些生物杀虫剂如：爱福丁（7051 杀虫素）和氟虫脲（卡死克）。无毒高脂膜防止病菌侵染，进而达到预防病虫害发生。使用有毒膜的原理是对害虫造成病原窒息。但目前农民还不能利用生物方法防治所有的害虫。当项目地区暴发了较大的病虫害时，如果农民采用其他方法不能有效地控制害虫，则应使用低毒高效的化学杀虫剂。在这种情况下，化学方法是必不可少的。农药的喷洒次数随昆虫种类、树种、造林地区和林木状况的不同而变化。防治某些害虫，农民可不使用农药。例如，针对杏疔病和杏仁蜂，农民就不必使用化学农药。有效的控制方法是采用摘病枝和摘捡虫果。杜仲和胡桃很少受到昆虫的危害，因而也不必使用杀虫剂。像苹果黄蚜这类害虫，如果苹果幼树受到严重感染，就只能使用化学杀虫剂。在一般情况下，杀虫剂是用来控制梨、桃、苹果和葡萄园中的蛀果害虫。用于经济林的杀虫剂通常根据不同的地区状况、季节条件和树龄，每年使用3～10次。

为了有效地控制病虫害，降低病虫害对项目林的危害，建议采取以下措施：

●落实国务院有关森林病虫害防治条例、世界银行病虫害管理的业务政策和林业持续发展项目的病虫害管理计划；

●充分利用 IPM 方法中有效控制病虫害的技术，而不仅仅是化学的方法防治害虫；

●营造抗病虫害的树种，严禁采用带有病虫害的树苗植树，提倡营造混交林，反对单一种植，清理造林地以降低病虫害的发生；

●加强对农药采购和使用的管理；

●加强对农药管理的培训。

1.3　病虫害的化学防治

表 1 中列出了各项目省造林树种中发生的主要虫害及所使用的农药。不同地区害虫类型不同，造成的危害程度各异。

表 1　SFDP 项目省林区用材林主要的病虫害及所使用的农药

树种	病虫害种类	使用的农药种类
马尾松	松毛虫、松毒蛾、立枯病、松针锈病	百菌清、代森锌、波尔多液、甲基托布津、马拉硫磷、溴氰菊酯、氧化乐果
杉木	杉梢小卷蛾、炭疽病、叶枯病	退菌特、多菌灵、氧化乐果、辛硫磷、久效磷
火炬松	小卷蛾、褐斑病、松毒蛾	百菌清、氧化乐果、溴氰菊酯、速灭杀丁
落叶松	松梢螟、落叶病	多菌灵、敌克松、代森锌、百菌清、溴氰菊酯、氧化乐果
湿地松	小卷蛾、褐斑病、立枯病、松针锈病、松毒蛾	百菌清、甲基托布津、代森锌、波尔多液、溴氰菊酯、氧化乐果、磷胺乳油
毛白杨	透翅蛾、杨扇舟蛾、杨干象虫、春尺蛾、桑天牛、青杨天牛、黄斑天牛	白僵菌[§]、氧化乐果、毒签（磷化锌）、杀螟松乳油、磷胺乳油、昆虫病原线虫[§]
意杨	杨干象虫、桑天牛、青杨天牛、黄斑天牛、透翅蛾、杨扇舟蛾、春尺蛾、烂皮病、溃疡病	多菌灵、甲基托布津、福美胂、退菌特、波尔多液、白僵菌[§]、杀螟松乳油、氧化乐果、磷胺乳油、青虫菌[§]、昆虫病原线虫[§]
小黑杨	杨干象虫、透翅蛾、杨扇舟蛾、春尺蛾、桑天牛、青杨天牛、黄斑天牛、烂皮病	甲基托布津、多菌灵、磷胺乳油、青虫菌[§]、亚胺硫磷、白僵菌[§]、氧化乐果、昆虫病原线虫[§]
泡桐	黄刺蛾、大袋蛾、丛枝病	久效磷、敌百虫、亚胺硫磷
马占相思	白粉病、黄毒蛾、油桐尺蛾	多菌灵、退菌特、波尔多液、氧化乐果、白僵菌[§]、敌百虫、甲基托布津
木麻黄	木麻黄毒蛾、青枯病、象鼻虫	百菌清、退菌特、敌百虫、氧化乐果
枫香	黄刺蛾、天幕毛虫	白僵菌[§]、亚胺硫磷、溴氰菊酯、杀灭菊酯
刺槐	黄毒蛾、尺蛾、大袋蛾、溃疡病	多菌灵、百菌清、甲基托布津、白僵菌[§]、甲胺磷、乐果、辛硫磷

续表 1

树种	病虫害种类	使用的农药种类
毛竹	竹蝗、竹螟、竹毒蛾、竹笋象、竹杆锈病、竹丛枝病、黑粉病	代森锌、多菌灵、甲基托布津、溴氰菊酯、杀灭菊酯、甲胺磷、敌百虫
橡胶	溃疡病、白粉病、炭疽病、小蠹虫	代森锌、退菌特、石硫合剂、波尔多液、多菌灵、百菌清、辛硫磷、溴氰菊酯、杀灭菊酯、马拉硫磷
红壳竹	竹蝗、竹螟、竹毒蛾、竹舟蛾、竹杆锈病	波尔多液、多菌灵、百菌清、溴氰菊酯、杀灭菊酯、甲胺磷

注：带星号“§”者为生物农药。资料来源：根据各项目省的统计结果。

根据各项目省的统计资料，项目省经济林发生的主要病虫害和通常使用的农药详列在表 2 中。

表 2　各项目省经济林主要的病虫害及所使用的农药

树种	主要病虫害	使用的农药种类
核桃	黑斑病、枝枯病、腐烂病、炭疽病	甲基托布津、代森锌、石硫合剂、波尔多液
	举肢蛾、云斑天牛、草履蚧	丙硫磷、久效磷、亚胺硫磷、溴氰菊酯、杀灭菊酯
板栗	栗瘿蜂、栗大蚜、桃蛀螟、栗红蜘蛛、透翅蛾	乐果、氧化乐果、亚胺硫磷、敌百虫、溴氰菊酯、杀灭菊酯
杏	杏疔病	石硫合剂、波尔多液
	杏仁蜂、李小食心虫、桃红颈天牛、桑白蚧	辛硫磷、溴氰菊酯、杀灭菊酯、马拉硫磷、杀螟硫磷乳油、昆虫病原线虫§
银杏	银杏茎腐病	波尔多液、甲基托布津
	大蚕蛾、大袋蛾、茶褐金龟子	溴氰菊酯、马拉硫磷、杀螟硫磷乳油、灭幼脲§
枣	枣疯病、枣锈病	粉锈宁、石硫合剂、波尔多液
	桃小食心虫、食芽象甲、龟甲蜡蚧、枣瘿蚊	杀螟松乳油、辛硫磷、亚胺硫磷、杀灭菊酯、马拉硫磷、溴氰菊酯
梨	黑星病、轮纹病、梨锈病、干腐病、梨褐斑病	甲基托布津、退菌特、多菌灵、石硫合剂、波尔多液
	桃小食心虫、梨小食心虫、茶翅蝽、梨实蜂、梨木虱、梨象甲	亚胺硫磷、杀螟松乳油、敌百虫、辛硫磷、溴氰菊酯、杀灭菊酯、马拉硫磷、一遍净§
青檀	叶斑病	多菌灵、代森锌、石硫合剂、波尔多液

续表 2

树种	主要病虫害	使用的农药种类
花椒	流胶病、锈病、枯枝病	退菌特、代森锌、石硫合剂、波尔多液
	蚜虫	乐果、抗蚜威
杜仲	角斑病、褐斑病	波尔多液、多菌灵、退菌特
	豹毒蛾、杜仲梦尼夜蛾	辛硫磷、溴氰菊酯、苏云金干菌ş、杀灭菊酯
茶	炭疽病、白星病、茶饼病	多菌灵、百菌清、甲基托布津、退菌特
	尺蛾、茶毒蛾	辛硫磷、溴氰菊酯、杀灭菊酯、马拉硫磷
桃	桃缩叶病、穿孔病	甲基托布津、退菌特、石硫合剂、波尔多液
	桃小食心虫、桃蛀螟、李小食心虫、桃蚜、透翅蛾、桑白蚧	白僵菌ş、马拉硫磷、杀螟松、溴氰菊酯、苏云金干菌ş、石硫合剂、安绿宝、灭扫利
石榴	干腐病、褐斑病	多菌灵、代森锌、石硫合剂、福美胂
	桃蛀螟、桃小食心虫、龟甲蜡蚧、紫薇绒蚧	马拉硫磷、杀螟松、溴氰菊酯、安绿宝、灭扫利
橡胶	白粉病、炭疽病、溃疡病	代森锌、退菌特、石硫合剂、波尔多液
	小蠹虫	辛硫磷、溴氰菊酯、杀灭菊酯、马拉硫磷
苹果	斑点落叶病、腐烂病、轮纹病、干腐病、霉心病、苹果锈病	代森锌、退菌特、石硫合剂、福美胂、朴海因、波尔多液
	苹果瘤蚜、桃蚜、苹果小卷蛾、桃小食心虫、苹果红蜘蛛、山楂红蜘蛛	石硫合剂、杀螟松、敌百虫、一遍净ş、溴氰菊酯、杀灭菊酯、乐果、抗蚜威
红豆杉	斑病	波尔多液、代森锌、退菌特
	堆砂蛀蛾	马拉硫磷、杀灭菊酯、杀螟松、敌百虫
油茶	炭疽病、油茶煤污病	多菌灵、退菌特
	尺蠖、吹绵蚧	溴氰菊酯、敌百虫、马拉硫磷、杀螟松
柑橘	疮痂病、溃疡病、黑斑病	石硫合剂、波尔多液、甲基托布津、退菌特
	柑橘锈螨、茶黄螨、全爪螨、吹绵蚧、矢坚蚧、星天牛、褐天牛	白僵菌ş、石硫合剂、杀螟松、溴氰菊酯、敌百虫、马拉硫磷、杀灭菊酯
山核桃	溃疡病、枝枯病	石硫合剂、波尔多液、甲基托布津、退菌特
	云斑天牛	溴氰菊酯、敌百虫
柳条	东方金龟子、苹毛金龟子	杀螟松、磷胺

注：带星号“ş”者为生物农药。资料来源：根据各项目省的统计结果。

病虫害对经济林产品的质量和数量会产生直接的影响。在不同的年份和地区，各种病虫害所造成的危害程度也大不相同。如果不采取适当的防治措施，某些病虫害会损害50%～80%的林木。如果防治方法不当，一些病虫害（如：举肢蛾，杏、李、桃的小食心虫和黑星病）会损害95%的果树。由此可见，病虫害防治对经济林来说尤为重要。

1.4　项目省目前的做法

向各林业局和林场推荐的做法是，在尽可能的情况下采用综合的防治方法，而不仅仅是利用化学方法。尽可能利用与生态和谐的所有适当的技术和方法把害虫的数量控制在不造成经济损失水平以下。所推荐的IPM防治方法包括检疫法、物理和机械法、农业法、生物法和化学法。

采用什么样的防治方法要根据害虫的种类和损害程度来决定。目前，化学法仍为主要的防治方法，同时也利用检疫法、物理和机械法、农业法、生物法防治。以哪种防治方法为主应根据病虫害的类型而定，如：防治杏疔病和杏仁蜂就不需要化学农药，采用摘病枝和摘捡虫果就可有效控制。但目前在中国，控制桃蚜仍采用化学方法。

农民了解IPM和使用农药的新知识主要是通过观看有关农业知识的电视节目（如CCTV－7）或阅读农药使用技术书籍和农药手册。政府部门开办了一些培训班，县或乡一级的技术人员通常提供一些咨询服务。一些林木保护的技术手册和教材提供有关IPM的方法，但这些书籍材料不能按标准，简明扼要地提供所有项目林木的有关信息。中国绿色食品发展中心发布了“果树（经济林）绿色食品生产的操作规定”。

为了保护健康，一些农民在喷洒农药时，穿防护衣，戴防护帽、防护面具和手套。大多数农民购买了手动喷药器，个别农民还购置了自动喷药器。农民们相互借用农药喷洒器。喷洒农药时，有些农民穿特殊的工作服，有些穿旧的工作服。

农民在选用防治方法时主要考虑哪种方法会给他们带来最大的收益。化学方法一般见效快，效果好。但如果采用非化学方法也能给他们带来较好的净收入，农民也会放弃使用化学方法。在中国，农民们购买农药很方便，几乎所有的乡（镇）都有农药商店，因此农民们想使用农药时，一般就去购买。他们根据需要购买，一般随买随用。剩下的农药存放在农民自己的储藏室中。为了使农民对其选择有充分的了解，重要的工作是让农民充分认识可供选用的各种方法及每种方法的优缺点。

病虫害防治单位应改进培训工作，加强管理、指导和监督力度，这对推动IPM方法的采用是十分必要的。为了使农民充分了解如何安全、有效地处理和使用农药，应进一步加强培训工作。

乡镇医院可以处理农民因使用农药造成的中毒事件。中毒严重的农民可送到县级医院。县、乡两级的医护人员都接受过治疗化学中毒的培训。

2 林业持续发展项目的病虫害管理

2.1 建议的方法

在项目地区，应认真落实“预防为主，综合防治”的方针。在项目地区病虫害防治上，应采取检疫法、物理和机械法、农业控制法、生物控制法和化学方法。防治病虫害时，应强调采用生物控制法，特别是生物杀虫剂。同时，应特别注意提高项目地区人工林的产量和质量，减少污染，保护环境。

应通过下列措施，认真执行项目的方针：

●落实针对项目人工林树种提出的采用 IPM 方法的各项建议；

●编写 IPM 和安全使用农药的培训材料和计划；

●在 IPM 方法和安全使用农药方面，对县、乡级的项目管理人员和参加项目的农户进行培训；

●对项目人工林的病虫害进行有效的监测和预报；

●只选用、购买那些经过批准的农药，分配给项目地区。

本文是世行中心为项目地区人工林提出的 IPM 总的原则和方法及针对项目各树种的意见。这些总的指导性文件将由省项目办进行完善，以保证这些建议适合每个项目省的实际情况。

在项目中，将对每个造林地营造树种应采用的防治方法，向县、乡技术人员和参加项目的农民进行培训，具体的培训内容详见 2.6 段。培训内容将强调非化学防治方法的重要性和潜在优势，并说明在何种情况下可利用化学方法作为非化学方法的补充。

对病虫害进行监测和预报是各级病虫害防治站的责任。他们在有效利用 IPM 方法中起着至关重要的作用。与世行的政策相似，中国政府的政策同样是强调采取农业法、生物法和其他非化学方法防治，并配合以病虫害监测；只有在其他的防治方法无效，且病虫害监测结果显示病虫害的程度超过了经济阈值时，才可使用农药。

2.2 批准使用的农药清单

根据上述 IPM 的方法及世行农药采购指南（4.09 业务政策），经过筛选，建议使用下列农药（见表 3）。其他农药将在项目实施期间进行确定，在将其列进农药采购清单之前，应向世行提供相同的详细资料。

表 3 批准使用的农药清单

树种	病虫害种类	使用的农药种类	农药分级（WHO）
马尾松	立枯病、松针锈病	甲霜灵	Ⅲ
		百菌清	U
		代森锰锌	U
		多菌灵	U
		代森锌	U
		粉锈宁	Ⅲ
		波尔多液	
	松毛虫、松毒蛾	溴氰菊酯	Ⅱ
		安绿宝	Ⅱ
		杀灭菊酯	Ⅱ
		青虫菌（苏云金杆菌）	Ⅲ
		白僵菌	
杉　木	炭疽病、叶枯病	退菌特	Ⅱ
		多菌灵	U
		波尔多液	
	杉梢小卷蛾	辛硫磷	Ⅱ
		杀螟硫磷乳油	Ⅱ
		马拉硫磷	Ⅲ
火炬松	褐斑病	百菌清	U
		多菌灵	U
		代森锰锌	U
	小卷蛾、松毒蛾	溴氰菊酯	Ⅱ
		速灭杀丁	Ⅱ
		杀螟硫磷乳油	Ⅱ
		马拉硫磷	Ⅲ

续表 3

树种	病虫害种类	使用的农药种类	农药分级(WHO)
落叶松	落叶病	多菌灵	U
		代森锌	U
		百菌清	U
		退菌特	Ⅱ
	松梢螟	杀螟硫磷乳油	Ⅱ
		辛硫磷	Ⅱ
		敌百虫	Ⅲ
湿地松	褐斑病、立枯病、松针锈病	百菌清	U
		甲基托布津	U
		代森锌	U
		多菌灵	U
		代森锰锌	U
		粉锈宁	Ⅲ
		波尔多液	
	小卷蛾、松毒蛾	溴氰菊酯	Ⅱ
		速灭杀丁	Ⅱ
		杀螟硫磷乳油	Ⅱ
		安绿宝	Ⅱ
		马拉硫磷	Ⅲ
毛白杨	透翅蛾、杨扇舟蛾、杨干象虫、春尺蛾、桑天牛、青杨天牛、黄斑天牛	白僵菌	Ⅱ
		倍硫磷	Ⅱ
		丙硫磷	Ⅱ
		杀螟松乳油	Ⅱ
		溴氰菊酯	Ⅲ
		敌百虫	Ⅱ
		亚胺硫磷	

续表 3

树种	病虫害种类	使用的农药种类	农药分级（WHO）
意　杨	溃疡病、烂皮病	甲基托布津	U
		多菌灵	U
		代森锰锌	U
		福美胂	Ⅱ
		托布津	Ⅱ
		波尔多液	
		石硫合剂	
	杨干象虫、桑天牛、青杨天牛、黄斑天牛、透翅蛾、杨扇舟蛾、春尺蛾	倍硫磷	Ⅱ
		丙硫磷	Ⅱ
		杀螟松乳油	Ⅱ
		溴氰菊酯	Ⅱ
		敌百虫	Ⅲ
		亚胺硫磷	Ⅱ
		白僵菌[§]	
泡　桐	丛枝病	土霉素	
	黄刺蛾、大袋蛾	敌百虫	Ⅲ
		亚胺硫磷	Ⅱ
		杀螟松乳油	Ⅱ
枫　香	黄刺蛾、天幕毛虫	亚胺硫磷	Ⅱ
		溴氰菊酯	Ⅱ
		杀灭菊酯	Ⅱ
		白僵菌[§]	
刺　槐	溃疡病	甲基托布津	U
		多菌灵	U
		代森锰锌	U
		波尔多液	
		石硫合剂	
	黄毒蛾、尺蛾、大袋蛾	溴氰菊酯	Ⅱ
		速灭杀丁	Ⅱ
		杀螟硫磷乳油	Ⅱ
		安绿宝	Ⅱ
		马拉硫磷	Ⅲ

续表 3

树种	病虫害种类	使用的农药种类	农药分级（WHO）
毛　竹	竹杆锈病、竹丛枝病、黑粉病	多菌灵	U
		甲基托布津	U
		粉锈宁	Ⅲ
		波尔多液	
	竹蝗、竹螟、竹毒蛾、竹笋象	敌百虫	Ⅲ
		亚胺硫磷	Ⅱ
		杀螟松乳油	Ⅱ
		灭扫利	Ⅱ
		功夫（浓度小于 70%）	Ⅱ
		白僵菌[§]	
核　桃	黑斑病、枝枯病、腐烂病、炭疽病	甲基托布津	U
		代森锌	U
		石硫合剂	
		波尔多液	
	举肢蛾、云斑天牛、草履蚧	丙硫磷	Ⅱ
		亚胺硫磷	Ⅱ
		溴氰菊酯	Ⅱ
		杀灭菊酯	Ⅱ
		乐果	Ⅱ
		速灭威	Ⅱ
		白僵菌[§]	
		机油乳剂	
板　栗	栗瘿蜂、栗大蚜、桃蛀螟、栗红蜘蛛、透翅蛾	乐果	Ⅱ
		亚胺硫磷	Ⅱ
		敌百虫	Ⅲ
		溴氰菊酯	Ⅱ
		杀灭菊酯	Ⅱ
		速灭威	Ⅱ
		卡死克[§]	Ⅲ
		抗蚜威	Ⅱ
		苦参碱[§]	Ⅲ

续表 3

树种	病虫害种类	使用的农药种类	农药分级（WHO）
杏	杏疔病	石硫合剂	
		波尔多液	
	杏仁蜂、李小食心虫、桃红颈天牛、桑白蚧	辛硫磷	Ⅱ
		溴氰菊酯	Ⅱ
		杀灭菊酯	Ⅱ
		速灭威	Ⅱ
		白僵菌§	
		机油乳剂	
银　杏	根茎腐病	波尔多液	
		甲基托布津	U
	大蚕蛾、大袋蛾、茶褐金龟子	溴氰菊酯	Ⅱ
		灭幼脲§	Ⅲ
		卡死克§	Ⅲ
枣	枣疯病、枣锈病	粉锈宁	Ⅲ
		石硫合剂	
		波尔多液	
		盐酸四环素	
	桃小食心虫、食芽象甲、龟甲蜡蚧、枣瘿蚊	杀螟松乳油	Ⅱ
		辛硫磷	Ⅱ
		亚胺硫磷	Ⅱ
		杀灭菊酯	Ⅱ
		溴氰菊酯	Ⅱ
		安绿宝	Ⅱ
		杀灭菊酯	Ⅱ
		青虫菌（苏云金杆菌）	Ⅲ
		乐斯本	Ⅱ

续表 3

树种	病虫害种类	使用的农药种类	农药分级（WHO）
梨	黑星病、轮纹病、梨锈病、干腐病、梨褐斑病	甲基托布津	U
		退菌特	Ⅱ
		多菌灵	U
		霉能灵	U
		多抗霉素[§]	Ⅲ
		速保利	Ⅲ
		石硫合剂	
	桃小食心虫、梨小食心虫、茶翅蝽、梨实蜂、梨木虱、梨象甲	亚胺硫磷	Ⅱ
		杀螟松乳油	Ⅱ
		敌百虫	Ⅲ
		辛硫磷	Ⅱ
		溴氰菊酯	Ⅱ
		杀灭菊酯	Ⅱ
		马拉硫磷	Ⅱ
		多来保	Ⅲ
		一遍净[§]	Ⅱ
		灭幼脲[§]	U
青　檀	叶斑病	多菌灵	U
		石硫合剂	
		波尔多液	
花　椒	流胶病、锈病、枯枝病	退菌特	Ⅱ
		多菌灵	U
		粉锈宁	Ⅲ
		石硫合剂	
		波尔多液	
	蚜虫	乐果	Ⅱ
		溴氰菊酯	Ⅱ
		抗蚜威	Ⅱ

续表 3

树种	病虫害种类	使用的农药种类	农药分级（WHO）
杜　仲	角斑病、褐斑病	波尔多液	
		多菌灵	U
		退菌特	Ⅱ
	豹毒蛾、杜仲梦尼夜蛾	辛硫磷	Ⅱ
		溴氰菊酯	Ⅱ
		杀灭菊酯	Ⅱ
		苏云金干菌[§]	Ⅲ
茶	炭疽病、白星病、茶饼病	多菌灵	U
		百菌清	U
		甲基托布津	U
		退菌特	Ⅱ
		代森锰锌	U
	尺蛾、茶毒蛾	辛硫磷	Ⅱ
		马拉硫磷	Ⅲ
		敌百虫	Ⅲ
		多来保	Ⅲ
		灭幼脲[§]	U
		一遍净[§]	Ⅱ
		抑太保[§]	U
		米满[§]	Ⅲ
桃	桃缩叶病、穿孔病	甲基托布津	U
		退菌特	Ⅱ
		石硫合剂	
		波尔多液	
	桃小食心虫、桃蛀螟、李小食心虫、桃蚜、透翅蛾、桑白蚧	马拉硫磷	Ⅲ
		杀螟松	Ⅱ
		溴氰菊酯	Ⅱ
		苏云金干菌	Ⅲ
		速灭威	Ⅱ
		灭幼脲[§]	U
		石硫合剂	
		机油乳剂	
		白僵菌[§]	

续表 3

树种	病虫害种类	使用的农药种类	农药分级（WHO）
石　榴	干腐病、褐斑病	多菌灵	U
		代森锌	U
		福美胂	Ⅱ
		石硫合剂	
	桃蛀螟、桃小食心虫、龟甲蜡蚧、紫薇绒蚧	马拉硫磷	Ⅲ
		杀螟松	Ⅱ
		溴氰菊酯	Ⅱ
		Bt[§]	Ⅲ
		速灭威	Ⅱ
		灭幼脲[§]	U
		石硫合剂	
		机油乳剂	
		白僵菌[§]	
苹　果	斑点落叶病、腐烂病、轮纹病、干腐病、霉心病、苹果锈病	代森锌	U
		退菌特	Ⅱ
		福美胂	Ⅱ
		扑海因	U
		粉锈宁	Ⅲ
		速保利	Ⅲ
		波尔多液	
		石硫合剂	
	苹果瘤蚜、桃蚜、苹果小卷蛾、桃小食心虫、苹果红蜘蛛、山楂红蜘蛛	杀螟松	Ⅱ
		敌百虫	Ⅲ
		一遍净[§]	Ⅱ
		溴氰菊酯	Ⅱ
		杀灭菊酯	Ⅱ
		乐果	Ⅱ
		抗蚜威	Ⅱ
		除虫精	Ⅱ
		多来保	Ⅲ
		灭幼脲[§]	U
		石硫合剂	

续表 3

树种	病虫害种类	使用的农药种类	农药分级（WHO）
红豆杉	斑病	代森锌	U
	堆砂蛀蛾	退菌特	Ⅱ
		波尔多液	
		马拉硫磷	
油　茶	炭疽病、油茶煤污病	多菌灵	U
		百菌清	U
		甲基托布津	U
		退菌特	Ⅱ
	尺蠖、吹绵蚧	溴氰菊酯	Ⅱ
		敌百虫	Ⅲ
		马拉硫磷	Ⅲ
		杀螟松	Ⅱ
		速灭威	Ⅱ
柑　橘	疮痂病、溃疡病、黑斑病	甲基托布津	U
		退菌特	Ⅱ
		石硫合剂	
		波尔多液	
	柑橘锈螨、茶黄螨、全爪螨、吹绵蚧、矢坚蚧、星天牛、褐天牛	杀螟松	Ⅱ
		溴氰菊酯	Ⅱ
		敌百虫	Ⅲ
		马拉硫磷	Ⅲ
		杀灭菊酯	Ⅱ
		速灭威	Ⅱ
		来福灵	Ⅱ
		抑太保[§]	U
		米满[§]	Ⅲ
		白僵菌[§]	
		石硫合剂	

续表 3

树种	病虫害种类	使用的农药种类	农药分级（WHO）
山核桃	溃疡病、枝枯病	甲基托布津 退菌特 石硫合剂 波尔多液	U Ⅱ
	云斑天牛	溴氰菊酯 敌百虫	Ⅱ Ⅲ
柳　条	东方金龟子、苹毛金龟子	杀螟松 一遍净[§] 杀灭菊酯 速灭威	Ⅱ Ⅱ Ⅱ Ⅱ

注：(1) 带星号“§”者为生物农药；(2) 如果发生表3以外新种类的病虫害，当选用表3中农药不能有效防治时，还可以增加使用表3以外的农药种类。但是，所有被使用的农药必须符合和遵照世界银行的要求与中国的政策法规。

2.3 组织和管理

2.3.1 机构安排

国家林业局世行中心，省、地、县项目办负责实施病虫害管理计划。职责包括指导各项目单位实施综合病虫害管理计划，培训各级林业局人员和农民，监测培训和综合病虫害管理方法的应用。

通过与世行磋商，国家林业局世行中心将批准规定的农药清单，项目资金仅能购买清单上的农药。各级项目办要详细地保存记录，以便对采购进行监测。

省项目办将根据省内出售农药的名称，修改规定的农药清单。该清单将作为各级项目办为县、乡技术人员和农户举办培训班的依据。省项目办将监测县项目办的培训，以及其对综合病虫害管理方法的应用。

县项目办将负责对林业人员（县和乡）和农户的培训，以及综合病虫害管理方法的应用。

国家林业局世行中心制定的本项目的 IMP 总的原则和方法，以及对各项目树种的具体建议；省项目办要对这些总则进行细化，以保证这些建议更符合有关条件，并适用于低水平技术员和农民的培训。

2.3.2 农药管理

世行中心制定农药检验政策并批准项目采购。省项目办根据项目政策采购农药。

每个造林实体应根据病虫害的预测拟定需要的农药的名称、剂量等，向县项目办汇报。县项目办向省项目办汇报，省项目办与国家林业局世行中心一起，根据项目规程来安排批量的采购。

应委派技术人员押送农药，以保证农药及时安全地运送到目的地。一旦装盛农药的容器损坏，必须采取有效的补救方法，以防止污染环境。县项目办将保留运输和交货的原始记录。

根据规定，项目县林业局应用其设施储存项目农药。为造林实体提供服务的单位和零售商店应维护其储存设施。

县林业局和乡林业站技术人员将对病虫害进行诊断，并为林农提供采用规定的农药进行病虫害管理的建议。根据需要，技术人员将依次与有关省级专家或机构进行磋商。这些机构应包括：省森林病虫害防治站，有关农业大学或林业大学的植保系，或经济林、林业专家或植保机构。

2.3.3　农药的安全使用

建议遵循以下步骤：

（1）建议林农根据每块造林地的树种和县监测站病虫害监测报告，参加培训，科学用药。

（2）林农如需要较大量的农药，可以直接从县项目办获得；少量的农药可以直接从乡农药店购买，该农药店提供的农药必须是县项目办批准的农药。

（3）为了有效地防治病虫害，根据不同种类病虫害的生物学特性、损失面积和程度采用不同的喷洒方法。县林业病虫害防治站的人员针对发生病虫害的经济林树种提出使用正确的农药和喷洒路线。

（4）省项目办将保证与有关专家磋商，以形成适合当地情况的具体建议。专家将包括国家或省病虫害防治站，省农业或林业大学的植保系，或国家或省经济林机构、林科所或植保所的有关人员。

（5）要考虑农药的正常周期，以减轻病害虫的抗药性，降低农药对植物的损害。省项目办确保与有关专家进行磋商，制定合适的建议。这些建议将被纳入到培训计划、各点的技术建议和农药采购规程。

（6）各项目点的农民或林农将参加该项目执行过程中有关安全使用农药和农药使用方法的培训。

（7）培训班将重点强调使用农药时穿防护衣的重要性，将包括合适的工作服、防护帽、面罩、手套和鞋。剩余的农药应合理储存或安全处理。

（8）培训班需要强调严格遵守农药使用规程，以避免污染居民区、水源和牧场。

(9) 每个造林实体剩余的农药应退回到指定的农药储存仓库。根据有关法律和规定，空的农药容器需要退回到指定的仓库以便重复使用或处理（深埋）。

(10) 县项目办和乡的技术人员将强调农药管理有效程序的重要性。

2.3.4　农药采购

每个造林实体要根据病虫害的预测，将所需农药的名称、数量、剂量，向项目办汇报。县项目办向省项目办汇报，国家林业局世行中心和省项目办汇总，根据项目的规程安排批量采购。

采购的农药应该遵循“世行项目物资和设备采购办法”。省项目办负责组织采购。世行中心制定项目农药采购审批政策，以确保项目资金仅采购规定农药清单上的农药。

2.4　培训

该项目将为县和乡的技术人员举办培训班，林农将参加各地点有关树种的培训。项目省根据综合病虫害管理办法和各树种安全使用农药的建议，举办培训班。培训要基于推荐的 IMF 的方法和各省各树种农药安全使用措施进行。

国家林业局世行中心将根据项目实施情况与各省的实际，修改本管理计划。省项目办将基于本管理计划对省级项目培训计划作出安排，并吸收省、县主要技术人员的建议，准备培训材料和培训计划。省项目办还要对为县、乡级技术人员准备的培训材料和培训计划作出安排。项目县将负责对林农的培训和示范使用的培训材料。

2.4.1　培训内容

法律和法规的培训：将包括“森林法”、“环境保护法”、“森林病虫害防治条例”、“综合病虫害管理计划”、“世界银行行业政策”，并根据培训人员水平进行调整。

技术知识培训：病虫害的识别、生命周期、生物学特性、防治技术、病虫害的基本知识、农药管理和安全使用。深度将根据参加培训人员的水平进行调整。

实地操作：为林农进行正确和安全的使用农药的实地示范。

2.4.2　培训方法

一般的培训以如下方法进行组织：

●各省项目办负责举办省级培训班；国家林业局世行中心对省级培训班进行检查。

●县或省林业局的人员（主要来自于森林病虫害监测站）负责县级举办的对县、乡技术人员的培训。

●乡级技术员采用基础教育资料，进行实地操作示范，为农民和林农举办现场培训。对农民和技术人员进行的培训课程应主要在实地和苗圃进行。

省、县项目办应根据 IPM 的要求和项目地点存在的问题，计划和安排每年的培训。各级的培训安排记录应提供给上一级项目办，以便监测。

2.4.3　培训计划和预算

项目实施期间，每个省应制定总的培训计划和预算，包括：每年分树种培训班的次数、参加人数、培训地点、培训计划和培训资料的详细情况。国家林业局世行中心应事先批准详细的年度培训计划。预算应说明准备培训资料和培训的单位成本（每人每天）。培训活动支付的依据是：①编制的培训资料；②可监测的举办培训班证据（参加人数、教员和期限的记录）。

将根据省项目办准备的详细年度预算和总体培训计划，修改以下象征性的预算，如表4：

表4　培训预算估计

<table>
<tr><th>培训内容</th><th>培训课程数量</th><th>参加培训人员数量</th><th>估计费用（万元人民币）</th></tr>
<tr><td>合计</td><td>558</td><td>8 495</td><td>218.7</td></tr>
<tr><td>1. 国家级</td><td>1</td><td>30</td><td>5.4</td></tr>
<tr><td>（1）农药安全使用和管理</td><td rowspan="2">1</td><td rowspan="2">30</td><td rowspan="2">5.4</td></tr>
<tr><td>（2）林业技术和果树病虫害控制</td></tr>
<tr><td>2. 省级</td><td>22</td><td>440</td><td>52.8</td></tr>
<tr><td>（1）病虫害控制和农药安全使用</td><td>11</td><td>220</td><td>26.4</td></tr>
<tr><td>（2）林业技术和果树病虫害控制（非化学方法）</td><td>11</td><td>220</td><td>26.4</td></tr>
<tr><td>3. 县级</td><td>535</td><td>8 025</td><td>160.5</td></tr>
<tr><td>每个项目区一年一次培训课程（病虫害控制和农药安全使用）</td><td>535</td><td>8 025</td><td>160.5</td></tr>
</table>

说明： 每个省项目办将准备一个总的培训计划和详细的年度培训计划和预算。

2.5　监测

病虫害管理计划监测要求注重以下方面：

●为 IPM 和农药安全使用编制培训教材和计划；

●在 IPM 方法和农药安全使用方法方面，培训县级和乡级的项目工作人员及项目农民；

●有效监测和预测项目造林树种的病虫害；

●为项目区筛选、购买、分配和使用被批准的最合适的农药。

由省级项目办准备对省级、县级和农户培训的教材，由世行中心负责监测。

世行中心监测省级和县级培训计划的实施，由省项目办在县项目办准备的培训报告的基础上，监测乡级和农户培训计划的实施。

病虫害防治站应有效地预测病虫害的影响范围，给野外工作人员提供常规的指南，对病虫害的暴发作出反应，病虫害防治站由其上级技术负责机构监测，并同时接受项目办监测，以保证项目农户得到符合要求的服务。

在采购报告的基础上，由世行中心监测筛选和购买被批准的农药。在由各级病虫害防治站提供的信息的基础上，由省级和县级项目办监测农药的分配和使用。项目农用化学药品的储存和搬运也由各级病虫害防治站监测。

林业持续发展项目货物采购与工程招标管理办法

（国家林业局世界银行项目管理中心
2002 年 12 月）

第一章　总　则

第一条　为了保证世界银行贷款“林业持续发展项目”(以下简称“SFDP”项目）在物资设备采购和小型工程招标等方面规范化管理，根据《国际复兴开发银行贷款和国际开发协会信贷采购指南》及财政部、国家机电产品进出口办公室关于《世界银行贷款项目采购管理暂行规定》等有关文件，特制定本办法。

第二条　本办法适用于“SFDP”项目下人工林营造部分的物资设备采购、小型工程建设（包括：小规模灌溉工程、新扩建苗圃，以及子贷款下的乡村基础设施等)。

第三条　本项目物资设备采购和小型工程是项目实施的重要组成部分，在项目文件中明确了物资设备及工程数量。因此，所有项目省都必须按照规定进行物资设备采购和工程建设。

第四条　为保证“SFDP”项目物资设备采购和小型工程建设的顺利实施，各省林业厅世界银行贷款项目办公室（以下简称省世行办）要安排专人负责物资设备采购和小型工程建设。负责该项工作人员责任心要强，并具备一定的组织能力。除特殊情况外，负责采购方面的人员应保持相对稳定。

第五条　为了提高货物的接运效率，降低接运费用，本项目统一采购的物资设备交货后（各省负责的小型工程除外)，由国家林业局世界银行贷款项目管理中心（以下简称世行中心）统一组织项目省的有关人员到港口或工厂接货。世行中心负责提供必要的文件和资料，并办理有关提货手续；各省世行办除选派经验丰富的人员参加接货外，还应按要求及时支付接货所需的各项费用。非统一采购的物资设备，由有关省自己组织接运。

第六条　为了保证各省项目单位对采购的车辆、计算机和化肥、农药等在仓储、使用方面安全可靠，应在合同中规定，厂家或供货商要为项目用户提供相应的技术培训。

第七条 采购的项目物资设备，项目单位要有专人负责管理，做到进有账、出有据，严禁倒买倒卖和闲置浪费。化肥、农药应储存在阴凉、通风干燥的仓库内。车辆应固定专人驾驶，做到长年维护，定期保养。

第二章 物资设备及采购

第八条 物资采购包括化肥（尿素、复合肥、过磷酸钙、钙镁磷肥、氯化钾）、农药和林木良种（湿地松和火炬松）。设备采购包括车辆（护林防火指挥车、皮卡车、卡车、中巴车、越野摩托车）、办公设备（计算机、打印机、复印机、传真机、照相机、摄像机、电视机、投影仪）、苗圃设备（灌溉设备、喷灌设备、打药机、喷雾设备、温室、塑料大棚、整地设备等）。

第九条 根据“SFDP”贷款协定规定，本项目的物资设备采购采用以下方式进行：（i）国际竞争性招标包括：化肥、护林防火指挥车、皮卡车、卡车、中巴车；（ii）国内竞争性招标包括：越野摩托车、计算机、打印机、复印机、传真机、照相机、摄像机、电视机、投影仪、灌溉设备、喷灌设备、温室、塑料大棚；（iii）询价采购包括：打药机、整地设备、喷雾设备等；（iv）直接采购林木良种。

第十条 世行中心负责：各类物资设备国际竞争性招标、国内竞争性招标和部分设备国际与国内询价采购，以及世界银行（以下简称世行）已确认由国家林业局林木种子公司以直接采购方式进行的进口林木良种采购工作。

省世行办负责：各省的年度物资设备采购计划的确认，组织本省的物资设备的接运和验收，监督项目实施单位管理和使用好项目物资设备。负责小规模灌溉工程（打井）、新扩建苗圃工程以及子贷款下的乡村基础设施工程的国内竞争性招标和国内询价工作的具体实施。

第十一条 世行中心每年年初将参加世行规定的“SFDP”项目物资设备采购时间表，向各项目省世行办下达当年物资设备采购计划。各项目省世行办可根据本省项目实施进度和项目实际需要，对世行中心下达的采购计划进行修改和补充，补充的采购内容不能超出国家计委与世行批准的项目可行性研究报告采购清单中规定的内容。最后上报世行中心的年度物资设备采购计划，必须经省林业厅（局）世行办和财政厅主管本项目的处（室）盖章确认。世行中心收到各省确认后的采购计划，将立即组织招标采购。在招标采购过程中，各省不得随意更改或撤销采购计划。

第十二条 根据“SFDP”项目采购委托代理协议规定，由世行中心统一组织招标采购的物资或设备，招标代理手续费由用户承担（代理手续费为合同总金额的0.3%）。世行中心在签订合同前，用传真将代理手续费具体数额通知各省，各省世行办收到通知后 30 个工作日内，以省为单位向指定账户支付招标代理手续费，逾期支付将承担由此造成延迟交货的责任。

第十三条 货物运抵项目省后，一周内应完成货物验收，并以传真的方式将项目单位盖章后的货物验收单报世行中心，以便向财政部申请为卖方支付货款。如不及时验货和提供货物验收单，而由此产生的费用由责任方承担。

第三章 小型工程

第十四条 本项目的小型工程包括：小规模灌溉工程（打井）、新扩建苗圃工程和子贷款下的乡村基础设施工程，由省世行办负责实施。单个合同大于 10 万美元小于 25 万美元的小型工程，采用国内招标方式进行（采购步骤详见附件 2）。单个合同小于 10 万美元的工程，采用国内询价方式进行（采购步骤详见附件 1）。

第十五条 河北省小规模灌溉工程（打井），由省项目办负责实施，首先要根据国家及地方的有关规定办好相关批准手续，如果每个合同概算金额超过 10 万美元，应按国内竞争性招标准备招标文件，并将标书报送世行中心审查，审查通过后才能进行国内竞争性招标。如果每个合同概算金额小于 10 万美元，采用国内询价采购方式进行采购。

第十六条 由省项目办以国内询价方式实施的小型工程，每个省前两个项目的所有报价单和综合评比结果报告，须报世行中心和世行驻北京代表处审查，获得批准后才能与供货商签订合同，并将合同复印件报世行中心和世行驻北京代表处备案。

第十七条 合格的工程承包人必须来自省级认定的施工单位，且具有多年的施工组织经验，在相关行业信誉比较好的单位。承包人应有足够的资金用于赔付因施工不当给项目单位造成的经济损失。承包人与发包人（单位）无隶属关系或合作关系或亲属关系，如有上述关系之一者均无资格承包或参加投标（自营工程除外）。

第十八条 中标或得到工程承包权的承包人，在工程建设项目动工之前，应进行必要的施工设计，并提交施工图纸、原材料清单及工程费用概算清单等。

第十九条 工程建设施工人员一定要按施工进度进行施工，工程所需的原材料一定要保证质量，不能以次充好。在整个工程实施过程中，项目单位要有专人在现场进行质量监督。每道工序完成之后都要进行阶段性质量检查。

第二十条 全部工程结束后，项目单位要组织有关部门人员，根据施工合同和行业标准对施工质量进行全面的验收。凡不能满足合同要求或达不到标准的要责令施工部门进行返工，返工的一切费用由承包人承担。如果施工质量经检查能够满足合同要求，并达到了行业标准，项目单位要及时进行工程验收，并签署工程验收单，作为付款凭证。

第四章　采购凭证管理

第二十一条　各省世行办要建立采购凭证档案，每一个采购合同，从编制计划到货物验收，每一步都要留存相应的凭证，按时间和程序建立档案，以备接受世行及上级主管部门检查。

第二十二条　采购凭证档案内容包括：①经省财政确认后的采购计划；②询价单;③供货厂商报价单；④评标报告；⑤世行中心对中标结果的批件(适用于国内竞争招标)；⑥买卖双方签署的购货合同；⑦供货厂商的供货发票；⑧省项目办签署的货物数量、质量验收证明。

附件 1

询价采购操作步骤：

第一步，制定详细采购清单（包括品名、规格型号、数量、金额等)，报世行中心确认。

第二步，准备询价单。询价单要有下列内容：询价日期、设备技术要求和工程质量要求、设备数量、工程土方量、交货时间和建设期、询价截止日期。备注中列明，国产货报出厂价，国外货报到岸价。

第三步，发询价单。采购国内物资设备和进行小型工程建设，询价单应发给不同的三家以上供货商或公司；国际询价采购应邀请至少来自两个不同国家的三家以上供货商提出的报价。

第四步，综合比较。将所有按时提交报价单内容进行综合比较，技术上满足要求，价格最低的报价中标，根据比较结果编写评比结果报告。

第五步，合同谈判。双方针对价格、技术参数和质量要求、交货期和建设期、配件及辅助实施等进行商谈。

第六步，签订合同。对商谈后的合同条款核对后，由买卖双方法人及法人授权代表在合同上签字，并加盖公章，合同签订后报世行中心备案。

第七步，质量验收。买方收到货物或土建工程竣工后要及时进行质量验收，发现问题要及时向卖方或承包方提出。在数量和质量无问题的情况下，买方与卖方签订验收单。

第八步，申请付款。买方对物资设备或工程验收无误，付款单据齐全后，可以通过省财政向财政部申请付款，同时将有关资料报世行中心审核备案。

第九步，建立采购凭证档案。将从编制计划到货物验收，每一步骤的有关材料作为凭证，按时间和程序建立档案。

附件 2

一、国内竞争性招标步骤

第一步，根据项目单位的要求，依据《范本》的规定和格式，编写招标文件；

第二步，招标文件（中文）送项目主管部门和世行驻京代表处审查；

第三步，在国内报刊或有关杂志上刊登招标广告、出售标书；

第四步，组织开标、评标和澄清有关问题；

第五步，编写评标报告，并送项目主管部门和世行驻京代表处审批；

第六步，合同谈判和签订购货合同；

第七步，组织接货和验货；

第八步，准备付款单据，申请支付货款；

第九步，建立招标采购凭证档案。

二、国内竞争性招标有关要求

第一条　利用国内竞争性招标方式进行的小型工程招标，必须按照财政部统一印制的《世界银行贷款项目招标采购文件范本》（以下简称范本）编写招标标书。

第二条　根据世行有关规定，国内招标应在国内刊物上刊登招标广告。招标广告刊登时间应与出售标书的时间相同。自开始出售标书到开标时间应不少于6周，以保证预期投标人有足够的时间准备投标文件或落实货源。

第三条　投标截止时间、开标时间以及开标地点应在招标通告中明确公布，超过投标截止时间的投标为无效投标，应当场废除。

第四条　评标工作由项目主管部门的有关人员组成评标小组，以招标文件为依据，对有效投标文件的商务内容（工厂授权书、厂家资信证明、投标保证金、生产许可证、产品质量证书、交货期等）和技术内容（技术性能和技术规格等），本着公平公正、合理的原则进行评标。评标期间，评标人员禁止与各投标人接触，需向投标人澄清问题时应采用书面形式，但不能寻求、提出或允许更改投标价格或投标书的实质性内容。如果投标人企图对评标或授予合同施加影响，将导致该投标人的投标书被废除。评标结果应报有关部门审查，审查通过后才能授予合同，合同应授予在商务和技术方面作出实质性响应、评标价最低的投标人。

第五条 在缺乏有效竞争或所有投标者都未对招标文件作出实质性响应的情况下可以废标；如果最低评标价超过标前概算20%以上，可以考虑整个招标废标；土建工程利用国内竞争性招标，为防止投标人以不实际的低价夺标，保证项目按期按质完工，在招标文件中应规定在评标时对投标人或分包商的报价按国内行业主管部门制定的定额标准，并根据所投施工方案进行审核澄清。如投标报价低于概算20%以上，而投标的施工方案无明显先进之处，又无法证明具有降低成本的理由，可考虑废标；在商务方面不响应标书要求的，应予以废标。

第六条 合同的格式和内容必须按照《范本》的要求进行编写；签订涉外合同，国内签约方必须具有进出口权，必须是独立的经济实体；无论是涉外合同还是国内合同，合同签订人必须是该单位的法人或法人授权人。规范的合同要求除法人或法人授权人在合同最后签字，盖法人单位印章外，合同的每一页都应进行小签，以防止他人在合同内容上弄虚作假。

第七条 根据招标文件的有关规定，合同生效后56天内，卖方向买方免费提供操作手册、使用说明书、维修手册等。在质量保质期内，卖方为买方免费更换非用户使用不当而损坏的零部件。采购的货物如需要安装，卖方应在接到买方安装通知2周内到达安装现场进行安装。如果卖方提供的货物数量、质量或规格与合同要求不符，买方可根据商检部门出具的检验结果报告，在质量保质期内向卖方提出索赔。卖方接到买方索赔通知28天内作出答复，卖方未按期答复，索赔可视为已被卖方接受。索赔款可从卖方的履约保证金中扣除。

第八条 根据财政部的有关规定，买方为卖方支付货款，必须要有项目省世行办出具的货物验收证明。为了按时支付货款，各省世行办收到货物后，一周内要验收完毕，并将验收结果报世行中心。如验收中发现数量或质量方面存在问题，应及时与世行中心联系，以便及时采取补救措施。

河南省利用世界银行贷款林业持续发展项目实施管理办法

第一条　为执行中华人民共和国与国际复兴开发银行（以下简称世行）签订的《林业持续发展项目贷款协定》（以下简称“贷款协定”），财政部与河南省人民政府签订的《林业持续发展项目转贷协议》（以下简称“转贷协议”），财政部、国家林业局下发的《林业持续发展项目人工林营造部分的实施规定》（财际函［2002］72号，以下简称“实施规定”），以及省财政厅与项目市人民政府签订的《世界银行贷款林业持续发展项目转贷协议》，实现项目目标，特制定本办法。

第二条　项目市、县（市、区）财政局作为同级人民政府的债权债务代表，应加强对贷款项目的管理和监督，逐级签订转贷协议，明确债权债务关系，并负责贷款的提款报账、支付、回收与偿还。项目市、县（市、区）林业局按照“贷款协定”、“转贷协议”和本办法的要求，负责全面组织同级分项目的实施。

第三条　项目市、县（市、区）应根据项目的总体安排和本地区承贷的世行贷款、国内配套、劳务折抵资金额度（详见附表1），负责完成营造用材林、经济林和苗圃建设及各项实施任务（详见附表2）。

第四条　项目市、县（市、区）应分别成立世行贷款“林业持续发展项目”领导小组（以下简称项目领导小组），领导、协调本项目的实施工作，项目领导小组组长由主管项目的各级人民政府领导担任，成员分别由财政、林业、计划、审计等部门领导组成，并在林业部门内成立世行贷款项目办公室，具体组织项目的实施，各级人民政府应督促有关部门为各级项目办公室配备相对稳定的得力的工作人员，以保证有效地履行实施项目的各项职能。

第五条　本项目资金组成为世行贷款50%，省配套10%，市、县（市、区）两级配套15%（市、县比例由各市确定，一般市级7%、县级8%），生产单位劳务折抵25%。各市、县（市、区）要按照对项目的承诺，落实配套资金，当年配套资金总额的60%要在本年度的第一季度内到位。剩余部分应在年度工程验收合格后，提款报账前一次到位。

第六条 项目区财政部门应逐级将世行贷款转贷至项目管理单位或受益人，明确债权债务关系。项目区向省提交的提款报账申请，应按照财政部和省财政厅制定的提款报账管理办法严格执行。

第七条 本项目的资金使用要单独开设账户，单独计账，单独核算，并按照财政部、省财政厅、林业部门的有关规定进行资金管理、会计核算，编制半年和年度财务报表，及时汇总上报。

项目执行单位要按照会计惯例保存足以反映本项目各个部分的有关业务、资金筹集、开支情况的各种记录、账目和凭证（合同、发票、收据、记账凭证等），以备世行和上级财政、林业、审计部门检查。

第八条 为使项目得到有效的管理，根据财政部颁发的《世界银行贷款项目管理费收取和使用办法》（财世字［1998］90 号）的规定，本项目提取项目管理费的比例为不超过河南省世行贷款总额的 1.4%，部、省两级管理费分配比例为 3:7，由省林业厅项目办公室按照年度世行贷款用款计划从当年下达的省级配套资金中提留。市、县（市、区）两级项目管理费由市、县（市、区）财政部门根据实际需要从本级配套资金中安排。

第九条 为确保项目科研与技术推广、培训、管理监测及环保评价计划的实施，各项目单位除分担世行特定从贷款中安排的用于整个项目的技术推广、培训和监测评价的资金债务外，相对应的类别配套资金，由省、市、县（市、区）三级项目管理办公室管理，省、市、县（市、区）三级的分配比例为6:2:2。

第十条 由国家林业局负责统一实施的物资采购、国外考察培训、技术咨询等，发生的相关费用由国家林业局进行债务分割，凡直接用于各项目单位的，由项目单位自行负担债务；对一些必须由国家林业局或全省统一执行的公共费用，按各单位使用世行贷款额度所占比例分摊，采购物资所需支付的手续费、关税、港口费和国内运杂费等，列入项目费用开支，由物资使用单位承担。

第十一条 市、县（市、区）项目林业局要按照批准的项目可行性研究报告和造林总体设计，编制下年度项目实施计划，经同级财政部门审核后于每年的 10 月 31 日前上报省林业厅，由省林业厅汇总、审核、平衡，并经省财政厅同意后报国家林业局审批下达。

第十二条 项目实施计划一经下达，必须严格执行，不得擅自变更。在项目实施过程中，需要调整项目内容，如增加或减少造林规模、调整项目地块等，必须以书面报告将调整意见逐级上报到省财政厅和省林业厅，经省财政厅和省林业厅批准后执行。如果变动幅度过大，需按程序报国家林业局批复。

第十三条　项目实施要严格执行国家林业局制定的《速生丰产用材林标准》、《造林模型》、《苗圃技术管理规程》、《主要造林树种苗木标准》和《主要造林树种种源区》等有关技术规定，严格按照批准的造林总体设计和施工设计进行施工，项目造林要做到适地适树、科学整地、合理密植、精心栽植，确保施工质量。项目施工必须签订施工合同，竣工后按规定进行检查验收，合格后进行结算。

第十四条　项目施工过程中，要按照施工工序分阶段、分层次进行检查验收。首先由造林单位进行全面自查，合格后报县（市、区）林业局；县（市、区）林业局对造林单位逐地块、逐小班进行面积核实和造林质量验收，并按规定编写年度自查报告报省林业厅；省林业厅根据各项目县（市、区）提交的自查报告，按照上报造林面积的10%～15%进行抽查，以抽查结果推算各县（市、区）合格造林面积，同时编写省级项目年度检查验收报告，分别报省财政厅、国家林业局和财政部，并以该报告的结果作为最终报账支付的依据。

第十五条　项目科技推广实行统一规划、分级实施。各项目市、县（市、区）根据省林业厅的项目科技推广计划，完成本地区科技推广工作。

第十六条　各级项目管理机构和造林单位要严格执行国家林业局世行项目管理中心制定的《林业持续发展项目环境保护规程》，省、市、县（市、区）项目办公室必须确定专门人员负责项目环保工作。

第十七条　省林业厅、项目县（市、区）林业局负责项目的物资采购工作。通过国家林业局世行项目管理中心统一采购的种子、化肥、设备、车辆等由各项目县（市、区）上报采购计划，经市、县（市、区）财政部门确认，省林业厅汇总，省财政厅审核同意后统一上报国家林业局，其他在国内采购的土建工程、苗圃设备等，按照国家林业局制定的采购办法和省财政厅的有关规定组织实施。

本项目采购农药的资金由配套资金解决，农药的采购、储运和使用，应按世行农药使用指南的规定执行。

各级项目办公室要切实抓好项目物资的采购、调运、验收、保管和发放等工作。监督项目单位正确地安装、使用和维修项目采购的各种物资设备，项目物资在交接和运输过程中要注意把好数量和质量关，并及时下拨到物资使用单位。

第十八条　项目市、县（市、区）应严格履行我国与世行签订的“贷款协定”，与省财政厅签订的“转贷协议”，按照项目相关文件规定，履行对项目的承诺，接受上级财政、林业、审计部门的检查与监督，对于违反上述规定的，经省财政厅、省林业厅商定，可停止该市、县（市、区）的项目实施或报账申请，直至问题得到全面解决为止。

第十九条　本办法自印发之日起实行。

第二十条　本办法解释权归省财政厅、省林业厅。

附表1 河南省林业持续发展项目资金来源表

单位	总投资（万美元）				折人民币（万元）			
	合计	世行贷款	国内配套	劳务折抵	合计	世行贷款	国内配套	劳务折抵
合计	4 040.00	2 020.00	1 010.00	1 010.00	33 532.00	16 766.00	8 383.00	8 383.00
郑州市	258.26	129.13	64.57	64.57	2 143.56	1 071.78	535.89	535.89
新郑市	258.26	129.13	64.57	64.57	2 143.56	1 071.78	535.89	535.89
许昌市	611.38	305.69	152.85	152.85	5 074.45	2 537.23	1 268.61	1 268.61
许昌县	204.32	102.16	51.08	51.08	1 695.86	847.93	423.96	423.96
长葛市	220.12	110.06	55.03	55.03	1 827.00	913.50	456.75	456.75
襄城县	186.94	93.47	46.74	46.74	1 551.60	775.80	387.90	387.90
周口市	361.56	180.78	90.39	90.39	3 000.95	1 500.47	750.24	750.24
鹿邑县	185.72	92.86	46.43	46.43	1 541.48	770.74	385.37	385.37
商水县	175.84	87.92	43.96	43.96	1 459.47	729.74	364.87	364.87
驻马店市	208.72	104.36	52.18	52.18	1 732.38	866.19	433.09	433.09
平舆县	208.72	104.36	52.18	52.18	1 732.38	866.19	433.09	433.09
漯河市	213.74	106.87	53.44	53.44	1 774.04	887.02	443.51	443.51
郾城县	213.74	106.87	53.44	53.44	1 774.04	887.02	443.51	443.51
信阳市	618.22	309.11	154.56	154.56	5 131.23	2 565.61	1 282.81	1 282.81
罗山县	216.28	108.14	54.07	54.07	1 795.12	897.56	448.78	448.78
平桥区	189.34	94.67	47.34	47.34	1 571.52	785.76	392.88	392.88
淮滨县	212.60	106.30	53.15	53.15	1 764.58	882.29	441.15	441.15
开封市	200.46	100.23	50.12	50.12	1 663.82	831.91	415.95	415.95
开封县	200.46	100.23	50.12	50.12	1 663.82	831.91	415.95	415.95
焦作市	529.40	264.70	132.35	132.35	4 394.02	2 197.01	1 098.51	1 098.51
沁阳市	265.36	132.68	66.34	66.34	2 202.49	1 101.24	550.62	550.62
温县	264.04	132.02	66.01	66.01	2 191.53	1 095.77	547.88	547.88
濮阳市	190.62	95.31	47.66	47.66	1 582.15	791.07	395.54	395.54
南乐县	190.62	95.31	47.66	47.66	1 582.15	791.07	395.54	395.54
南阳市	584.54	292.27	146.14	146.14	4 851.68	2 425.84	1 212.92	1 212.92
桐柏县	187.74	93.87	46.94	46.94	1 558.24	779.12	389.56	389.56
社旗县	209.20	104.60	52.30	52.30	1 736.36	868.18	434.09	434.09
邓州市	187.60	93.80	46.90	46.90	1 557.08	778.54	389.27	389.27
洛阳市	189.50	94.75	47.38	47.38	1 572.85	786.43	393.21	393.21
偃师市	189.50	94.75	47.38	47.38	1 572.85	786.43	393.21	393.21
济源市	73.60	36.80	18.40	18.40	610.87	305.44	152.72	152.72

附表2 河南省林业持续发展项目建设内容

单位	人工林营造（hm^2）			苗圃（个）
	合计	用材林	经济林	
合计	38 071.5	16 137.9	21 933.6	5
郑州市	2 165.0	184.6	1 980.4	
新郑市	2 165.0	184.6	1 980.4	
许昌市	5 941.2	2 983.2	2 958.0	
许昌县	2 220.0	1 335.0	885.0	
长葛市	2 441.4	1 228.4	1 213.0	
襄城县	1 279.8	419.8	860.0	
周口市	3 147.4	745.0	2 402.4	
鹿邑县	1 920.4	703.0	1 217.4	
商水县	1 227.0	42.0	1 185.0	
驻马店市	1 819.7	674.5	1 145.2	
平舆县	1 819.7	674.5	1 145.2	
漯河市	1 742.0	864.8	877.2	
郾城县	1 742.0	864.8	877.2	
信阳市	6 866.4	4 102.6	2 763.8	2
罗山县	2 040.6	1 068.4	972.2	1
平桥区	2 110.0	942.2	1 167.8	
淮滨县	2 715.8	2 092.0	623.8	1
开封市	1 608.9	323.6	1 285.3	1
开封县	1 608.9	323.6	1 285.3	1
焦作市	5 962.6	3 849.5	2 113.1	1
沁阳市	1 809.6	315.4	1 494.2	1
温县	4 153.0	3 534.1	618.9	
濮阳市	1 569.4	674.2	895.2	1
南乐县	1 569.4	674.2	895.2	1
南阳市	5 390.0	1 073.5	4 316.5	
桐柏县	1 760.0	650.0	1 110.0	
社旗县	2 035.6	280.7	1 754.9	
邓州市	1 594.4	142.8	1 451.6	
洛阳市	1 204.7	356.3	848.4	
偃师市	1 204.7	356.3	848.4	
济源市	654.2	306.1	348.1	

附表 3　河南省林业持续发展项目世行贷款资金支付类别表

（单位：美元）

单位	工程		物资和设备	技术咨询推广培训	先征费	待分配	合计
	营林工程费	苗圃建设及管护棚					
合计	14 486 000	574 000	3 443 000	142 000	202 000	1 353 000	20 200 000
郑州市	995 676	20 742	166 400	9 077	12 913	86 492	1 291 300
新郑市	995 676	20 742	166 400	9 077	12 913	86 492	1 291 300
许昌市	2 309 874	49 116	441 100	21 490	30 569	204 751	3 056 900
许昌县	775 261	16 414	144 100	7 182	10 216	68 427	1 021 600
长葛市	829 454	17 685	161 000	7 737	11 006	73 718	1 100 600
襄城县	705 159	15 017	136 000	6 571	9 347	62 606	934 700
周口市	1 342 451	29 075	284 400	12 709	18 078	121 087	1 807 800
鹿邑县	692 161	14 927	143 500	6 528	9 286	62 198	928 600
商水县	650 290	14 148	140 900	6 181	8 792	58 889	879 200
驻马店市	781 981	16 846	157 100	7 336	10 436	69 901	1 043 600
平舆县	781 981	16 846	157 100	7 336	10 436	69 901	1 043 600
漯河市	803 973	17 145	157 800	7 513	10 687	71 582	1 068 700
郾城县	803 973	17 145	157 800	7 513	10 687	71 582	1 068 700
信阳市	2 053 991	139 926	637 500	21 730	30 911	207 042	3 091 100
罗山县	681 724	56 928	251 900	7 602	10 814	72 432	1 081 400
平桥区	723 141	15 227	128 800	6 655	9 467	63 410	946 700
淮滨县	649 126	67 771	256 800	7 473	10 630	71 200	1 063 000
开封市	607 204	73 193	237 700	7 046	10 023	67 134	1 002 300
开封县	607 204	73 193	237 700	7 046	10 023	67 134	1 002 300
焦作市	1 887 685	91 541	445 400	18 608	26 470	177 296	2 647 000
沁阳市	859 017	70 319	286 000	9 327	13 268	88 869	1 326 800
温县	1 028 668	21 222	159 400	9 281	13 202	88 427	1 320 200
濮阳市	551 017	68 313	253 700	6 700	9 531	63 839	953 100
南乐县	551 017	68 313	253 700	6 700	9 531	63 839	953 100
南阳市	2 201 325	46 940	428 900	20 546	29 227	195 762	2 922 700
桐柏县	699 533	15 107	145 200	6 599	9 387	62 874	938 700
社旗县	802 540	16 786	138 800	7 353	10 460	70 061	1 046 000
邓州市	699 252	15 047	144 900	6 594	9 380	62 827	938 000
洛阳市	708 573	15 227	144 100	6 661	9 475	63 464	947 500
偃师市	708 573	15 227	144 100	6 661	9 475	63 464	947 500
济源市	242 248	5 936	88 900	2 587	3 680	24 649	368 000

附表4　按类别总投资表　（单位：万元人民币）

单位	合计	工程		物资设备				技术咨询、培训			先征费	待分配
		(a) 营林工程费	(b) 苗圃土建	营林部分设备	新扩建苗圃	化肥	农药	国内培训	国外培训	监督检查		
合计	33 532.00	26 513.00	620.70	1 069.10	573.80	1 691.10	246.40	490.20	91.20	191.20	166.10	1 879.20
郑州市	2 143.56	1 790.42		55.80		103.70	13.50	31.34	5.83	12.22	10.62	120.13
新郑市	2 143.56	1 790.42		55.80		103.70	13.50	31.34	5.83	12.22	10.62	120.13
许昌市	5 074.46	4 192.12		148.20		272.10	35.60	74.18	13.80	28.93	25.14	284.38
许昌县	1 695.86	1 403.55		46.40		90.80	12.60	24.79	4.61	9.67	8.40	95.04
长葛市	1 827.00	1 508.77		54.30		97.80	12.60	26.71	4.97	10.42	9.05	102.39
襄城县	1 551.60	1 279.81		47.50		83.50	10.40	22.68	4.22	8.85	7.69	86.95
周口市	3 000.95	2 453.06		110.50		160.00	25.20	43.87	8.16	17.11	14.87	168.18
鹿邑县	1 541.48	1 262.74		54.40		82.20	12.60	22.53	4.19	8.79	7.64	86.39
商水县	1 459.47	1 190.32		56.10		77.80	12.60	21.34	3.97	8.32	7.23	81.79
驻马店市	1 732.38	1 423.40		58.60		92.20	12.60	25.33	4.71	9.88	8.58	97.09
平舆县	1 732.38	1 423.40		58.60		92.20	12.60	25.33	4.71	9.88	8.58	97.09
漯河市	1 774.04	1 460.86		56.40		95.10	12.60	25.93	4.83	10.12	8.79	99.42
郾城县	1 774.04	1 460.86		56.40		95.10	12.60	25.93	4.83	10.12	8.79	99.42
信阳市	5 131.22	3 807.01	230.00	163.40	212.00	249.30	38.30	75.01	13.96	29.26	25.42	287.56
罗山县	1 795.12	1 277.27	105.00	67.90	97.00	83.60	13.50	26.24	4.88	10.24	8.89	100.60
平桥区	1 571.52	1 305.46		36.90		83.60	13.50	22.97	4.27	8.96	7.78	88.07
淮滨县	1 764.58	1 224.29	125.00	58.60	115.00	82.10	11.30	25.80	4.80	10.06	8.74	98.89
开封市	1 663.82	1 141.80	135.00	37.60	124.00	74.80	10.80	24.32	4.53	9.49	8.24	93.24
开封县	1 663.82	1 141.80	135.00	37.60	124.00	74.80	10.80	24.32	4.53	9.49	8.24	93.24
焦作市	4 394.02	3 431.86	129.70	115.40	122.00	197.40	28.40	64.24	11.95	25.05	21.77	246.25
沁阳市	2 202.49	1 590.30	129.70	67.80	122.00	93.60	14.00	32.20	5.99	12.56	10.91	123.43
温县	2 191.53	1 841.56		47.60		103.80	14.40	32.04	5.96	12.50	10.86	122.82
濮阳市	1 582.15	1 056.49	126.00	66.30	115.80	72.00	12.60	23.13	4.30	9.02	7.84	88.67
南乐县	1 582.15	1 056.49	126.00	66.30	115.80	72.00	12.60	23.13	4.30	9.02	7.84	88.67
南阳市	4 851.68	3 997.96		146.70		260.60	38.70	70.93	13.20	27.66	24.03	271.90
桐柏县	1 558.24	1 276.29		54.90		83.50	12.60	22.78	4.24	8.89	7.72	87.33
社旗县	1 736.36	1 446.14		37.20		93.60	13.50	25.38	4.72	9.90	8.60	97.31
邓州市	1 557.08	1 275.53		54.60		83.50	12.60	22.76	4.23	8.88	7.71	87.26
洛阳市	1 572.85	1 290.87		55.00		83.50	11.30	22.99	4.28	8.97	7.79	88.15
偃师市	1 572.85	1 290.87		55.00		83.50	11.30	22.99	4.28	8.97	7.79	88.15
济源市	610.87	467.13		55.20		30.40	6.80	8.93	1.66	3.48	3.03	34.23

河南省世界银行贷款林业持续发展项目财务管理办法实施细则

第一章　总　则

第一条　为了执行我国政府与世界银行（简称世行）签订的“林业持续发展项目贷款协定”（贷款号为4659—CHA），按要求组织河南省分项目的实施，合理有效地使用贷款资金，加强项目资金的监督管理，按时付费付息还本，达到预期目标，特制定本实施细则。

第二条　本细则依据的文件主要有：《国际金融组织与日本国际协力银行贷款管理暂行规定》（财际字［2000］1号），财政部、国家林业局《关于林业持续发展项目人工林营造部分的实施规定》（财际函［2002］72号），国家林业局世行项目管理中心《世界银行贷款林业持续发展项目人工林营造部分财务管理办法》（林贷财字［2003］3号），河南省财政厅、河南省林业厅《河南省利用世界银行贷款林业持续发展项目实施管理办法》（豫财贷［2002］25号），省财政厅对各市人民政府转贷协议。

第三条　本办法适用于所有参加本项目的市、县（市、区）各级财政、林业管理部门以及项目实施单位，适用于项目建设期，即自项目追溯报账日起（2001.8.1），至项目关闭账户日（2009.8.31）终止。项目竣工结算，办理工程移交后，按照国内有关会计核算办法办理。

第四条　项目财务管理的基本任务是：参与项目评估；编制项目财务计划；及时办理贷款资金的提取和支付；按时还本付息付费；督促国内配套资金及时足额到位；正确地反映和分析项目资金的使用情况；及时提交财务报告；实行财务监督管理，保证项目的顺利运行。

第二章　机构设置和人员培训

第五条　项目市、县（市、区）各级财政和林业部门均应配备足够的、合格的项目财务管理人员，并保持相对稳定。财务人员发生变动时，应及时上报上一级项目管理部门，并按有关规定办理财务交接手续。

第六条　各级财政部门作为同级政府的债权债务代表，代表同级政府落实世行贷款的债权债务，统一向上级财政部门还本付息付费，对项目单位的财务工作进行指导与监督；负责贷款的支付、提款报账与债务分割；监督项目配套资金的落实与使用。

各级林业部门全面负责本地区分项目实施，编制项目年度资金使用计划，协助财政部门做好贷款资金的使用、监督和管理，具体负责组织项目单位的提款报账、表格编制及编制财务报表，接受审计部门对项目的审计。

第七条　项目实施单位的财务部门和财务人员，必须严格执行项目贷款协定中有关的财务条款、本项目财务管理办法及我国政府颁布的适合本项目的有关财务管理规定，坚决杜绝违反项目财务管理规定事件发生。

第八条　各级项目单位应为项目财务人员提供必要的业务培训和技能培训。业务培训主要包括：世行对项目资金和财务管理的有关规定；财政部颁发的世行贷款项目财务管理有关规定；适合本项目财务管理使用的其他各项规章制度等。技能培训主要包括计算机及财务软件应用等。

第三章　世行贷款资金管理

第九条　世行贷款资金由财政部转贷给河南省人民政府，省财政厅作为省政府的债权债务代表和外债归口管理机构，全权负责全省各级转贷工作，办理转贷协议的签署，监督省级以下项目转贷协议的签订工作。世行资金由项目区财政部门逐级转贷，到县后转贷给项目管理部门，由项目管理部门负责转贷给最终受益人。层层转贷都必须保证转贷手续齐全，债权债务关系明确，各债权债务人的权利与义务，均以双方签订的转贷协议为准。

第十条　世行贷款在逐级转贷过程中，转贷条件应与省财政厅对市政府的转贷条件一致。本项目债务以美元计算，汇率风险由市、县（市、区）财政部门承担，为规避外汇风险，市、县（市、区）财政部门以人民币转贷时，每年可加收不超过2%的汇率风险费，最终受益人不再承担外汇风险。

第十一条　各市、县（市、区）负责资金转贷的各级财政部门或林业部门，以及造林单位要在当地银行开设项目资金专用账户，并报上级项目主管部门备案，资金要求专款专用，单独设立会计账簿进行核算。

第十二条　河南省共利用世行贷款资金2 020万美元（含世界银行1%的先征费），折合人民币16 766万元，占项目总投资的50%。贷款资金只能用于“贷款协定”中所规定的各类别合格费用的支出。各类别分配的世行贷款金额及支付比例见下表：

类别	分配的贷款金额（以美元表示）	所提供的资金支付比例（%）
1. 工程		
（a）营林活动	14 486 000	45%
（b）管护棚及苗圃土建工程	574 000	45%
2. 物资和汽车	3 443 000	100% 的国外支出，100% 的当地支出（出厂价）和 75% 的当地其他货物采购的当地支出
3. 咨询服务、培训和考察	142 000	100%
4. 营销基础设施		
5. 先征费	202 000	
6. 待分配	1 353 000	
总计	20 200 000	

类别 1 “工程”：（a）包括营造用材林、营造经济林。营造用材林和营造经济林的造林费用包括苗木、林地清理、整地、栽植、调查设计、林道等。（b）包括修建管护棚、灌溉设施及苗圃建设中土建工程支出，上述各项内容中的设备开支在“类别 2” 中支出。

类别 2 “物资和汽车”：包括采购的种子、化肥、车辆、办公设备及苗圃设备等支出。

类别 3 “咨询服务、培训和考察”：包括聘请技术专家、准备培训与推广材料、对项目实施人和项目受益人的国内培训和国外培训。

类别 4 “营销基础设施”：指经济林产品的营销基础设施建设。

类别 5 “先征费”：指贷款生效时，世行按贷款总额 1% 收取的先征费（直接从贷款账户中扣除）。

类别 6 “待分配”：指留作补充项目实施过程中由于不可预见因素造成的某些类别支出不足或由于需要调整增加的项目费用开支。该部分资金的分配方案需由国家林业局世行中心通过财政部向世界银行提出申请，获准后方可使用。

第十三条　各项目市、县（市、区）必须严格按省财政厅和市人民政府《关于利用世界银行贷款林业持续发展项目的转贷协议》中确定的转贷金额，省财政厅、省林业厅《河南省利用世界银行贷款林业持续发展项目管理办法》（豫财贷［2002］25 号）中确定的支付类别及本规定确定的各类别支付百分比、分树种造林单价进行贷款资金的提款、报账（不同树种的分类别造林报账单价见附表5）。任何不符合或超出各类别金额和支付百分比的提款申请都不予以支付。

第十四条 管护棚建设。为管好林木，尤其经济林，并为储存化肥、农药、工具等提供场地，在造林区域可营造管护棚，一般用材林 200 hm^2、经济林 100 hm^2 建造 60 m^2 管护棚一处，单价为 500 元/m^2。

第十五条 追溯报账的金额和要求：项目规定从 2001 年 8 月 1 日起至项目贷款协定生效前，类别 1（a）和类别 2 发生的总金额不超过 800 万美元的合格支出，可在项目正式生效后（2003 年 1 月 29 日）进行追溯报账。

第十六条 贷款条件：

贷款期和宽限期：项目贷款期 16 年，包括 7 年的宽限期。

承诺费：对于未提取的贷款本金金额按 0.75% 的年利率，每年分两次向上级财政部门缴纳承诺费。

利息：对于已提取但尚未偿还的贷款按世行单一货币美元贷款浮动利率，每年分两次向上级财政部门缴纳利息，每一个利息期的利率以财政部通知单为准。

本项目每年的还本付息付费日为 5 月 15 日和 11 月 15 日。

第十七条 由国家林业局负责统一实施的物资采购、国外考察培训、技术咨询等，发生的相关费用由财政部、国家林业局进行债务分割，凡直接用于各项目单位的，由项目单位自行负担债务；对于一些必须由国家林业局或全省统一执行的公共费用，按各单位使用世行贷款额度所占比例分摊。

第十八条 为确保资金的合理有效使用，无特殊原因，项目资金在各级管理部门的滞留时间不得超过 5 个工作日，否则，将追究有关当事人责任。确有原因时，须及时向省财政厅、省林业厅报告。

第十九条 本项目造林、管护棚、土建费用的县级报账提款工作由县林业局项目办公室组织实施，县林业局项目办公室通过逐级财政、林业部门向上申报（申报程序参照省财政厅制定的“提款报账办法”），上报的材料包括：

1. 办理造林劳务费提款需提供的资料：①造林报账提款申请表（见附表1）；②县级造林抚育检查验收报告；③县项目办公室对造林单位结算付款的《造林费用结算单》（见附表2）；④省、市、县配套资金到位情况表（见附表3），附各级配套资金到位的银行进账单复印件。

2. 办理管护棚等土建提款需提供的资料：①土建工程提款申请表（见附表4）；②县项目办公室与施工单位签订的施工合同；③工程验收报告；④费用结算报告；⑤发票复印件。

上述资料保存在省林业厅项目办公室。省林业厅项目办公室负责全省报账资料的技术审核与汇总，经省财政厅审核后报财政部、国家林业局。

第四章 配套资金的管理

第二十条 按照项目“贷款协定”和“实施规定”的要求，本项目国内配套资金的比例为50%，其中省级配套10%，市、县（市、区）配套15%（市、县比例由各市确定，一般市级7%、县级8%），生产单位劳务折抵25%。

为保证项目的顺利执行，各市、县（市、区）应按照对项目的承诺落实各项资金。当年配套资金总额的60%要在本年度的第一季度到位，剩余部分应在报账前到位。对于不能落实配套资金的市、县（市、区），省财政厅、省林业厅可采取暂停报账，直至取消市、县项目的处罚。

第二十一条 配套资金除按项目“贷款协定”的规定用于有关类别贷款资金的配套使用外，还用于支付建设期内的贷款利息、贷款承诺费、国内管理费、采购物资设备的国内税费等。

第二十二条 由各级项目办公室在当地银行开设配套资金专用账户，并负责账户的管理、配套资金的使用和检查监督。

第二十三条 为确保项目技术推广、培训和监测评价计划的实施，各项目单位除分担世行特定从贷款中安排的用于整个项目的技术推广、培训和监测评价的资金债务外，还应从配套资金中提取用于本地区项目的技术推广、培训和管理监测资金。该资金由省、市、县三级项目管理办公室管理，省、市、县（市、区）三级分配比例为6∶2∶2。市、县（市、区）两级所需费用可由市、县两级财政从本级配套资金中支付，也可由省级配套资金支付，在拨付配套资金中安排。

第五章 项目管理费

第二十四条 本项目部、省两级管理费总额为我省世行贷款的1.4%，分配比例为：国家林业局世行中心0.42%，省林业厅项目办公室0.98%，由省林业厅按照年度世行贷款用款计划，从当年下达的配套资金中计算提留。市、县两级项目管理费由市、县（市、区）财政部门根据实际需要从本级配套资金中安排。

第二十五条 各项目管理机构应根据项目的实际需要，本着“高效、精干、节约”的原则确定项目管理的人员安排和投入。项目管理费的具体开支范围包括项目管理机构开办费（仅限于在贷款谈判之后成立的项目管理机构）、会议费、差旅费、邮电通信费、办公费、车辆燃料和维修费、资料费、外事接待费、聘用人员的工资及福利费用、银行手续费以及其他经同级财政部门批准列支的与项目管理有关活动的开支。

第六章　物资管理

第二十六条　对于国家林业局统一采购的物资，各项目县按照世行批准的项目总体设计安排，提出采购清单，经县、市财政部门审查后，报省林业厅、省财政厅汇总，上报国家林业局。

项目统一采购的物资必须专用于项目建设，如需调剂使用或串换，应报省财政厅、省林业厅批准，方能进行。

第二十七条　省、市、县项目办公室应根据国家林业局的统一安排，具体组织办理物资的接运、验收、分配及费用结算工作。

采购的各项物资及设备，各级项目办应组织技术人员会同商检部门检查验收，如发现问题，应及时向省林业厅项目办公室反映并提出证明材料，由省林业厅项目办公室负责向国家林业局反映，并办理索赔手续，索赔收入按受损数量分摊返回受损单位。

各级项目办公室应按国家有关规定对项目物资进行管理，并建立健全领退手续及入库保管制度，保证项目物资的完整无损。

第七章　财务监督

第二十八条　各级项目单位应建立健全财务内部控制制度，完整安全地保存所有财务档案，管理好项目建设的专项资金（包括贷款资金和配套资金），项目资金必须全部用于规定的项目建设支出，严禁挪作他用。如发现超出贷款协定范围的支出和违反财经政策的行为，应限期纠正，情节严重的，将停止贷款资金的使用。

第二十九条　年度结束，各级财政和林业部门应按照要求向授权的审计部门提供审计所需的资料，接受审计，报送审计报告并负责落实审计意见。

各级项目单位必须接受同级财政和上级主管单位的监督和检查，接受并配合世界银行的检查和审计部门的审计。

第八章　附　则

第三十条　本细则自发布之日起执行。

第三十一条　本细则解释权归省财政厅、省林业厅。

附表1　“林业持续发展项目”造林报账提款申请表

市、县(市、区)名称：　　　　　工作年度：　　　　　造林年度：　　　　　申请编号：

树种	计划单价	项目	本次造林提款报账各环节面积及单价统计情况										本次申请提款		累计已报账单价合计	截至目前已报账单价合计	剩余单位
			整地	苗木	栽植	当年抚育	第一年抚育	第二年抚育	抚育间伐	林道	其他	单价合计	金额	提款金额			
1	2	3	4	5	6	7	8	9	10	11	12	13	14	15	16	17 =13 +16	18 =2 -17
本次报账总计		面积															
用材林合计		面积															
杉木		面积															
		单价															
马尾松		面积															
		单价															
湿地松		面积															
		单价															
经济林合计		面积															
核桃		面积															
		单价															
板栗		面积															
		单价															
银杏		面积															
		单价															
中幼林抚育合计		面积															
杉木		面积															
		单价															
湿地松		面积															
		单价															
马尾松		面积															
		单价															
落叶松		面积															
		单价															

注：(1)此表要求按造林年度分别填写；(2)“截至目前已报账单价合计”指同一造林年度的各树种本次报账申请单价和累计已报账单价的合计；(3)各树种报账名称及分类严格按造林单价表执行；(4)“13栏”填写方法：中幼林抚育13 =10 +11 +12；经济林和用材林13 =4 +5 +6 +7 +8 +9。

项目负责人：　　　　　　　　　　财务负责人：　　　　　　　　　　制表日期：

附表 2　林业持续发展项目造林(抚育)费用结算单

付款单位：　　　　　　　　　　结算单号：

收款单位：　　　　　　　　　　结算日期：

树种	项目	造林各环节面积、实际单价和实际费用结算情况									
		整地	苗木	栽植	当年抚育	第一年抚育	第二年抚育	抚育间伐	林道	其他	单价/费用合计
用材林合计	面积 实际费用										
杉木	面积 单价 实际费用										
湿地松	面积 单价 实际费用										
经济林合计	面积 单价 实际费用										
核桃	面积 单价 实际费用										
银杏	面积 单价 实际费用										
中幼林抚育合计	面积 单价 实际费用										
杉木	面积 单价 实际费用										
湿地松											

付款金额(人民币大写)　　　　　　　　项目办公室负责人(签章)

财务主管：　　　　　　　　　　　　　制表：

附表 3　林业持续发展项目配套资金计划和到位情况表

省名：　　　　　　　　　　年度：　　　　　　　　　　（单位：万元）

单位	合计			省级配套			地、市配套			县级配套			造林单位				
	本年计划	实际到位	到位率	本年计划	实际到位	到位率	本年计划	实际到位	到位率	本年计划	实际到位	到位率	本年计划	到位合计	到位资金	劳务折抵	到位率
	1	2	3 = 2/1	4	5	6 = 5/4	7	8	9 = 8/7	10	11	12 = 11/10	13	14 = 15 + 16	15	16	17 = 14/13
全省合计																	
××市小计																	
××县																	
××县																	
××县																	
××县																	
××市小计																	
××县																	
××县																	
××县																	
××县																	
××市小计																	
××县																	
××县																	
××县																	
××县																	

附表 4　林业持续发展项目管护棚等土建工程提款申请表

县(市、区)名称:

项目	数量(个、m)	实际单价(元/m^2、元/m)	建筑面积(m^2)	总投资(元)	提款金额(元)
管护棚					
灌溉土建					
苗圃土建					
营销设施土建					
合计					

项目负责人:　　　　　　　　财务负责人:　　　　　　　　制表日期:

河南省利用世界银行贷款林业持续发展项目提款报账实施细则

一、总　则

第一条　为顺利实施我省利用世界银行贷款林业持续发展项目，根据我国政府与世界银行签订的《林业持续发展项目贷款协定》（简称协定）的要求和财政部、国家林业局的有关规定，结合我省具体情况，特制定本细则。

第二条　本细则适用于河南省利用世界银行贷款林业持续发展项目的各级财政部门、林业部门和项目实施单位。

第三条　债务代表人是指省财政厅与项目市人民政府直接签订的《转贷协议》中规定的债务代表人，所有向省财政厅报送的提款申请书都应由债务代表人的授权代表签字盖章，予以确认。

二、提款报账程序

第四条　在转贷协议签订以后，各债务代表人应立即将授权提款签字人名单和签字真迹一式两份，以书面形式分别报送省财政厅项目办公室和债务处。

第五条　各项目单位将其在一定时间内实际完成的工程进度和发生的合格费用，按有关规定和要求填制摘要表或费用表，并附相关证明文件报同级项目办公室。

第六条　各级项目办公室在收到本级项目单位和下级项目办公室提交的提款报账资料后，应在5个工作日内审核汇总完毕，填制摘要表或费用表，并附相关证明文件一式三份送同级财政部门审核。

第七条　各级财政部门在收到同级项目办公室送来的提款报账资料后，应在规定的工作日内审核完毕，填制提款申请书（附表1）和贷款资金类别控制表（附表3），并附相应提款报账资料一式三份，由授权提款签字人签字后上报省林业厅项目办公室，省林业厅项目办公室审核汇总后报省财政厅项目办公室。

第八条　各级财政部门，对本级项目单位各项费用开支，需审核原始单据（足以证明该项费用开支是合格费用的原始资料），但不留存。

三、贷款资金的支付要求

第九条　各项目单位必须严格按《转贷协议》中确定的类别、世界银行支付比例、资金限额和采购方式进行贷款资金的提款、报账，提款申请中任何不符合、超出类别限额或支付百分比的金额都不予以支付。

第十条　所报费用必须是合格费用。合格费用要满足以下条件：货物和服务是由世界银行会员国提供的；是用于项目目的的费用；符合世界银行采购指南的要求；满足财政部和债务人的规定。

第十一条　世界银行不予支付以下费用，如项目单位发生的征地费用、各种税收、国内人民币计算的保险费、运杂费以及超过合同金额15%的预付款，由项目单位国内配套资金支付。

第十二条　追溯报账从2001年8月1日至贷款协定签字日之间发生的合格费用，在规定总额内的，可在项目正式生效后进行追溯报账。

第十三条　支付类别及支付比例

1. 类别Ⅰ，工程：支付比例为45%。其中：（A）项下包括营造用材林、经济林、人工中幼林抚育、间伐。营造用材林、经济林的费用包括苗木、林地清理、整地、栽植、调查设计、林道等。人工中幼林抚育、间伐的费用包括间伐、林道和调查设计等。（B）项下包括修建管护棚、灌溉设施及苗圃建设中土建工程支出，上述各项内容中的设备开支在“类别2”中支出。

2. 类别Ⅱ，物资和汽车：支付比例分别按国外支出和国内出厂价支出均为100%；其他当地采购的国内货物支出的支付比例为75%；包括采购种子、化肥、车辆、办公设备及苗圃设备等支出。

3. 类别Ⅲ，咨询服务、培训和考察：支付比例为100%。包括聘请技术专家、准备培训与推广材料、对项目实施人和项目受益人的国内培训和国外培训支出。

4. 类别Ⅳ，待分配：指用于由于不可预见因素造成的某类别支出不足或需要调整增加的项目费用开支。该部分资金的分配方案需由国家林业局世行中心通过财政部向世界银行提出申请，获准后方可使用。

四、提款报账的证明文件

第十四条　单项合同金额在限额以上（20万美元以上）的货物采购合同的提款，应填制摘要表（附表4），附合同副本及省财政厅项目办的确认函、发票、装运证明和原产地证明各三份（复印件）。

第十五条　单项合同金额在20万美元以上的土建合同的提款，应填制摘要表（附表4），附合同副本及省财政厅项目办对合同的确认函、发票、银行付款凭证、工程结算单各三份（复印件）。

第十六条　单项合同金额在3.5万美元以上的咨询服务合同，填制摘要表（附表4），附合同副本、省财政厅项目办对合同的确认函、发票、服务项目结算清单各三份（复印件）。

第十七条　出国考察、培训的提款，应随提款申请书（附表1）提交国家林业局或省外办出具的出国任务批件、出国费用预算表（附表2）、考察和培训大纲、国外邀请电和财政部门对出国团组计划批复文件的复印件。

第十八条　单项合同在20万美元以下的货物采购、土建工程和3.5万美元以下咨询服务合同和国内培训及其他类别的提款，应随申请书（附表1）报送费用报表（附表5）一式三份，并附采购合同或县项目办与施工单位签订的施工合同、发票复印件或费用结算单（附表5－5），货物或工程验收证明、配套资金到位情况表（附表5－2）、贷款资金运用情况统计表（附表5－3）、造林或管护棚土建工程提款申请表（附表5－1或附表5－4）、省林业厅检查验收报告。有关证明文件的原始单据，应按世界银行和国家有关规定，与会计档案统一保留在项目单位，以备检查。

五、报账资金回补

第十九条　各级财政部门在收到上级回补的世行贷款资金后，应及时、足额将资金拨付所属项目单位或受益人，不得滞留、挪用。

六、世界银行贷款资金的用款计划

第二十条　项目市应根据年度计划、转贷协议、工程定标的标书及承包合同等资料，按费用类别和支付方式编制年度用款计划，并对中央项目办和省项目办统一组织的采购和出国计划部门的用款计划予以确认。

第二十一条　项目市财政局应于每年的10月20日前向省财政厅报送下一年度的世界银行贷款项目用款计划，经审核批准后执行。

七、附　则

第二十二条　本办法自发布之日起执行。

第二十三条　本办法由省财政厅项目办负责解释。

附表1：世界银行贷款林业持续发展项目提款申请书

附表2：世界银行贷款林业持续发展项目出国费用预算表

附表3：世界银行贷款林业持续发展项目贷款资金类别控制表

附表4：世界银行贷款林业持续发展项目摘要表（适用于单项合同金额等于或高于20 万美元以上的货物采购、土建工程；单项合同金额在3.5 万美元的技术服务和单个咨询专家咨询服务及等于或高于3.5 万美元的咨询公司咨询服务）。(英文格式）略。

附表5：世界银行贷款林业持续发展项目费用报表（SOE 表）（适用于单项合同金额在20 万美元以下的货物采购、土建工程；单项合同金额在3.5 万美元以下的技术服务和单个咨询专家咨询服务；单项合同金额在3.5 万美元以下的咨询公司咨询服务、培训和考察）。

附表5 -1：林业持续发展项目造林报账提款申请表

附表5 -2：林业持续发展项目配套资金计划和到位情况表

附表5 -3：林业持续发展项目贷款资金运转情况统计表

附表5 -4：林业持续发展项目造林（抚育）费用结算单

附表5 -5：林业持续发展项目管护棚等土建工程提款申请表

附表6：林业持续发展项目年度用款计划表

附表1　世界银行贷款林业持续发展项目提款申请书

年　月　日　　　　　　　　申请书编号：

<table>
<tr><td>贷款号</td><td colspan="2"></td><td>申请用款单位</td><td></td></tr>
<tr><td>转贷金额</td><td colspan="2"></td><td>上次提款申请发出时间</td><td></td></tr>
<tr><td colspan="2">截至本次提款累计有效提款金额</td><td></td><td>上次提款资金收到时间</td><td></td></tr>
<tr><td>未提取金额</td><td colspan="2"></td><td>提款来源</td><td></td></tr>
<tr><td>支付方式</td><td colspan="4"></td></tr>
<tr><td colspan="5">申　请　内　容</td></tr>
<tr><td colspan="3">申请资金类别</td><td colspan="2">提款申请附件</td></tr>
<tr><td>类别编号及内容</td><td>支付比例</td><td>金　额</td><td colspan="2">1. SOE表（　）张　☐</td></tr>
<tr><td></td><td></td><td></td><td colspan="2">2. 摘要表　☐</td></tr>
<tr><td></td><td></td><td></td><td colspan="2">3. 贷款资金类别控制表　☐</td></tr>
<tr><td></td><td></td><td></td><td colspan="2">4. 出国费用预算表　☐</td></tr>
<tr><td colspan="3">申请币别</td><td colspan="2"></td></tr>
<tr><td colspan="5">申请金额大写</td></tr>
<tr><td>付款指令</td><td colspan="4">上述款项请汇至：
1. 偿还或直接支付方式
户名：
开户银行：
账号：
附言：
2. 特别承诺及信用证支付方式
通知行：
信用证号：
信用证金额：
受益人：</td></tr>
<tr><td colspan="5">①提款申请书及所有支持文件真实、合法，并愿意承担因其不合法、不真实而引起的付款责任。②提款申请书中所申请金额未从该账户提取过，所提款项将全部用于贷款（信贷）、赠款协定规定之用途。③提款申请书中所申请金额完全符合世行贷款（信贷）、赠款协定及转贷、转赠协议中规定的类别及限额，并承担因审核有误所导致的类别超支责任。

提款签字人签字：
（申请单位印章）
年　月　日</td></tr>
<tr><td colspan="5">财政部门审核意见</td></tr>
<tr><td colspan="2">批准币别</td><td colspan="3">批准金额</td></tr>
<tr><td>批准人</td><td colspan="2">复核人</td><td colspan="2">初审人</td></tr>
</table>

备注：①申请单位应一式三份提交省财政厅，付款完毕后，省财政厅提款申请书传真至各项目市作为付款通知。②截至本次申请累计有效提款金额：本次提款申请书发出以前财政厅批准支付的金额以及财政部尚未批准的提款申请书的金额的合计，再加上本次提款申请书中所列的申请提款的金额（货币单位：美元）。③提款来源：各市的直接提款或通过国家林业局世行贷款项目管理中心的提款后分割的债务。

附表 2　世界银行贷款林业持续发展项目出国费用预算表

出国团组名称	出国性质	财政部批准文号		出国任务批件文号	
	考察、培训				
前往国家及城市	往返日期	前往国家及城市	往返日期	天数合计	人数
开支内容	国别		国别		
	币种	金额	币种	金额	
住宿费					
伙食费					
公杂费					
个人零用费					
培训费					
其他					
小计					
机票费					
提款签字人签字： （单位公章）					

备注： 1. 申请单位应一式三份提交省财政厅，付款完毕后，省财政厅将提款申请书传真至各项目市作为付款通知。请于回国后一周内回债务代表人处办理报销手续。2. 本表作为提款申请书（一）的附表，必须与提款申请书（一）一起作为预领出国费用的签证。3. 出国考察人员或培训人员的境外费用严格按有关规定的标准执行。

附表 3　世界银行贷款林业持续发展项目贷款资金类别控制表

贷款号：　　　　　　　　　　　　申请书编号：

申请单位：　　　　市财政局：　　　　货币单位：美元

费　用　类　别	核定贷款额	调整后贷款额	提款申请情况			省财政厅支付情况		
			截至上次申请累计有效提供金额	本次申请金额	截至本次申请累计有效提供金额	截至上次申请累计支付贷款金额	本次同意支付金额	截至本次申请累计支付贷款金额
1. 工程								
(a)项目 C1，C2，C3 部分的造林活动 (b)项目 C4 部分的土建工程								
2. 货物和汽车								
3. 咨询服务、培训和考察								
4. 项目 C4（c）部分的转贷								
5. 先征费								
6. 待分配								
合计								
备注								

提款签字人：　　　　单位公章：　　　　授权签字人：

备注：“本次申请金额”，如果本次申请的实际币种为人民币，按申请当日美元兑人民币的汇率折成美元金额填写，财政部批准支付的美元金额作为债务落实的依据。

附表 4　世界银行贷款林业持续发展项目摘要表

用于：合同金额在 SOE 支付限额以上的费用支出

土建工程合同：
货物：
咨询公司合同：
单个咨询专家合同：

1	2	3	4	5	6	7	8	9	10	11	12
序号	合同商/供应商/咨询专家名称及国别	合同或购货商号和日期	工程、货物或劳务摘要	合同货币及总金额（人民币）	本次申请发票的货币和总金额（扣除保留金）	合格支付百分比（%）	支付货币和金额（6×7）	截至本次累计支付金额	从专用账户支付的等值美元	付款日期	备注（包括世行批准电传日期）
1											
2											
3											
4											
5											

提款签字人：＿＿＿＿＿＿＿＿

注：凡是单项合同金额在 100 000 美元以上的，与美国公司和个人签订的合同，请注明订货商/咨询公司详尽的名称和地址（包括城市和州）。

附表 5　世界银行贷款林业持续发展项目费用报表（SOE 表）

费用发生期间____至____

费用报表限额	USD	类别	日期：
工程	200 000	1	贷款号：
货物和汽车	200 000	2	提款申请书号：
咨询服务	35 000	3	费用报表序号：
培训和考察	无限额	3	
子贷款	无限额	4	

1	2	3	4	5	6	7	8	9
序号	类别	供应商名称所在国家	本申请书包括的发票总金额	世行支付%	应支付的合格发票金额	从专用账户支付金额（如果有）	汇率	备注
				合计				

此单的证明单据保留在____

（写明地址）　　提款签字人：

（单位公章）

注：1. 每一个使用类别应使用一张单独的 SOE 表。

2. 凡是单项合同金额在 100 000 美元以上的，与美国公司和个人签订的合同，请注明订货商/咨询公司详尽的名称和地址（包括城市和州）。

附表 5－1　林业持续发展项目造林报账提款申请表

市、县（市、区）名称：　　　　工程年度：　　　　项目造林年度：　　　　申请编号：

树　种	计划单价	项目	本次造林提款报账各环节面积及单价统计情况										本次申请提款		累计已报账单价合计	截至目前已报账单价合计	剩余单价
			整地	苗木	栽植	当年抚育	第一年抚育	第二年抚育	抚育间伐	林道	其他	单价合计	金额	提款金额			
1	2	3	4	5	6	7	8	9	10	11	12	13	14	15	16	17 = 13 + 16	18 = 2 － 17
本次报账总计		面积															
用材林合计		面积															
杉木		面积 单价															
马尾松		面积 单价															
湿地松		面积 单价															
经济林合计		面积															
核桃		面积 单价															
板栗		面积 单价															

续附表 5－1

树 种	计划单价	项目	本次造林提款报账各环节面积及单价统计情况										本次申请提款		累计已报账单价合计	截至目前已报账单价合计	剩余单价
			整地	苗木	栽植	当年抚育	第一年抚育	第二年抚育	抚育间伐	林道	其他	单价合计	金额	提款金额			
1	2	3	4	5	6	7	8	9	10	11	12	13	14	15	16	17 = 13 + 16	18 = 2 − 17
银杏		面积															
		单价															
中幼林抚育合计		面积															
		单价															
杉木		面积															
		单价															
湿地松		面积															
		单价															
马尾松		面积															
		单价															
落叶松		面积															
		单价															

备注：（1）此表要求按造林年度分别填写；（2）“截至目前已报账单价合计”指同一造林年度的各树种本次报账申请单价和累计已报账单价的合计；（3）各树种报账名称及分类严格按造林单价表执行。

13 = 4 + 5 + 6 + 7 + 8 + 9

项目负责人： 财务负责人： 制表日期：

附表5－2　林业持续发展项目配套资金计划和到位情况表

市、县（市、区）名称：　　　　年度：　　　　（单位：万元）

单位	合计			省级配套			市级配套			县级配套			造林单位				
	本年计划 1	实际到位 2	到位率 3＝2/1	本年计划 4	实际到位 5	到位率 6＝5/4	本年计划 7	实际到位 8	到位率 9＝8/7	本年计划 10	实际到位 11	到位率 12＝11/10	本年计划 13	到位合计 14＝15＋16	到位资金 15	劳务折抵 16	到位率 17＝14/13
全省合计																	
××市小计																	
××县																	
××县																	
××县																	
××县																	
××市小计																	
××县																	
××县																	
××县																	
××县																	
××市小计																	
××县																	
××县																	
××县																	
××县																	

附表 5－3　林业持续发展项目贷款资金运转情况统计表

市、县（市、区）名称：　　　　（单位：天、万元）

报账编号	天数合计	组织造林劳务费提款报账				贷款资金下拨情况				
		小计		省财政厅和林业厅通知报账—收齐报账材料	省财政厅和林业厅审核报账—材料上报中央	小计		省财政厅—省林业厅（省财政厅—市财政局）	省林业厅—县林业局（市财政局—县财政局）	县林业局—造林单位（县财政局—造林单位）
1	2	天数 3＝5＋6	金额 4	天数 5	天数 6	天数 7＝9＋10＋11	金额 8	天数 9	天数 10	天数 11
1										
2										
3										
4										
5										
6										
7										

备注：“组织造林劳务费提款报账”栏中“小计”分别填列“天数”和“提款金额”；“贷款资金下拨情况”栏中“小计”填列“下拨资金金额”和各环节贷款资金周转“天数”合计。

附表 5－4　林业持续发展项目造林（抚育）费用结算单

付款单位：　　　　　　结算单号：

收款单位：　　　　　　结算日期：

树　种	项目	造林各环节面积、实际单价和实际费用结算情况									
		整地	苗木	栽植	当年抚育	第一年抚育	第二年抚育	抚育间伐	林道	其他	单价/费用合计
用材林合计	面积										
	实际费用										
杉木	面积										
	单价										
	实际费用										
湿地松	面积										
	单价										
	实际费用										
经济林合计	面积										
	实际费用										
核桃	面积										
	单价										
	实际费用										
银杏	面积										
	单价										
	实际费用										

续附表 5－4

树种	项目	造林各环节面积、实际单价和实际费用结算情况									
		整地	苗木	栽植	当年抚育	第一年抚育	第二年抚育	抚育间伐	林道	其他	单价/费用合计
中幼林抚育合计	面积										
	实际费用										
杉木	面积										
	单价										
	实际费用										
湿地松	面积										
	单价										
	实际费用										

付款金额（人民币大写）　　项目办公室负责人（签章）

财务主管：　　制表：

附表 5－5　林业持续发展项目管护棚等土建工程提款申请表

市、县（市、区）名称：

项　目	数量（个、m）	实际单价（元/m^2、元/m）	建筑面积（m^2）	总投资（元）	提款金额（元）
管护棚					
灌溉土建					
苗圃土建					
营销设施土建					
合　计					

项目负责人：　　财务负责人：　　制表日期：

附表6　林业持续发展项目年度用款计划表

日期：

项目单位：

贷款号：　　　　期间　　　　至　　　　货币单位：元

项目类别	总金额	世界银行支付比例	世界银行支付金额	直接支付	专用账户支付	特别承诺支付
类别1：土建						
其中：（a）造林及幼林抚育						
（b）建林道、管护棚等						
类别2：物资和汽车						
类别3：咨询服务及培训						
类别4：营销基础设施						
合计						

单位盖章：　　　　提款签字人：

河南省“世行贷款林业持续发展项目”会计核算办法

第一章　总　则

一、为实施世行贷款“林业持续发展项目”（以下简称项目），根据《中华人民共和国与国际复兴开发银行贷款协定（林业持续发展项目）》、世界银行《项目评估文件》、财政部《世界银行贷款项目会计核算办法》（财际字［2000］13 号），财政部、国家林业局《关于林业持续发展项目人工林营造部分的实施规定》（财际函［2002］72 号）及国家林业局《世界银行贷款林业持续发展项目人工林营造部分财务管理办法》（林贷财字［2003］3 号）以及我国现行的基本建设会计制度，结合我省实际情况，特制定《河南省“世行贷款林业持续发展项目”会计核算办法》。

二、适用于项目建设期内所有项目实施单位。

三、会计核算年度为每年公历 1 月 1 日至 12 月 31 日；会计核算采用借贷记账法，权责发生制，按实际成本记账。

四、本项目用人民币、美元两种货币记账，以人民币为记账本位币。

五、本项目必须单独开设账户、单独核算、单独设置账簿（总分类账和明细账），由项目办财务人员依据取得的合法凭证，对项目建设中发生的各项经济业务进行核算、登记账簿。

六、负责管理专用账户的各级财政部门应将有关单据、报表等会计资料及时抄送林业部门项目管理单位，以便项目单位能保存一套完整的项目会计信息资料。

七、本项目会计核算的任务是：严格执行项目“贷款协定”和项目“实施规定”，真实、完整地反映项目建设的各项支出，全面、准确、公允地将项目的会计信息反映在财务报告中。

第二章　会计科目设置及使用说明

一、会计科目表（见下表）

会计科目表

序号	编号	资金占用类科目	序号	编号	资金来源类科目
		一级科目			一级科目
1	101	建安工程投资	27	263	拨出配套资金
2	102	设备投资	28	271	待处理财产损失
3	103	待摊投资	29	281	有价证券
4	104	其他投资	30	301	项目拨款
5	105	待核销项目支出	31	302	项目资本
6	106	转出投资	32	303	企业债券资金
7	111	交付使用资产	33	304	国外借款
8	121	应收生产单位投资借款	34	305	国内借款
9	201	固定资产	35	306	上级拨入投资借款
10	202	累计折旧	36	307	其他借款
11	203	固定资产清理	37	308	项目资本公积
12	211	器材采购	38	311	待冲项目支出
13	212	采购保管费	39	321	上级拨入资金
14	213	库存设备	40	331	应付器材款
15	214	库存材料	41	332	应付工程款
16	218	材料成本差异	42	341	应付工资
17	219	委托加工器材	43	342	应付福利费
18	232	银行存款	44	351	应付有偿调入器材及工程款
19	233	现金	45	352	其他应付款
20	241	预付备料款	46	353	应付票据
21	242	预付工程款	47	361	应交税金
22	251	应收有偿调出器材及工程款	48	362	应交基建包干节余
23	252	其他应收款	49	363	应交基建收入
24	253	应收票据	50	364	其他应交款
25	261	拨付所属投资借款	51	401	留成收入
26	262	拨出国外借款			

二、主要会计科目使用说明

（一）资金占用类

1. 第 101 号科目 建安工程投资

本科目核算项目单位发生的构成项目建设投资支出的工程实际成本，包括营造用材林和经济林（苗木、林地清理、整地、栽植、抚育、调查设计等）、中幼林抚育间伐、灌溉设施、管护棚、苗圃建设（不含苗圃设备）、营销设施建设、监测与评价等支出。

本科目按照项目评估文件中列明的项目内容设置二级明细科目：营造用材林、营造经济林、中幼林抚育间伐、管护棚、灌溉设施、苗圃建设、营销设施。本科目应按支付类别设置三级明细科目。

2. 第 102 号科目 设备投资

本科目核算项目单位购买的构成项目建设投资支出的各种物资和设备的实际成本，包括种子、化肥、农药、车辆、办公设备、苗圃设备等。

本科目按项目评估文件中列明的项目内容设置二级明细科目：种子、化肥、农药、办公设备（含车辆）、苗圃设备。本科目应按支付类别设置三级明细科目。

3. 第 103 号科目 待摊投资

本科目核算项目单位发生的构成项目建设投资支出的，按照规定应当分摊进入交付使用资产成本的各项费用支出。包括项目单位管理费、国内借款利息、国外贷款利息及承诺费等。上述费用应在工程竣工交付使用时，按照交付使用资产和在建工程的比例进行分摊。

本科目按项目评估文件列明的内容设置二级明细科目：管理费、国内借款利息、国外贷款利息（包括一次性先征费）、承诺费。本科目应按支付类别设置三级明细科目。

4. 第 104 号科目 其他投资

本科目核算项目单位发生的构成项目建设投资支出的其他投资成本，包括不能直接分摊进入有关资产成本的咨询服务和培训考察。

本科目按项目评估文件中列明的项目内容设置二级明细科目：国内培训与推广、国外考察和培训、技术咨询服务、其他。本科目应按支付类别设置三级明细科目。

5. 第 111 号科目 交付使用资产

本科目核算项目单位已经完成购置、建造过程，并已交付给生产、使用单位的各项资产。工程竣工后，必须按照有关规定编制竣工决算，办妥竣工验收和资产交接手续后，才能作为交付使用资产入账。项目单位在办理竣工验收和资产交接工作以前，必须根据“建安工程投资”、“设备投资”、“其他投资”和“待摊投资”等科目的明细记录，计算交付使用资产的实际成本，编制交付使用资产明细表等竣工决算附件，经交接双方签证后，其中一份由使用单位作为资产入账依据，另一份由项目单位作为本科目的记账依据。

已经办理完交接手续的交付使用资产，借记本科目，贷记“建安工程投资”、“设备投资”、“其他投资”和“待摊投资”等科目。

本科目应按照“固定资产”、“流动资产”、“无形资产”和“递延资产”设置明细账。

● 项目建设期：本科目的年末余额在建设期内不进行冲转，全额反映。只有在项目结束建立新账时，再全数冲转。但在年末对于用借款资金形成的交付使用资产，在通知生产单位转账时，借记“应收生产单位投资借款”，贷记“待冲项目支出”。

● 项目结束期：本科目的累计余额按不同的项目建设资金来源分别进行冲转。使用无偿配套资金形成的交付使用资产，冲转“项目拨款”等科目，借记“项目拨款”，贷记本科目；使用投资借款形成的交付使用资产，冲转“待冲项目支出”科目，借记“待冲项目支出”，贷记本科目；使用企业债券资金形成的交付使用资产，冲转“企业债券资金”科目；使用多种投资且能够分清投资来源的，分别按照上述办法冲转；分不清投资来源的，按实际投资比例计算结转。

6. 第 121 号科目　应收生产单位投资借款

本科目是实行投资借款项目单位的专用科目，核算项目单位向生产单位收回的用投资借款购建并交付使用的资产价值。

项目单位将使用投资借款购建完成的资产，交付生产单位使用时，借记本科目，贷记“待冲项目支出”科目；同时借记“交付使用资产”科目，贷记“建安工程投资”、“设备投资”、“其他投资”和“待摊投资”科目。收到生产单位归还的投资借款通知，借记“国外借款”或“国内借款”等科目，贷记本科目。

7. 第 201 号科目　固定资产

本科目核算项目单位在建设过程中自用的各种固定资产原价。购建完成交付项目单位使用时，借记“交付使用资产”科目，贷记“建安工程投资”、“设备投资”、“其他投资”和“待摊投资”科目；同时，借记本科目，贷记“交付使用资产”科目。

8. 第 202 号科目　累计折旧

本科目核算项目单位在项目建设期间自用固定资产的累计折旧。

9. 第 232 号科目　银行存款

本科目核算项目单位在银行或其他金融机构的各种存款。本科目分设银行结算户存款和专用账户存款等二级科目。

10. 第 252 号科目　其他应收款

本科目核算除预付备料款、预付工程款以外的其他各种应收、暂付款项。本科目的二级明细科目包括：应收世行贷款利息、应收世行贷款承诺费、应收国内贷款利息、其他。本科目应按不同的债务人设置三级明细科目。

11. 第 262 号科目　拨出国外借款

本科目核算项目管理单位拨付给下级项目单位的世行贷款（包括报账回补的资金、统一招标采购的项目物资、咨询服务等）。本科目应按下级项目单位设置明细科目，并按照世行贷款支付类别进行明细核算。项目单位编制汇总报表时，应与下级项目单位相关的“国外借款”等科目相互抵消。

12. 第 263 号科目　拨出配套资金

本科目核算项目管理单位拨付给下级项目单位的配套资金。本科目应按下级项目单位设置明细科目。项目单位编制汇总报表时，应与下级项目单位相关的“项目拨款”等科目相互抵消。

（二）资金来源类

1. 第 301 号科目　项目拨款

本科目核算项目单位实际收到各级政府拨款、自有资金和劳务集资等国内无偿配套资金。本科目按地方各级政府拨款、自有资金、劳务集资进行明细核算，并按资金来源渠道不同分别设置明细账。

2. 第 302 号科目　项目资本

本科目核算项目单位收到投资者以投资形式拨入的项目资本。收到投资者投入的项目资本时，借记“银行存款”科目，贷记本科目。支用款项时，借记“建安工程投资”等科目，贷记“银行存款”。工程完工交付使用时，借记“交付使用资产”科目，贷记“建安工程投资”等科目。

3. 第 304 号科目　国外借款

本科目核算项目单位实际使用和收到的世行贷款资金。收到财政部下达的“债务通知单”时，借记“器材”、“银行存款”、“其他应付款”等科目，贷记本科目。本科目按照支付类别设置二级明细科目。

4. 第 305 号科目　国内借款

本科目核算项目单位向国内不同渠道借入的借款。本科目按资金来源渠道进行明细核算。

5. 第 311 号科目　待冲项目支出

本科目用来核算待冲销的已经转给生产单位的交付使用资产。使用方法见“交付使用资产”和“应收生产单位投资借款”。

6. 第 352 号科目　其他应付款

本科目核算项目单位应付、暂收其他单位和个人的款项，包括应付世行贷款利息、应付世行贷款承诺费、应付国内贷款利息、其他。项目单位应按照上述四项内容设置二级明细科目，并按单位和个人进行明细核算。

第三章　财务报告及报表编报说明

一、项目财务报告的组成和报送程序、时间

（一）财务报告的组成

财务报告由财务报表和财务情况说明书两部分组成。

根据财政部与世界银行达成的协议，项目应向财政部和世界银行提供四张财务报表，分别是资金平衡表、项目进度表、贷款协定执行情况表、专用账户收支表。

财务情况说明书应主要包括以下内容：①项目执行情况。②本期和累计贷款资金的提取、支付和使用情况，当年每次报账资金周转情况，如出现贷款资金到位缓慢等情况，须分析原因。③本期和累计各级配套资金计划与实际到位情况，如计划与实际到位差距较大，须分析产生原因。④外汇损溢情况。⑤往来款项的主要内容构成及相应的金额。⑥会计核算方法和会计报表内容变更的说明。⑦其他需要说明的问题。

（二）财务报告报送程序和时间

财务报告按照编制期间分为半年报和年报，县级项目办公室应于当年的 7 月 15 日和次年的 2 月 15 日前将未经审计的两个半年报报送省林业厅项目办公室。次年的 3 月 15 日前将经过市审计局审计的年度财务报告，报送省林业厅项目办公室。

二、财务报表格式及编制说明

（一）项目资金平衡表（表 1）

1. 本表反映项目单位期末全部资金来源和占用情况。

2. 本表“期初数”栏的数字，应根据上期期末资金平衡表“期末数”栏内所列数字填列。

3. 本表各项目“期末数”主要填列内容说明如下：

（1）“项目支出合计”项目，反映项目单位期末基本建设支出或其他支出余额。本项目包括两部分内容：一部分是上期转入的在建支出数和其他项目支出数，另一部分是本期完成的全部基建支出和其他项目支出合计。本项目应根据本表“交付使用资产”、“待核销项目支出”、“转出投资”和“在建工程”项目的合计数填列。

（2）“在建工程”项目，反映项目单位期末各种在建工程成本的余额。本项目应包括建安工程投资、设备投资、待摊投资和其他投资。

（3）“应收生产单位投资借款”项目，反映项目建设期内利用借款资金形成的交付使用资产数额。

（4）“器材”项目，反映项目单位期末结存在库、在途和在加工中的各项物资的实际成本，包括各种材料、设备、低值易耗品等，但不包括在库的不需要安装设备及工具、器具的实际成本（该部分成本在“在建工程”项目中反映）。本项目应包括器材采购、采购保管费、库存设备、库存材料、材料成本差异和委托加工器材等科目。

（5）“预付及应收款合计”项目，反映项目单位期末各种预付和应收款项。包括预付备料款、预付工程款、应收有偿调出器材及工程款、应收票据和其他应收款。其中：

“应收世行贷款利息”项目，反映项目单位按照“贷款协定”规定应收取的世行贷款到期的利息。

“应收世行贷款承诺费”，反映项目单位按照“贷款协定”规定应收取的世行贷款到期的承诺费。

“应收世行贷款资金占用费”项目，反映经财政部批准后，项目单位展期使用到期应偿还的世行贷款本金、利息和承诺费资金而应收取的资金占用费。

（6）“项目拨款合计”项目，反映项目单位收到的用于项目的国内无偿配套资金数额。

（7）“项目借款合计”项目，反映项目单位为完成项目计划按规定借入的各种项目建设投资借款和其他各种借款。本项目包括国内借款、国外借款和其他借款等科目。“国外借款－国际复兴开发银行”项目，反映项目单位提取的世行贷款余额。“国内借款”项目，反映项目单位收到的用于项目的国内有偿配套资金数额。

（8）“待冲项目支出”项目，反映项目建设期内用借款资金形成的待冲销交付使用资产数额。

（9）“应付款合计”项目，反映项目单位期末各种应付未付款项。包括应付器材款、应付工程款、其他应付款和应付票据等。

“应付世行贷款利息”项目，反映项目单位按照贷款协定规定应交未交的世行贷款利息。

“应付世行贷款承诺费”项目，反映项目单位按照贷款协定规定应交未交的世行贷款承诺费。

“应付世行贷款资金占用费”项目，反映经财政部批准后，项目单位展期使用到期应偿还的世行贷款本金、利息和承诺费资金而应交未交的资金占用费。

（二）项目进度表（表2－1）

1．本表反映项目单位本期资金的来源和运用情况。

2．本表主要填列内容说明：

（1）“资金来源合计”项目，按照资金来源反映项目投资情况。

（2）“国际复兴开发银行贷款”项目，反映项目已提取的世行贷款金额。

（3）“配套资金”项目，按项目配套资金的来源填列，分省级配套、地级配套、县级配套及单位自筹资金。

（4）“资金运用合计”项目，依照项目评估文件中所列的大项内容设有“营造用材林”、“营造经济林”、“中幼林抚育间伐”、“种植材料开发”、“培训与技术推广”、“乡村基础设施”、“监测与评价”、“其他支出”分项内容。各分项内容又按照评估文件设有明细内容，各明细内容不要求填列“本年计划额”和“项目总计划额”。

（5）“差异”项目，用于解释资金来源和运用之间的差异，主要体现在应收款、应付款、货币资金等科目上，分别等于各科目期初和期末数的增减金额。

（6）“本年计划额”栏，要求各县上报的报表依照本县项目年度资金计划，按资金来源和运用分别填写。整个项目报表按照项目评估文件中所列的年度计划数填写。报表中写有“××”的明细内容不需填写。

（7）“本期发生额”栏，按本期的实际发生额分资金来源、运用和差异三栏填写每个明细内容。

（8）“本期完成比”栏，等于本期实际发生额除以本年计划额，以百分比方式，按资金来源和运用分别填写。

（9）“项目总计划额”项目，各县上报的报表按照本县项目总投资计划数，分资金来源和运用分别填写。整个项目报表按照项目评估文件中所列的项目总投资计划数填写。报表中写有“××”的明细内容不需填写。

（10）“累计完成额”项目，反映项目开始直到本期期末所累计的实际发生额，按资金来源、运用和差异填列。

（11）“累计完成比”栏，等于累计完成额除以项目总计划额，以百分比方式，按资金来源和运用分别填写。

（三）项目进度表（表2-2）

1. 本表反映项目单位自开始建设起到本年年末止累计拨入、借入项目资金的使用情况。

2. 本表主要填列内容说明：

（1）“项目内容”栏，依照项目评估文件中所列的大项内容设有①营造用材林、②营造经济林、③中幼林抚育间伐、④技术支持服务、⑤其他支出等项目。其中“技术支持服务”项下又分设①种植材料开发、②培训与技术推广、③乡村基础设施、④监测与评价明细。

（2）“累计支出”栏，反映项目开始至本年年末止累计完成购置、建造过程和正在购置、建造过程的各项资产和工程数额及其他项目支出，按项目内容分别填列。

（3）“已交付资产”栏，反映项目开始至本年年末止累计完成购置、建造过程，并已交付生产使用单位的各项资产。

（4）“在建工程”栏，反映项目单位期末各种在建工程成本的余额。根据“建筑安装工程投资”、“设备投资”、“待摊投资”和“其他投资”科目的期末借方余额合计填列。

（5）“待核销项目支出”栏……

（6）“转出投资”栏……

（四）贷款协定执行情况表（表3）

1. 本表反映项目单位本期和累计的世行贷款的支付情况。

2. 本表主要填列内容说明：

（1）“核定贷款金额”栏，反映项目单位使用世行贷款的承诺金额，与《贷款协定》附件（一）中各类别分配内容和金额分栏填写。

（2）“本年度提款数”栏，反映项目单位本期世行贷款的使用情况。本栏应根据“国外借款”科目的有关明细科目的发生额分类别填列。

（3）“累计提款数”栏，反映项目单位自项目开始建设至本期期末止累计使用世行贷款情况。本栏应根据上期本表该栏数字和“国外借款”科目有关明细科目的本期累计发生额分类别合计填列。

（4）“本年提款数”和“累计提款数”栏下的“美元”以财政部债务通知单数额为准并填列；“折合人民币”按财政部下年初通知的本年年底汇率折算后填列。

（五）各报表之间的勾稽关系

表1、表2－1、表2－2和表3之间的主要勾稽关系如下：

（1）本年度表1中各项目的“期初数”＝上年度表1中各项目的“期末数”；

（2）表1中“资金占用合计”的期初（末）数＝表1中“资金来源合计”的期初（末）数；

（3）表1中“国际复兴开发银行”期末数＝表2－1中“资金来源合计”项目下的“国际复兴开发银行贷款”累计完成额＝表3中“累计提款数”栏中的“折合人民币”；

（4）表1中“项目支出合计”期末数＝表2－1中“资金运用合计”的累计完成额＝表2－2中“累计项目支出合计数”；

（5）表1中“交付使用资产”期末数＝表2－2中“已交付资产”各栏合计数；

（6）表1中“待核销项目支出”期末数＝表2－2中“待核销项目支出”合计数；

（7）表1中“转出投资”期末数＝表2－2中“转出投资”合计数；

（8）表1中“在建工程”期末数＝表2－2中“在建工程”合计数；

（9）表1中“应收生产单位投资借款”期末数＝表1中“待冲项目支出”期末数；

（10）表1中“项目拨款合计”期末数＋表1中“国内借款”期末数＝表2－1中“资金来源合计”项目下的“配套资金”累计完成额＝表2－1中“资金来源合计”项目下的“省级”＋“地级”＋“县级”＋“自筹资金”累计完成数；

（11）表1中“项目拨款合计”期末数＋“项目投资借款”期末数＝表2－1中“资金来源合计”的累计完成数；

（12）表2－1中“营造用材林”、“营造经济林”、“中幼林抚育间伐”、“种植材料开发”、“培训与技术推广”、“乡村基础设施”、“监测与评价”、“其他支出”各栏的累计完成额＝表2－2中各相应栏目的“累计支出”；

（13）表2－1中“资金来源合计”本期发生额－表2－1中“资金运用合计”本期发生额＝表2－1中“差异”本期发生额＝表2－1中“应收款变化”本期发生额＋“应付款变化”本期发生额＋“货币资金变化”本期发生额＋“其他”本期发生额；

（14）表2－1中“资金来源合计”累计完成额－表2－1中“资金运用合计”累计完成额＝表2－1中“差异”累计完成额＝表2－1中“应收款变化”

累计完成额 + “应付款变化”累计完成额 + “货币资金变化”累计完成额 + “其他”累计完成额；

（15）表 2－1 中“国际复兴开发银行贷款”的本年发生额 = 表 3 中“本年度提款”折合人民币数；

（16）表 2－1 中“本期发生额” = 本年度表 2－1 中“累计完成额” －上年度表 2－1 中“累计完成额”（只有“国际复兴开发银行贷款”的“本年发生额”执行 15 条）；

（六）财务报表的格式（见附表）

表 1：项目资金平衡表
表 2－1：项目进度表
表 2－2：项目进度表
表 3：贷款协定执行情况表

表 1　项目资金平衡表

××××年××月××日

项目名称：世界银行贷款中国林业持续发展项目　　　　单位：人民币元

资金占用	行次	期初数	期末数	资金来源	行次	期初数	期末数
一、项目支出合计	1			一、项目拨款合计	28		
1. 交付使用资产	2			二、项目资本与项目资本公积	29		
2. 待核销项目支出	3			其中：捐增款	30		
3. 转出投资	4			三、项目借款合计	31		
4. 在建工程	5			1. 项目投资借款	32		
二、应收生产单位投资借款	6			（1）国外借款	33		
其中：应收生产单位世行贷款	7			其中：国际复兴开发银行	34		
三、拨付所属投资借款	8			国际开发协会	35		
其中：拨付世行贷款	9			技术合作信贷	36		
四、器材	10			联合融资	37		
其中：待处理器材损失	11			（2）国内借款	38		
五、货币资金合计	12			2. 其他借款	39		
1. 银行存款	13			四、上级拨入投资借款	40		
其中：专用账户存款	14			其中：拨入世行贷款	41		
2. 现金	15			五、企业债券资金	42		

续表 1

资金占用	行次	期初数	期末数	资金来源	行次	期初数	期末数
六、预付及应收款合计	16			六、待冲项目支出	43		
其中：应收世行贷款利息	17			七、应付款合计	44		
应收世行贷款承诺费	18			其中：应付世行贷款利息	45		
应收世行贷款资金占用费	19			应付世行贷款承诺费	46		
七、有价证券	20			应付世行贷款资金占用费	47		
八、固定资产合计	21			八、未交款合计	48		
固定资产原价	22			九、上级拨入资金	49		
减：累计折旧	23			十、留成收入	50		
固定资产净值	24						
固定资产清理	25						
待处理固定资产损失	26						
资金占用合计	27			资金来源合计	51		

表 2－1 项目进度表

本期截至 年 月 日

项目名称：世界银行贷款中国林业持续发展项目 单位：人民币元

类别	本期			累计		
	本年计划额	本期发生额	本期完成比	项目总计划额	累计完成额	累计完成比
资金来源合计						
一、国际复兴开发银行贷款						
二、配套资金						
1. 省级						
2. 地级						
3. 县级						
4. 自筹资金						
资金运用合计						
一、营造用材林						
整地						
栽植						
苗木						
抚育						
肥料						
农药						
进口种子						
设备						
二、营造经济林						
整地						
栽植						
苗木						
抚育						
肥料						
农药						
进口种子						
设备						
三、中幼林抚育间伐						
间伐						
林道						
其他						
四、种植材料开发						
土建						

续表 2-1

	本期			累计		
	本年计划额	本期发生额	本期完成比	项目总计划额	累计完成额	累计完成比
设备						
培训						
五、培训与技术推广						
国内培训与推广						
国外培训						
技术咨询						
六、乡村基础设施						
管护棚						
林道						
灌溉设施						
营销设施建设						
七、监测与评价						
八、其他支出						
差异						
1. 应收款变化						
2. 应付款变化						
3. 货币资金变化						
4. 其他						

表 2-2　项目进度表

本期截至××××年××月××日

项目名称：世界银行贷款中国林业持续发展项目　　单位：人民币元

项目内容	项目支出							
	累计支出	已交付资产				在建工程	待核销项目支出	转出投资
		固定资产	流动资产	无形资产	递延资产			
1. 营造用材林								
2. 营造经济林								
3. 中幼林抚育间伐								
4. 技术支持服务								
（1）种植材料开发								
（2）培训与技术推广								
（3）乡村基础设施								
（4）监测与评价								
5. 其他支出								
合计								

表 3　贷款协定执行情况表

本期截至　年　月　日

项目名称：世界银行贷款中国林业持续发展项目　　单位：人民币元

类别	核定贷款金额美元	本年度提款数		累计提款数	
		美元	折合人民币	美元	折合人民币
1. 工程					
(1) 造林					
(2) 土建工程					
2. 物资和汽车					
3. 咨询服务、培训和考察					
4. 营销基础设施子贷款					
5. 待分配					
6. 专用账户					
项目合计					
7. 先征费					
总计					

财务报表说明是本表的组成部分。

河南省林业持续发展项目
造林施工设计实施细则

第一章　总　则

第一条　造林施工设计是林业持续发展项目（以下简称SFDP）的重要设计程序，是直接为当年造林施工服务的。为统一林业持续发展项目造林施工设计的方法，保证造林总体设计技术措施的落实，实现林木优质、速生、丰产、高效和稳定，根据国家林业局世行项目管理中心制定的《林业持续发展项目造林施工设计方法》，特制定本细则。

第二条　本细则适用于参加本项目所有造林实体的项目造林地块施工设计。

第三条　设计的依据

1. 河南省林业厅项目办公室制定的《河南省林业持续发展项目主要造林树种造林模型》（见附表1～附表7）、《河南省林业持续发展项目种植材料开发计划》、《河南省林业持续发展项目环境保护规程》和《SFDP社区林业评估手册》。

2. 国家林业局颁布的《造林技术规程》、《速生丰产用材林标准》、《速生丰产用材林总体设计工作方法》。

3. 省林业厅项目办批准的县级SFDP造林总体设计。

4. 省林业厅项目办下达的林业持续发展项目年度造林计划。

第四条　造林施工设计要在县级SFDP造林总体设计的基础上，以小班为单位进行设计。主要内容如下：

1. 核实造林总体设计小班的立地类型、造林类型和小班诸因子。

2. 小班面积测量。

3. 造林树种、密度、整地、栽植及幼林抚育管理技术措施设计。

第五条　施工设计应在造林施工的前一年，由县林业局项目办组织技术力量完成。设计成果材料以县林业局项目办名义上报省林业厅项目办审批。

第六条　施工设计一经批准，施工单位要认真按设计施工。若造林地块和树种方面有变动，必须以书面形式报请省林业厅项目办批准后方可施工。

第二章　外业调查

第七条　准备工作

1. 文件资料：县级造林总体设计文件（说明书、分乡设计图、分乡社区林业评估报告及附表），审批的年度造林计划，制定的技术经济指标，1∶1 万或 1∶2.5 万新版地形图。

2. GPS、罗盘仪、花杆、皮尺、铁锹、坡度仪、文具、调查表格等。

3. 拟定工作计划，组建设计队伍，开展技术培训。

第八条　外业调查

1. 造林地块筛选。要按照《环境保护规程》的要求，严格按照筛选程序筛选造林地（详见造林地筛选方法流程表），并将“造林地筛选方法流程表”附在施工设计文件后，一并上报并存档。凡坡度大于 35 度的地块，一律不得作为项目造林用地。

2. 造林树种选择。根据立地条件，选择多树种和多品种进行造林，以增加生物多样性，保证林分的稳定性。对于用无性系苗造林的杨树、泡桐、刺槐等，每个县、每个树种的无性系个数不得少于 10 个，其中 5 个主要无性系的造林面积占 80% 以下，其余 5 个无性系的造林面积占 20% 以上。

3. 河岸地保护。对于山区或丘陵地区，小班设计时要留出河流两岸（指自然冲刷的河流）的保护地带，即从河流两岸冲刷出的斜坡坡顶开始，各留出 5 ~ 15 m 宽的保护地带。其中河道基底由卵石或基岩构成的河流，河流两岸保护地带的宽度各为 5 m；河道基底由细沙构成的河流，河流两岸保护地带的宽度各为 15 m。平原地区的人工河道，除河流两岸斜坡不能用做造林地外，其他不受此限制。

4. 小班现地核实。根据分乡总体设计图、社区林业评估报告和小班调查表，到下一年计划造林的小班进行现地核实，内容主要包括：

（1）小班界线。如有出入，重新勾绘，必要时利用仪器帮助定界、测距，将准确边界落实到地形图上。

（2）地类与权属。核实造林地地类与统计表是否一致，植被状况关系到整地措施，应如实记载。权属要清楚，没有争议。

（3）地形坡度、土壤厚度等自然条件。这些因子直接影响到整地方式和树种选择，与环保措施有关。

（4）小班面积。原则上应使用罗盘仪实测小班面积，闭合差小于 1%，精度不低于 95%。对使用地形图进行勾绘的小班，应根据地物定准小班边界，面积通过求算得出。一般经济林小班面积应在 6.7 hm^2 以内；用材林一般应在

10 hm^2 以内。小班以村为单位，从上到下，从左到右，重新编号。对于设计地块中的小片林木、裸岩或建筑物等，经实测后从造林面积中扣除。

（5）对于总体设计中确定的造林树种与造林模型要重新核实。如对总体设计进行重大修改，如更换造林树种等，须经省林业厅项目办批准，并在施工设计说明书中说明理由。

（6）落实附属工程。根据总体设计中拟设的项目，将需要设置的灌溉工程、林道、防火线、防火林带、管护棚以及环保措施等现地绘于小班地形图上。

（7）标记。对地貌现状如突出的石块、沟壑等在小班地形图上标记出来并在小班造林设计图表上备注。

第三章　内业设计

第九条　质量检查：内业设计工作前，对外业调查材料进行逐项检查核对。确认无误后，方可进入内业设计。

第十条　小班面积求算：对外业勾绘的小班，采用求积仪或方格纸求积，每个小班求算两次，取平均值，两次相差不应大于2%。计算面积时要将不能造林的部分（如裸岩、水塘等）扣除。

第十一条　内业设计以小班为单位进行，按照小班造林典型设计表的格式逐一对造林技术措施进行设计。

第十二条　树种和造林模型的选定：根据小班现场核实的结果，设计造林树种，并根据培育目标选定使用的造林模型。

第十三条　密度设计：根据造林地块的立地类型、树种特性、培育目的、施工方法和中间利用等因素，参照SFDP造林模型，因地制宜确定和设计造林密度。

第十四条　整地设计：内容包括林地清理、整地方式、规格和时间等。在林地清理、整地方式和规格的设计中，既要注意符合林木生长的需要，又要符合环保的要求，不能造成新的水土流失。根据坡度和造林树种的不同，可采用全垦加穴、带状、穴状、反坡梯田等整地方式。

为了促进土壤的熟化，一般应在造林前3个月至1年进行整地。时间可在雨季前或春耕前、秋冬休闲期进行。

第十五条　种苗设计

1. 种苗来源：设计中说明种子（穗条）和苗木来源。

2. 苗木规格：按照Ⅰ级苗的标准对苗木的苗龄、苗高、地径、根系规格提出要求，并提出育苗时间和出圃时间。

3. 苗木量：根据年度各树种造林施工设计的面积和栽植密度，分别计算各树种所需的I级苗数量。同时应考虑苗木在运输和栽植过程中的受损率5%。

第十六条 栽植设计

1. 栽植时间：栽植时间因树种和地点而异，多数树种宜在冬、春季栽植，个别树种可在秋季栽植。各县在设计时根据当地多年经验而定。

2. 分档栽植：对造林的苗木，起苗要分档包装，做到随起随栽，当天起苗当天栽完。要按苗木的分档，成块成片栽植 。

3. 栽植方法：栽植时必须做到苗正、根舒、压实、适当深栽、不窝根。栽植深度一般比苗木原土印深2～3 cm。应先回填表土、湿土，当填土到2/3左右，把苗木向上轻提，使苗根舒展并使苗木达到栽植所要求的深度，踩实；然后填心土干土，分层压实，当填土至穴满，再踩；然后要覆细土，并保持窝面平整，即“三埋两踩一提苗”的栽植技术。

第十七条 幼林抚育设计

用材林幼抚要根据造林模型和造林树种具体设计除草、松土、施肥、修枝等内容的抚育方式和次数以及质量要求。松土的深度要因地制宜，一般以5～10 cm为宜，不要伤害幼林根系。除草松土时间在5～6月和8～9月为好。

实行农林间作的造林地的抚育，一般采用以耕代抚的方法。在设计时要对间作的农作物作出明确规定，不宜间作高秆农作物。

经济林幼抚，一是中耕除草，栽植后2～3年可间种花生、黄豆等固氮矮秆作物，以耕代抚；二是加强果园水肥管理；三是每年进行幼树修枝整形；四是及时防治病虫害。

第十八条 配套工程设计

1. 防火线、防火林带设计：根据外业调查材料，对火源容易侵入和蔓延的地带进行防火线和隔离带设计。主防火线应与主风方向垂直，一般宽15～30 m、副防火线宽10～15 m，其两侧最好种植2～3行耐火树种。防火林带的设置，可利用现有耐火性较好的阔叶树种，宽为15～30 m，计算长度和面积。若针叶林面积较大，应形成防火阻隔网络，网眼面积不大于30 hm^2。

2. 林道设计：根据总体设计安排进行林道设计。基本沿等高线环山设置，其斜度不超过6～10度，一般宽1 m，计算林道长度，并在整地前施工。开设林道，注意防止水土流失，可以采用开挖不同方向排水沟的方法加以解决。

3. 灌溉工程设计：在有水利条件的地方营造经济林时，可进行引水渠、打井或喷灌等设计，并计算其工程量。

4. 管护棚设计：根据林地管护要求，设计必要的管护棚，每个管护棚面积不大于60 m^2。

第十九条 投资、用工量概算：以乡（场）为单元，以树种为单位进行用工量、投资和肥料数量的计算。

第二十条　每项施工设计要经设计队（组）复核后签名，由技术负责人审查后进行汇总，编制施工设计文件。

第四章　设计成果

第二十一条　以县为单位编写施工设计文件，内容包括：

1. ××县林业持续发展项目××年度造林施工设计说明书；
2. 说明书附表（装订在说明书之后）；
3. ××县林业持续发展项目××年度造林施工设计图（另装成册）。

第二十二条　施工设计说明书，内容包括：

1. 前言。设计依据、原则、方法、时间、技术力量、组织情况等。
2. 基本情况。造林设计地区的地理位置、分布情况、设计面积、小班因子（概括）情况等。
3. 造林地筛选。按照造林地筛选方法流程，描述造林地筛选过程和结果。
4. 营造林设计。树种选择的原则、依据，各树种所占总面积比例，各项造林技术措施（密度、混交方式、林地清理、整地、种苗类型、标准与来源、栽植时间及技术要求、幼林抚育等各项指标）。
5. 生产建设顺序。从生产的角度，按先后顺序安排，并计算各工序（生产阶段）如林地清理、整地、造林、幼抚等的任务量。
6. 附属工程设计。当年造林小班内需要新建的林道、防火线、管护棚等的规格和数量。
7. 用工量与投资概算。用工量计算按工序进行，如林地清理、整地、栽植、幼抚、附属工程，以村为单位计算，汇总到乡、县。

第二十三条　附表包括：

1. ××××年度SFDP造林树种设计面积统计表（表1，略）。从小班—村—乡—县逐级汇总，显示时见到村。
2. ××××年度SFDP造林种苗来源及需苗量统计表（表2，略）。需苗量从各小班逐级汇总到县，显示到村。
3. ××××年度SFDP新造林小班施工设计一览表（表3，略）。显示到村、小班。
4. ××××年度SFDP各项作业用工、投资概算及汇总表（表4，略）。显示到树种—村—乡—县，逐级汇总。

第二十四条　设计图包括：

1. ××乡××××年度SFDP造林施工设计图：

根据外业调查材料，以乡为单位绘制地形图，比例尺为 1∶10 000 或 1∶25 000，内容包括：县、乡、（场）、村（工区）、林班、小班界，防火线或防火林带，林道、管护棚位置，小班注记等。

$$小班注记：\frac{小班号-树种}{面积-密度}$$

注记要求：树种直接写名称，可简化，如火炬松简称“火”，但要在图例中注明；面积以公顷为单位，保留一位小数；密度指每公顷栽植株数。

绘图时以能将设计的小班包括完整为原则，不必将全乡范围（乡界）绘全。但图名、图例、比例尺、单位、时间、编绘者要齐全，不同树种用不同水彩上色，图例中要有色标。

2. 小班示意图的绘制：以放大的地形图为底图勾绘，比例尺可放到 1∶5 000至1∶10 000，一个小班一张图，粘贴到每个造林小班设计图表上。如一个村几个相连的小班且造林技术措施相同时，可合并成一张图表，但小班号和小班面积要分别填写。图的内容包括：小班注记、需保留的原生植被带，明显的地物标志（如裸露的石块、采石坑、小路、独立房等），设计的林道、防火带等，如图 1（略）。

小班示意图的小班界外围要保留一定的等高线，能辨别的地形、地物等，以作定位参考。

3. 典型设计图的绘制：各县可分别不同造林（整地）模型绘制典型设计图，也就是说，同一造林类型（或整地方式或栽植方法），其典型设计图可以一致。复印后按类型随小班示意图发到项目实施单位。包括有：

（1）整地方式示意图，如图 2（略）。除标明结构名称外，还可注明各部分的数字。

（2）种植点配置图，要求栽植行沿等高线作业、栽植穴“品”字形排列，并标明株行距，如图 3（略）。

（3）栽植穴和植苗典型设计图。要求标明栽植穴的规格，树苗栽植时地上（下）保留的比例或具体数字，以杉木为例，如图 4（略）。

第二十五条　设计成果上报

1. 在上报的设计成果中，应包括施工设计说明书及附表（一律用 A4 纸）和上述要求的三种图。

2. 施工设计文件成果材料除存档、外业施工需要外，上报省林业厅项目办一式三份，如有特殊情况另行通知。

第二十六条　本“细则”自印发之日起执行，其解释权归河南省林业厅项目办公室。

附表1　用材林造林模型表

序号	树种	培育目标	立地指数	种苗		初植密度（株/hm^2）	造林措施			化肥（kg/hm^2）						厩肥第一年（t/hm^2）	抚育			
				种源	苗木等级		林地清理	整地方式	穴的规格（cm）	尿素	复合肥	钙镁磷肥	过磷酸钙	氯化钾	施肥比例		中耕除草（年次）	灌溉（年次）	修枝（年次）	病虫害防治（年次）
105	火炬松－14纤	纤维材	14		Ⅰ	1 667	全割	穴垦	40×40×30				50		1.1		2－1－1			
107	杉木－14建	建筑材	14		Ⅰ	2 250～2 500	砍草清杂	穴垦	40×40×40				50		1.1		2－2－1			
110	毛白杨－Ⅱ胶	胶合板材	Ⅱ		Ⅰ	330	清杂	穴垦	80×80×80	100			50		1.1		1－1	5	1/2－3	1－1
111	三倍体毛白杨－Ⅱ纤	纤维材	Ⅱ		Ⅰ	660	清杂	穴垦	80×80×80	200			100		1.1		1－1	5	1/2－3	1－1
113	欧美杨－Ⅱ胶	胶合板材	Ⅱ		Ⅰ	330	清杂	穴垦	80×80×80	100			50		1.1		1－1	3	1/2－3	
114	欧美杨－Ⅱ纤	纤维材	Ⅱ		Ⅰ	630	清杂	穴垦	80×80×80	100			50		1.1		1－1	3	1/2－3	
116	刺槐－Ⅱ矿	矿柱材	Ⅱ		Ⅰ	1 250	砍草清杂	穴垦	40×40×40				46		1.1		1－1		2/2－3	
118	泡桐－Ⅱ胶	胶合板材	Ⅱ		Ⅰ	200	砍草清杂	穴垦	100×100×100	100			50		1.1		2－2－1		第三年始1－1－1	
119	枫香－Ⅱ胶	胶合板材	Ⅱ		Ⅰ	1 650	砍草清杂	穴垦	50×40×30	100			50		1.1		2－2－1		第三年始1－1－1	

注：施肥比例指投资期间化肥的使用量，如模型中的1.1表示第一、二年的化肥施用量分别占1/2。

附表 2 用材林造林单价表

序号	树种	苗木单价（元/株）	密度（株/hm²）	苗木费（元）	化肥（元）	厩肥（元）	农药（元）	设备工具（元）	林地清理		整地		栽植		灌溉（元）			抚育 *					管护棚（元）	林道		调查设计（元）	培训推广（元）	管理监测（元）	造林单价（元）	单价计算（年）
															投资期		经营期	用工				小计								
									工	元	工	元	工	元	1 年	2 年	每年	1 年	2 年	3 年	4 年	元		工	元					
105	火炬松－14 纤	0. 12	1 667	200	25	0	16	160	32	480	33	495	14	210				27	27	14		1 020	150	10	150	50	80	30	3 066	3
107	杉木－14 建	0. 07	2 500	175	25	0	16	160	35	525	79	1 185	19	285				32	32	16		1 200	150	10	150	50	80	30	4 031	3
110	毛白杨－Ⅱ胶	3. 50	330	1 155	165	0	16	160	10	150	47	705	15	225	150	150	150	31	31			930	150	5	75	50	60	20	4 161	2
111	三倍体毛白杨－Ⅱ纤	3. 50	660	2 310	330	0	16	160	20	300	55	825	45	675	150	150	150	60	60			1 800	150	5	75	50	60	20	7 071	2
113	欧美杨－Ⅱ胶	2. 00	330	660	165	0	16	160	10	150	50	750	20	300	150	150	150	33	33			990	150	5	75	50	60	20	3 846	2
114	欧美杨－Ⅱ纤	2. 00	630	1 260	165	0	16	160	10	150	50	750	20	300	150	150	150	30	20			750	150	5	75	50	60	20	4 206	2
116	刺槐－Ⅱ矿	0. 50	1 250	625	23	0	16	160	32	480	28	420	12	180				24	24			720	150	10	150	50	60	20	3 054	2
118	泡桐－Ⅱ胶	3. 50	200	700	165	0	16	160	10	150	47	705	15	225				31	31	31		1 395	150	10	150	50	80	30	3 976	3
119	枫香－Ⅱ胶	0. 50	1 650	825	165	0	16	160	32	480	45	675	15	225				30	30	30		1 350	150	10	150	50	80	30	4 356	3

注：（1）抚育包括松土除草、修枝等项；（2）工价为：15 元/日；（3）化肥单价：尿素或复合肥 1. 4 元/kg、过磷酸钙或钙镁磷肥 0. 5 元/kg、氯化钾 1. 4 元/kg。

附表3　用材林木材产量预测表　（单位：m^3/hm^2、t/hm^2、kg/hm^2）

序号	树种	第一次间伐						第二次间伐						主伐							
		年	蓄积	产材			薪材	年	蓄积	产材			薪材	年	蓄积	产材					薪材
				8～12 cm	<8 cm	小计				8～12 cm	<8 cm	小计				>22 cm	14～20 cm	8～12 cm	<8 cm	小计	
105	火炬松－14纤													15	140.0		26.5	57.5	18.4	102.4	12.0
107	杉木－14建	10	13.5	3.2	4.9	8.1	2.2	14	16.9	4.2	7.6	11.8	3.0	20	207.7	5.3	60.0	75.0	1.7	142.0	6.0
110	毛白杨－Ⅱ胶													15	225.0	20.0	113.0	5.0		138.0	6.4
111	三倍体毛白杨－Ⅱ纤													6	180.0		90.0	60.0		150.0	12.0
113	欧美杨－Ⅱ胶													12	176.0	70.0	60.0	15.0	5.0	150.0	17.0
114	欧美杨－Ⅱ纤													8	193.0	53.0	83.8	8.0	8.0	152.8	17.0
116	刺槐－Ⅱ矿	7	8.0	1.6	2.4	4.0	1.7							15	135.0	15.0	40.0	30.6	26.0	111.6	4.0
118	泡桐－Ⅱ胶													10	110.6	66.0	16.5			82.5	4.0
119	枫香－Ⅱ胶													10	90.0	55.0	15.0			70.0	17.0

附表4　用材林分树种产品单价表

序号	造林模型名称及对应参数	木材采收成本（元/m³）	路边木材价格（元/m³）				薪材（元/t）
			≥22 cm	14～20 cm	8～12 cm	<8 cm	
105	火炬松－14 纤	100	580	490	360	230	70
107	杉木－14 建	100	900	730	550	250	70
110	毛白杨－Ⅱ胶	60	650	480	270	120	60
111	三毛杨－Ⅱ纤	60		480	270	120	60
113	欧美杨－Ⅱ胶	60	600	450	250	120	60
114	欧美杨－Ⅱ纤	60	600	450	350	160	60
116	刺槐－Ⅱ矿	60	580	500	400	200	70
118	泡桐－Ⅱ胶	60	650	500	280	135	50
119	枫香－Ⅱ胶	80	630	540	440	220	70

附表 5　经济林造林模型表

序号	树种	培育目标	种苗		定植密度（株/hm^2）	造林措施			化肥（kg/hm^2）						厩肥第一年（t/hm^2）	抚育			
			种源	苗木等级		林地清理	整地方式	穴的规格（cm）	尿素	复合肥	钙镁磷肥	过磷酸钙	氯化钾	施肥比例		中耕除草（年次）	灌溉（年次）	整形修剪（年次）	病虫害防治（年次）
201	核桃	干果	嫁接苗	Ⅰ	560	清杂整平	大穴	1×1×1	323		49		49	1，2，3，4	8	2-2-2	3-2-2	2-2-2	3-3-3
202	板栗	干果	嫁接苗	Ⅰ	833	清杂整平	穴状	1×1×1		834				1，2，3，4	12	2-2-1	3-2-2	2-2-2	3-3-3
204	银杏	叶、果	嫁接苗	Ⅰ	840	清杂整平	带+穴	1×1×0.7		420				1，2，3，4	13	1-1-1	1-1-1	1-1-1	2-2-2
205	枣	干果	嫁接苗	Ⅰ	556	清杂整平	大穴	1×1×0.8	418					2，3，5	5	2-2-2	1-1-1	2-2-2	3-3-3
206	梨	鲜果	嫁接苗	Ⅰ	890	清杂整平	穴状	1×1×1	356		534			2，3，5	13	3-2-2	3-3-3	2-2-2	3-4-5
207	茶	叶	无性系	Ⅰ	8 000	清杂整平	带+穴	0.5×0.5×0.5		2 000				1，2，3，4	40	3-3-3	1-1-1	2-2-2	3-3-3
208	杏	鲜果	嫁接苗	Ⅰ	555	清杂整平	穴状	1×1×0.8		554				2，3，5	8	3-2-2	3-2-2	2-2-2	3-3-3
210	桃	鲜果	嫁接苗	Ⅰ	625	清杂整平	带+穴	1×0.8×0.8		650				2，3，5	12	1-1-1	1-1-1	1-1-1	1-1-1
213	石榴	鲜果	嫁接苗	Ⅰ	833	清杂整平	穴状	1×1×0.6		1 279				2，3，5		3-2-2	3-2-2	1-1-1	1-1-1
214	柿	鲜果	嫁接苗	Ⅰ	556	清杂整平	大穴	1×1×0.8	418					2，3，5	5	2-2-2	1-1-1	2-2-2	3-3-3
215	葡萄	鲜果	扦插苗	Ⅰ	3 300	全割清杂	穴状或开沟	0.6×0.6×0.6	1 485	1 485				2，2，3，3	6	2-3-3	2-3-3	2-2-2	3-3-3
218	柳条	整株	种条	Ⅰ	250 000	清杂整平	全垦				4 500			1，1		3-2-2	3-2-2		1-1-1

注：（1）施肥比例表示投资期间化肥的使用量，如核桃造林模型的施肥 1、2、3、4 表示第一、二、三、四年的化肥施用量分别占 1/10、2/10、3/10、4/10。

附表 6　经济林造林单价表

序号	树种	苗木单价（元/株）	密度（株/hm^2）	苗木费（元）	化肥（元）	厩肥（元）	农药（元）	设备工具（元）	林地清理		整地		栽植		灌溉（元）					抚育*					管护棚（元）	作业道		调查设计（元）	培训推广（元）	管理监测（元）	造林单价（元）	单价计算（年）
															投资期				经营期	用工				小计								
									工	元	工	元	工	元	1年	2年	3年	4年	每年	1年	2年	3年	4年	元		工	元					
201	核桃	8.00	560	4 480	545	480	240	160	10	150	100	1 500	25	375						60	80	##	100	5 100	150	5	75	50	80	40	13 425	4
202	板栗	4.00	833	3 332	1 168	720	192	160	10	150	100	1 500	20	300						60	80	##	100	5 100	150	5	75	50	80	40	13 017	4
204	银杏	4.00	840	3 360	588	780	160	160	10	150	100	1500	15	225						60	60	60	60	3 600	150	5	75	50	70	40	10 908	4
205	枣	5.00	556	2 780	585	300	120	160	10	150	100	1 500	12	180						50	60	80		2 850	150	5	75	50	70	30	9 000	3
206	梨	2.50	890	2 225	765	780	180	160	10	150	110	1 650	30	450	267	267	266		200	60	80	##		3 900	150	5	75	50	60	30	11 425	3
207	茶	0.20	8 000	1 600	2 800	2 400	64	160	10	150	100	1500	30	450						45	45	50	60	3 000	150	5	75	50	80	40	12 519	4
208	杏	5.00	555	2 775	776	480	144	160	10	150	100	1 500	20	300						60	90	##		3 900	150	5	75	50	60	30	10 550	3
210	桃	2.00	625	1 250	910	710	240	160	10	150	110	1 650	30	450	240	240	240		180	20	40	60		1 800	150	5	75	50	80	30	8 435	3
213	石榴	3.80	833	3 165	1791	0	90	160	10	150	75	1 125	20	300						20	40	60		1 800	150	5	75	50	80	30	8 966	3
214	柿	5.00	556	2 780	585	300	120	160	10	150	100	1 500	12	180						50	60	80		2 850	150	5	75	50	70	30	9 000	3
215	葡萄	3.80	3 300	12 540	4 158	360	320	2 200	15	225	60	900	10	150	400	400			200	100	120			3 300	150	10	150	50	80	40	25 423	2
218	柳条	0.01	250 000	2 500	2 250	0	150	160	10	150	100	1 500	25	375						20	30	30		1 200	150	5	75	50	70	30	8 660	3

注：（1）抚育包括松土除草、修枝等项；（2）工价 15 元/日；（3）葡萄工具设备费中包括葡萄架费 2 000 元；（4）肥料价格：尿素或复合肥 1.4 元/kg，过磷酸钙或钙镁磷肥 0.5 元/kg，氯化钾 1.4 元/kg，厩肥 60 元/t。

附表7　经济林产品产量和采收成本及售价预测表

序号	树种	产品名称	产量（kg/hm^2）																采收成本		售价	
			1	2	3	4	5	6	7	8	9	10	11	12	13	14	15	16	采果（元/kg）	采叶/枝（元/kg）	果（元/kg）	叶/枝（元/kg）
201	核桃	干果					150	380	450	750	1 200	1 500	1 800	2 250	2 250	2 250	2 250	3 000	0.40		5.00	
202	板栗	干果					250	300	450	600	750	1 200	1 500	1 800	2 250	2 500	2 500	3 000	0.50		5.50	
204	银杏	果				75	150	250	350	450	450	450	450	450	450	450	450	450	11.00		29.00	
		叶				225	350	750	1 000	1 500	1 500	1 500	1 500	1 500	1 500	1 500	1 500	1 500		1.50		3.80
205	枣	干果				600	900	1 200	1 500	2 000	2 500	3 000	3 750	3 750	3 750	4 000	4 000	4 000	0.40		6.00	
206	梨	鲜果			1 500	3 750	5 750	10 500	15 000	15 000	15 000	15 000	15 000	15 000	15 000	15 000	15 000	15 000	0.10		1.60	
207	茶	鲜叶			750	1 000	2 000	3 000	4 500	4 500	4 500	4 500	4 500	4 500	4 500	4 500	4 500	4 500		1.05		3.50
208	杏	鲜果				300	1 500	1 800	2 200	3 000	4 000	5 000	6 500	8 400	8 400	8 400	8 400	8 400	0.30		3.50	
210	桃	鲜果			1 500	3 750	11 000	11 000	11 000	11 000	11 000	11 000	11 000	11 000	11 000	11 000	11 000	11 000	0.40		1.20	
213	石榴	鲜果				300	500	1 000	1 500	3 500	6 500	9 000	9 000	9 000	9 000	9 000	9 000	9 000	0.20		4.00	
214	柿	鲜果				1 500	2 250	2 700	3 150	3 750	4 500	6 000	6 750	8 250	9 750	12 000	15 000	15 000	0.20		1.20	
215	葡萄	鲜果		1 500	4 500	7 500	15 000	18 000	18 000	18 000	18 000	18 000	18 000	18 000	18 000	18 000	18 000	18 000	0.10		1.20	
218	柳条	整株		7 500	12 000	19 500	19 500	19 500	19 500	19 500	19 500	19 500	19 500	19 500	19 500	19 500	19 500	19 500		0.10		0.30

河南省林业持续发展项目
造林检查验收实施细则

第一章　总　则

第一条　为了执行“林业持续发展项目”（以下简称 SFDP 项目）的各项造林技术规程规定以及有关造林技术标准，确保我省 SFDP 项目造林能够按照“施工设计”进行，达到预定的数量和质量标准，实现项目可行性研究中确定的经济、生态和社会效益目标，根据国家林业局项目管理中心对 SFDP 项目造林检查验收的要求，结合我省实际特制定本细则。

第二条　本细则适用于省级对县级自查上报成果的抽样检查验收和县级对各类造林实体项目造林的全面检查验收。

第三条　验收范围。总体设计（或补充总体设计）范围内并开展了年度施工设计（或补充施工设计），按照设计进行施工的 SFDP 项目造林小班。

第二章　检查验收的内容

第四条　施工设计文件。检查施工设计文件（包括图、表、报告书）的科学性和执行情况。

第五条　用材林。内容包括：①施工设计文件；②造林地面积；③苗木种源（品种）和质量；④环境保护措施；⑤整地和栽植质量；⑥造林密度；⑦抚育质量；⑧造林成活率（或保存率）；⑨生长量。

第六条　经济林。内容包括：①施工设计文件；②造林地面积；③苗木品种和质量；④环境保护措施；⑤整地和栽植质量；⑥造林密度；⑦抚育质量；⑧造林成活率（或保存率）；⑨授粉树配置情况；⑩幼树病虫害受害率。

第三章　检查验收方法和评定标准

第七条　施工设计文件。施工设计文件包括经省林业厅项目办审批的施工设计（图、表、书）等资料。按照项目“造林总体设计”和“施工设计工作方法”，检查“施工设计”文件是否符合质量要求，并在现场重点核对立地类型的确定、树种选择及造林模型的应用等因子合适与否，在此基础上，评出

“施工设计”文件合格与不合格两个档次。

第八条　小班面积核实。持自查验收图（省级验收）或施工竣工图（县级自查）现场核对小班边界，重新计算小班面积，小班区划面积大小范围须符合项目《造林施工设计实施细则》要求。面积误差小于5%的，以原上报面积为准，否则以实测或现场重新调绘面积为准。

第九条　种苗。项目造林必须使用良种（条）。采用询问和查看“优良种子（穗条）调拨单”的方式，检查育苗用种是否符合林业厅的规定（参照河南省优良种植材料开发计划），符合规定的为合格，否则不合格。

Ⅰ级苗使用率。采取在标准行中抽取样本，检查苗高、地径两项指标，上述两项指标均达到标准的为合格，反之不合格。主要造林树种Ⅰ级苗验收标准见附件二。抽样的具体方法为：在标准行中心的上下，随机抽取占标准行总株数的30%以上的幼树作为样本。以小班为单位，计算Ⅰ级苗使用率，公式为：

$$\text{Ⅰ级苗使用率}=\frac{\text{所有标准行中达到Ⅰ级苗标准的样本之和}}{\text{相应的样本总株数}}\times 100\%$$

Ⅰ级苗使用率大于95%的为达标小班，介于90%～95%的为合格小班，小于90%的为不合格小班。

第十条　环境保护措施（仅适用于坡度≥5度的造林地）。按照项目环境保护规程的规定，以小班为单位，对照检查原生植被保留情况、沿等高线整地情况，并以抽中标准行为单位对照检查栽植穴“品”字形布置情况。

$$\text{环保措施合格率}=\frac{\text{所有标准行中符合“品”字形株数之和}}{\text{相应的样本总株数}}\times 60\% + x\%$$

（注：$0\leqslant x\leqslant 40$，具体值以原生植被保留情况和沿等高线整地情况而定）

第十一条　整地。整地质量主要检查栽植穴的规格和表土还穴情况。主要造林树种栽植穴规格以规定的造林模型要求为准。其计算式：

$$\text{整地合格率}=\frac{\text{所有标准行中合格的栽植穴之和}}{\text{所有标准行中栽植穴总数}}\times 100\%$$

整地合格率大于95%的为达标小班，介于90%～95%的为合格小班，小于90%的为不合格小班。

第十二条　栽植。检查苗木栽植是否苗正根舒、不窝根、压实培蔸、苗木分级、塑料容器苗去袋、苗木成活质量等。其计算式：

$$\text{栽植合格率}=\frac{\text{所有标准行栽植松紧合格样本总数}}{\text{相应的样本总数}}\times 30\% +$$

$$\frac{\text{所有标准行中根系舒展深度合格的样本之和}}{\text{相应的样本总数}}\times 30\% +$$

$$\frac{\text{所有标准行中幼树与地面垂直的株数}}{\text{相应的样本总株数}} \times 40\%$$

栽植合格率大于95%的为达标小班，介于90%～95%的为合格小班，小于90%的为不合格小班。

第十三条 造林密度。沿水平方向实测株行距，并与设计密度或造林模型比较，计算出造林密度合格率。主要树种造林密度见作业设计或造林模型。其计算式：

$$\text{造林密度合格率} = \left(1 - \left|\frac{\text{相应设计总株数} - \text{所有标准行栽植穴之和}}{\text{相应设计总株数}}\right|\right) \times 100\%$$

（注：相应设计总株数 = 设计造林密度 × 行距 × 标准行长度/10 000）

造林密度合格率小于80%的为不合格小班。

第十四条 造林成活（保存）率。以标准行内所有幼树为样本，逐株检查记录总株数和成活株数，计算成活率，公式为：

$$\text{造林成活（保存）率} = \frac{\text{所有标准行中成活的样本之和}}{\text{相应的样本总数}} \times 100\%$$

造林成活率划分为三个等级，成活等级划分如表1所示。达到Ⅰ级标准的造林小班为达标小班；达到Ⅱ级标准的造林小班可列入当年完成任务报账，但必须加强抚育管护并及时进行补植补造；Ⅲ级造林地块为不合格小班，不能列入当年项目造林上报。

表1 造林成活率等级表

等　级	Ⅰ	Ⅱ	Ⅲ
成活率（%）	≥95	85～94	<85

第十五条 树木生长量的检查。依据国家林业局规定的各主要树种生长量标准（参见附件一），以标准行中所有幼树为样本，逐株测量树高、地径（胸径），统计生长量和生长量达标样本数。以小班为单位，计算平均高生长量与标准之比率和生长量株数达标率。公式为：

$$\text{平均高生长量与标准之比率} = \frac{\text{样本生长量总和/样本总个数}}{\text{当年标准生长量}} \times 100\%$$

$$\text{生长量株数达标率} = \frac{\text{生长量达到标准的样本之和}}{\text{相应的样本总数}} \times 100\%$$

平均高生长量与标准之比率大于等于100%的为达标小班，介于100%～90%的为合格小班，小于90%为不合格小班。

生长量株数达标率大于等于80%的为达标小班，介于80%～70%的为合格小班，小于70%的为不合格小班。

第十六条　经济林幼树病虫害发生情况检查。以标准行中所有幼树为样本，逐株检查病虫发生株数，以一株的枝叶超过5%感染病虫害的为病株。以小班为单位计算病虫害发生率。公式为：

$$幼树病虫害受害率=\frac{所有标准行中的病株之和}{相应的样本总数}\times100\%$$

病虫害发生率小于等于10%的为达标小班，介于10%～30%的为合格小班，大于等于30%的为不合格小班。

第十七条　经济林授粉树配置检查。根据“施工设计”的要求，检查小班授粉树的配置是否得到落实，如果栽植比例及位置符合要求则为合格，否则为不合格。授粉树配置合格率按树种填写，计算公式为：

$$授粉树配置合格率=\frac{所有小班符合授粉树配置要求的小班}{所检小班之和}\times100\%$$

第十八条　幼林抚育。

根据“施工设计”的要求，以标准行内所有幼树为样本，重点对松土深度、除萌情况、除杂草、追肥和幼树伤损情况进行检查，随检查随记录。以小班为单位，对抚育质量作出评价，只有对“施工设计”文件中规定的所有抚育内容进行了施工，并达到了质量要求的，才能评定为合格，否则不合格。

第四章　检查验收步骤

第十九条　检查验收的步骤。我省检查验收分造林单位自检、县林业局项目办全检、省林业厅项目办抽检三级检查制度。

——造林竣工后由造林实体（包括国有林场、集体林场、联合林场、股份制林场和个体户等）以小班为单位，按照“施工设计”和施工的各工序进行自检，结果上报县级林业局项目管理机构。

——县级项目管理机构在造林实体自检的基础上，按照本“细则”逐小班进行检查验收，填写造林检查验收表，将合格小班填入《河南省世行贷款“林业持续发展项目”竣工小班一览表》。以县为单位将检查验收结果上报省林业厅项目办公室。

——省级项目管理机构在县级检查验收的基础上，按照本“细则”进行抽查，并形成检查验收报告上报国家林业局项目管理中心。

各级项目单位应根据每次检查验收的成果，建立本级项目资源档案，作为信息系统的主要数据来源。

第二十条　抽查方法与比例。

1．县级项目管理机构按照本细则逐乡逐村逐小班全面验收，以县为单位完成自查验收报告并上报省林业厅项目办公室。

2. 省林业厅项目办公室在县级自查验收的基础上，随机抽取 10% 以上的造林小班进行抽查，同时要满足抽取面积不少于造林自查面积的 10% 。

第二十一条　标准行的设置与样木抽取。

根据小班大小、形状，选择有代表性地段设置标准行。在抽取的标准行内逐株调查记载。标准行数不得低于规定数量（参见表 2），样本株数每行不得少于 10 株，初植密度≥1 200 株/hm^2 的小班，样本株数每行不得少于 20 株。

表 2　标准行数量表

<table>
<tr><th>小班面积（hm^2）</th><th>初植密度（株/hm^2）</th><th>标准行个数</th></tr>
<tr><td>≤3</td><td>无限制</td><td>3</td></tr>
<tr><td rowspan="2">3＜小班面积≤6.7</td><td>初植密度≤1 200</td><td>5</td></tr>
<tr><td>初植密度＞1 200</td><td>4</td></tr>
<tr><td rowspan="2">6.7＜小班面积≤10</td><td>初植密度≤1 200</td><td>6</td></tr>
<tr><td>初植密度＞1 200</td><td>5</td></tr>
<tr><td>＞10</td><td>无限制</td><td>6</td></tr>
</table>

第二十二条　各造林单位分造林树种的整地合格率、栽植合格率、Ⅰ级苗使用率、环保措施合格率、造林密度合格率、平均成活率、病虫害发生率，采用面积加权平均。良种使用率、抚育合格率的计算，采用该指标合格面积之和除以核实总面积。

第五章　检查验收的成果

第二十三条　提交检查验收成果。

（一）检查验收报告的主要内容：

1. 检查验收工作概况：主要概述检查验收的组织形式、人员组成、工作依据和方法以及验收工作质量认定等。

2. 项目造林计划任务完成情况及检查验收结果。

3. 结果分析与评价。逐项分析评价各验收指标的结果。

4. 总结项目造林典型经验与实例。

5. 项目造林存在的问题，以及今后如何搞好项目造林，提高经营管理水平的具体意见和建议。

（二）提交验收成果附表

1. 竣工小班一览表。

2. 竣工面积分单位汇总表。

3. 分树种造林施工质量汇总表。

4. 项目造林实体基本情况统计表。

（三）竣工验收图

竣工验收图要求用 1∶1 万或 1∶2.5 万地形图绘制，与竣工小班一览表一一对应，并分林种分别上色，用材林为绿色，经济林为红色，小班注记与施工设计要求相同。

县级检查验收成果报省林业厅项目办公室一式 3 份，其他各相关项目单位应根据需要适当留存备用。

第六章　附　则

第二十四条　检查验收结果是各县（市、区）进行贷款报账和评定优良工程的重要依据。各项目单位要认真组织，确保检查验收成果质量。对于验收工作表现较好的单位和个人，省林业厅项目办公室将予以适当的表彰和奖励。对验收工作质量较差，甚至违反技术规定，故意弄虚作假的单位和个人，要予以严肃处理。

第二十五条　各项目县（市、区）根据本细则的要求与标准进行自查验收。各类造林实体的自查办法由县级林业局项目办公室参照本细则制定。

第二十六条　本“细则”自印发之日起执行，其解释权归省林业厅项目办公室。

附表 1　林业持续发展项目检查验收竣工小班登记表

附表 2　林业持续发展项目检查验收结果分单位汇总表

附表 3　林业持续发展项目检查验收结果分树种汇总表

附表 4　林业持续发展项目实施实体情况一览表

附表 5　河南省“林业持续发展项目”造林检查验收小班调查表

附件一　各主要树种生长量表

附件二　主要造林树种苗木标准

附表 1　林业持续发展项目检查验收竣工小班登记表

单位	小班号	树种	施工设计文件情况	核实面积（hm^2）	良种使用情况	I 级苗使用率（%）	造林密度合格率（%）	整地合格率（%）	栽植合格率（%）	环保措施合格率（%）	造林成活率（%）	幼林抚育合格情况	生长量株数达标率（%）	经济林病虫害发生率（%）
合计														

附表 2　林业持续发展项目检查验收结果分单位汇总表

单位	小班数	施工设计文件情况	施工设计面积	核实面积（hm^2）	良种使用率（%）	I 级苗使用率（%）	造林密度合格率（%）	整地合格率（%）	栽植合格率（%）	环保措施合格率（%）	造林成活率（%）	幼林抚育合格率（%）	生长量株数达标率（%）	经济林病虫害发生率（%）
合计														

附表3　林业持续发展项目检查验收结果分树种汇总表

树　种	小班数	施工设计文件情况	施工设计面积（hm^2）	核实面积（hm^2）	良种使用率（%）	Ⅰ级苗使用率（%）	造林密度合格率（%）	整地合格率（%）	栽植合格率（%）	环保措施合格率（%）	造林成活率（%）	幼林抚育合格率（%）	生长量株数达标率（%）	经济林病虫害发生率（%）	备　注
合　计															
用材林															
火炬松															
杉　木															
毛白杨															
三倍体毛白杨															
经济林															
核　桃															
银　杏															
茶															
杏															
桃															
花　椒															
石　榴															
柿															
葡　萄															
柳　条															

附表 4　林业持续发展项目实施实体情况一览表

单　位	村　数	小班数	参加项目农户总数	新参加项目农户数	集体林场数	股份制林场数		
						总　数	其中：农户合作林场	集体加农户林场
合计								
××乡								

说明：新参加项目农户数指原先从没有参加过 SFDP 项目，当年新参加的农户数。

附表5　河南省“林业持续发展项目”造林检查验收小班调查表

县（市、区）　　　　乡　　　　村　　　　小班号　　　　造林时间

地形图图幅号：

造林树种	上报面积	核实面积	面积核实率	调查样地数	调查株（穴）数	整地合格穴数	整地合格率
栽植质量	栽植合格率	环保合格率	设计造林株数	造林密度合格率	种源品种	良种使用情况	Ⅰ级苗株数
Ⅰ级苗使用率	成活株数	成活率	发生病虫害株数	病虫害发生率	施工设计	其他需说明情况	

调查者：　　　　调查时间：　　年　月　日

河南省“林业持续发展项目”年度林木生长情况调查表（附表5背面）

县（市、区）　　　　乡　　　　村　　　　小班　　　　造林树种

样本号	1	2	3	4	5	6	7	8	9	10	11	12	13	14	15	16	17	18	19	20	21	22	23	24	25
D（cm）																									
H（m）																									
样本号	26	27	28	29	30	31	32	33	34	35	36	37	38	39	40	41	42	43	44	45	46	47	48	49	50
D（cm）																									
H（m）																									
样本号	51	52	53	54	55	56	57	58	59	60	61	62	63	64	65	66	67	68	69	70	71	72	73	74	75
D（cm）																									
H（m）																									
样本号	76	77	78	79	80	81	82	83	84	85	86	87	88	89	90	91	92	93	94	95	96	97	98	99	100
D（cm）																									
H（m）																									

调查者：　　　　调查时间：　　年　月　日

附件一

各主要树种生长量表

树种	初植密度(株/hm²)	林龄 / 测试因子	1	2	3	4	5	6	7	8	9	10	11	12	13	14	15	16	17	18	19	20	主伐密度(株/hm²)
杉木	2 505 ~ 3 600	*H*	0.4	1.0	1.5	2.4	3.5	4.6	5.7	6.7	7.6	8.4	9.7	9.9	10.5	11.0	11.5	12.0	12.4	12.8	13.2	13.5	1 500
		D				2.8	4.0	5.3	6.7	7.9	9.0	10.0	10.0	11.7	12.4	13.1	13.7	14.3	14.8	15.3	15.7	16.0	
		M				2.4	6.0	15.3	29.4	48.0	68.85	9.00	118.80	142.20	152.88	163.80	174.15	184.80	192.27	199.80	206.34	214.20	
	3 000 ~ 4 500	*H*	0.3	0.9	1.3	2.1	3.0	4.0	5.0	5.9	5.7	7.4	8.1	8.7	9.2	9.7	10.2	10.6	11.0	11.3	11.6	11.9	1 800
		D				2.1	3.1	4.2	5.3	6.4	7.4	8.3	9.2	10.0	10.6	11.2	11.8	12.3	12.8	13.2	13.6	14.0	
		M				1.5	3.75	9.90	19.95	33.60	49.95	69.00	90.75	111.60	130.65	149.10	157.50	165.60	173.40	180.90	185.25	191.00	
火炬松	1 950 ~ 2 400	*H*	0.4	1.3	2.2	3.7	4.3	54.65	7.6	8.7	9.7	10.6	11.5	12.4	13.2	13.9	14.5	15.0	15.4	15.7	16.0		900 ~ 1 650
		D				3.5	4.7	5.9	1.0	8.1	9.7	10.3	11.3	12.3	13.2	14.0	14.8	15.6	16.3	17.0	17.7	18.4	
		M					3.00	6.00	10.80	16.80	26.40	35.10	48.00	62.70	79.20	97.50	117.60	139.50	163.20	188.70	216.00	229.70	
	1 950 ~ 2 400	*H*	0.3	1.0	1.6	2.3	3.0	3.8	4.6	5.3	6.0	6.7	7.4	8.0	8.6	9.2	9.7	10.2	10.7	11.2	11.6	12.0	1 020 ~ 1 800
		D			3.8	5.2	6.9	8.1	9.2	10.4	11.6	12.8	13.8	14.7	15.6	16.2	16.8	17.4	18.0	18.5	19.0	19.5	
		M				1.80	4.50	9.00	14.70	74.00	30.40	45.00	57.75	23.80	91.65	111.30	135.00	156.00	172.12	186.30	195.35	210.00	
毛白杨	330	*H*	4.0	5.0	6.7	8.3	9.8	11.2	12.4	13.5	14.6	15.6	16.6	17.5	18.4	19.3	20.3						
		D		4.1	6.4	8.7	10.9	12.9	14.8	16.7	18.5	20.2	21.9	23.6	25.2	26.3	28.4						
		M			2.7	7.2	13.5	20.7	30.45	40.8	54.0	67.5	84.15	102.6	120.9	142.8	164.25						
	660	*H*	3.7	4.4	5.1	6.5	7.7	8.8	9.8	10.7	11.5	12.3	13.1	13.2	14.7	15.4	16.1						
		D		3.5	5.2	7.7	8.8	10.3	11.8	13.2	14.5	15.8	17.1	18.3	19.5	20.6	21.7						
		M			1.2	5.8	11.5	19.8	29.4	39.6	51.3	64.5	79.2	93.6	111.15	130.2	150.75						
意杨	300	*H*	5.0	6.5	9.8	13.0	16.4	19.6	22.4	24.8	26.8	28.0											
		D		6.0	10.0	14.8	20.4	25.0	28.2	30.8	33.2	35.2											
		M			8.1	21.0	42.0	70.2	102.1	147.6	191.7	240.0											
	300	*H*	4.5	5.5	7.8	10.3	13.1	16.3	19.0	21.0	22.8	24.4											
		D		5.4	9.0	13.1	17.5	21.5	25.2	28.5	31.6	34.5											
		M			3.6	10.7	23.25	45.0	75.6	115.2	156.6	201.0											
	630	*H*	4.5	6.4	9.7	12.9	15.9	18.7	21.3	23.7	25.9	27.9											
		D		4.8	8.8	12.6	15.7	18.6	21.1	23.5	25.6	27.1											
		M			7.6	23.40	51.75	90.9	141.75	196.8	257.85	321.00											
泡桐	单株	*H*	4.0	6.0	6.8	2.60	8.49	9.3	10.3	11.1	11.7	12.2											
		D		9.0	11.5	11.0	27.0	20.5	24.5	29.0	33.0	36.2											
		M			9.03	0.07	0.11	0.16	0.23	0.31	0.39	0.48											

注：1. 各年树高生长量为全高；2. 本表是依据中华人民共和国专业标准（简称专业标准）制定的，供“林业持续发展项目”实施参考；3. 专业标准中没有的树种按河南省相关规定执行；4. 如果颁布了新的专业标准，按新标准执行；5. “林业持续发展项目”的初植密度严格按造林模型的密度控制。

附件二

主要造林树种苗木标准

世界银行贷款林业持续发展项目包括人工林营造部分用材林、竹林和经济林，其造林必须全部采用Ⅰ级苗。

本项目用材林主要造林树种的Ⅰ级苗木标准，是依据国家颁发的“国标GB 6000—85 主要造林树种苗木标准”和“LY 1000—91 主要造林树种容器育苗苗木标准”以及参考了“国家造林项目主要造林树种苗木质量指标”、“森林资源发展和保护项目主要造林树种苗木标准”和“贫困地区林业发展项目主要造林树种苗木标准”，并在充分吸取 NAP、FRDPP 和 FDPA 的造林实践经验和近几年科研新成果的基础上修订的。

项目经济林主要造林树种的Ⅰ级苗标准，是依据“GB 7907—87 核桃丰产与坚果品质”、“GB 9982—88 板栗丰产林”、“ZBB 64008 枣树丰产林”、“LY/T 1081 柿树优质丰产林”、“GB 7906 油茶丰产林”和“GB/T××××—××名特优经济林基地建设技术规程”以及在各省区地方标准和多年的造林实践的基础上制定的。各主要树种Ⅰ级苗木标准详见表1－1、表1－2、表2。

注：苗龄用阿拉伯数字表示，第1个数字表示播种苗后营养繁殖苗在原地的年龄；第2个数字表示第一次移植后培育的年龄；括弧内的数字表示插条苗在原地（床、垄）根的年龄。各数之和为苗木的年龄，称几年生。如：

1－0 表示苗木为1年生未移植。

1－1 表示2年生移植一次，移植后续培育1年的移植苗。

1(2)－1 表示2年干3年根移植一次的插条移植苗。

表 1 – 1　主要用材林树种苗木标准

<table>
<tr><th rowspan="3">树　种　名　称</th><th rowspan="3">苗木种类</th><th rowspan="3">苗龄</th><th colspan="4">Ⅰ级苗</th></tr>
<tr><th rowspan="2">地径（cm）</th><th rowspan="2">苗高（cm）</th><th colspan="2">根系（cm）</th></tr>
<tr><th>主根长</th><th>>5 cm 侧根数</th></tr>
<tr><td>杉木
Cunninghamia lanceolata</td><td>播种苗</td><td>1 – 0</td><td>0.4 ~ 0.6</td><td>35</td><td>25</td><td>>10</td></tr>
<tr><td>火炬松
Pinus taeda</td><td>播种苗</td><td>1 – 0</td><td>0.6</td><td>30</td><td>20 ~ 22</td><td>>12</td></tr>
<tr><td>日本落叶松
Larix leptolepix</td><td>移植苗</td><td>1 – 1</td><td>0.6</td><td>40</td><td>19</td><td>>10</td></tr>
<tr><td>毛白杨
Populus tomentosa</td><td>嫁接苗
移植苗
埋条苗</td><td>2 – 0
1(2) – 1
2 – 0</td><td>3
3.5
2.5</td><td>400
400
300</td><td>25
35
25</td><td></td></tr>
<tr><td>69、72、中林 46 杨
Populus deitoides、ieuramericana</td><td>插条苗</td><td>1(2) – 0</td><td>4.5</td><td>450</td><td>30</td><td></td></tr>
<tr><td>新疆杨
Populus bolleana</td><td>插条苗</td><td>1 – 0
1(2) – 0</td><td>1.3
1.7</td><td>220
270</td><td>30
35</td><td></td></tr>
<tr><td>兰考泡桐
Paulownia elongata</td><td rowspan="2">插根苗</td><td>1 – 0</td><td>4</td><td>300</td><td></td><td></td></tr>
<tr><td>楸叶桐
Paulownia catapoifolia</td><td>1(2) – 0</td><td>6</td><td>500</td><td></td><td></td></tr>
<tr><td>白花泡桐
Pauiuunia fortunei</td><td>插根苗</td><td>1 – 0</td><td>4.5</td><td>400</td><td></td><td></td></tr>
<tr><td>枫香
Liquidambar formosana</td><td>实生苗</td><td>1 – 0</td><td>1.1</td><td>90</td><td>>25</td><td>>12</td></tr>
<tr><td>刺槐
Robinia pseodoacacia</td><td>播种苗</td><td>1 – 0</td><td>1.2</td><td>截干</td><td>20</td><td>>12</td></tr>
<tr><td>白榆
Ulmus pumila</td><td>播种苗
播种苗
播种苗</td><td>1 – 0
1 – 0
1 – 0</td><td>0.6 ~ 1.5</td><td>60 ~ 150</td><td>25
25
25</td><td>>10
>10
>13</td></tr>
<tr><td>檫树
Sassafras tsumu</td><td>播种苗</td><td>1 – 0</td><td>1.1</td><td>90</td><td>25</td><td>12</td></tr>
<tr><td>核桃
Juglans regia</td><td>嫁接苗
实生苗</td><td>2 – 0
2 – 3(0)</td><td>1.2
2</td><td>60
100</td><td>>20
>20</td><td>>15
5 ~ 14</td></tr>
</table>

表1-2　主要经济林树种苗木标准

树种名称	苗木种类	苗龄	地径（cm）	苗高（cm）	主根长	>5 cm侧根数
板栗 *Castanea mollissima*	实生苗	1-0	1	80	>20	5
	嫁接苗	2(1)-0	1.5	100	>20	5
银杏 *Ginkgo biloba*(叶)	嫁接苗	1-1	1.5	80	>20	5
	嫁接苗	2-0	2	110	>20	5
	实生苗	2-0	1	80	>15	5
杜仲 *Eucommia ulmoides*	实生苗	1(2)-0	0.75~1.5	70~100	>20	>5
	嫁接苗	2-0	1.9	200		
枣 *Ziziphus jujuba*	嫁接苗	2-0	1~1.5	100~150	>20	>5
苹果 *Malus pumila*	嫁接苗	1-0	1	100	>20	6
梨 *Pyrus*	嫁接苗	2-0	1~1.6	100~120	>25	>5
仁用杏 *Prunus armeniace* (*Kernel*)	嫁接苗	1-0	0.9	80	>15	6
	嫁接苗	2-0	1.6	100	>25	5
柑橘 *Citrus*	嫁接苗	2-0	0.8	45		
油茶 *Camella oleifera*	实生苗	1-0	0.4	30	>10	5
	嫁接苗	2-0	>0.3	>20	20	
茶 *Camella sinensis*	实生苗	1-0	0.3	25	>15	>5
山核桃 *Carya cathayensis*	实生苗	2-0	1.2	60	>20	>15
花椒 *Zanthoxylum bungeanum*	实生苗	(1)2-0	0.35~0.7	35~70	>15	5
青檀 *Wingceltis pteroceltis tatarinowii*	实生苗	1-0	0.8	45~50	>20	>5
葡萄 *Grape*	扦插苗	1	0.8	150	>20	5

表 2　主要造林树种容器苗育苗苗木标准

树 种 名 称	苗 龄	苗木标准	
		苗高(cm)	地径(cm)
杉木 *Cunninghamia Lanceolata*	1－0	18	0.3
马尾松 *Pinus massoniana*	0.5－0 1－0	10 16	 0.3
湿地松 *Pinus elliottii*	0.5－0 1－0	15 20	0.4 0.6
火炬松 *Pinus taeda*	0.5－0 1－0	15 20	 0.4
日本落叶松 *Larix leptolepix*	1－0 2－0	10 25	0.2 0.3
木麻黄 *Casuarina equisetifolia*	0.5－0	60	
马占相思 *Acacia* spp.	0.5－0 1－0	15 30	 0.4

河南省林业持续发展项目苗圃工程实施办法

世界银行贷款“林业持续发展项目”（SFDP）已经得到我国政府和世界银行的批准并已开始实施。根据项目的可行性研究报告，我省计划新建或改（扩）建苗圃5个，其中南乐、沁阳、开封、罗山、淮滨5县（市）各1个。为搞好苗圃项目的建设，确保项目造林达到预期的目标，按照国家林业局世界银行贷款项目管理中心的统一安排，特制定本办法。

一、工程设计、计划和审批

1. 各县（市）要根据项目的可行性研究报告和造林总体规划设计，结合当地实际情况，委托具有资质的设计单位和工程技术人员对苗圃工程进行设计，编制设计文件（包括世界银行贷款河南省××县林业持续发展项目苗圃工程总体设计说明书、设计图）。

2. 苗圃建设应遵循如下原则：

（1）严格按照项目的“种植材料开发计划”、“苗圃技术管理规程”的要求进行，并遵循国家林业局苗圃建设的有关规定；

（2）体现规模经营，有较好的经济效益和市场前景；

（3）项目的投资来源和构成为：世界银行贷款占总投资的50%；省、地、县三级配套资金占总投资的25%；苗圃建设单位自筹资本金占总投资的25%；

（4）苗圃的经营机制应是自主经营、自负盈亏、独立核算、自我发展的单位，且有能力偿还所借贷款。

3. 苗圃设计文件由省林业厅项目办组织审批，然后报国家林业局世界银行贷款项目管理中心（以下简称“世行中心”）备案。

4. 每年11月15日之前，各县（市）项目办要向省项目办提交下一年度的苗圃建设计划，然后由省项目办汇总后上报世行中心；12月31日前世行中心将下达该年度的建设计划。

5. 由世行中心统一组织的国际、国内土建工程/物资设备招标采购，采购前须经省、市、县级财政部门逐级确认。

二、采购

1. 苗圃建设项目主要包括土建工程和物资设备采购两部分。其中土建工程包括场地平整、挖掘坑塘、配套房屋、围墙、道路、引水设施等；物资设备主要指育苗设备。

2. 土建工程采购方式。根据项目贷款协定规定，土建工程单个合同金额不超过10万美元的（1美元=8.26元人民币，下同），可采取书面邀请三家合格国内承包人报价的方式（简称“询价采购”），并以包干、定价的方法授予合同；合同金额超过10万美元的，必须采用国内竞争招标方式选定承包人。

3. 设备采购方式。设备采购每个合同金额不超过5万美元采用询价采购的方式进行采购；单个合同金额5万~25万美元的采用国内竞争招标方式进行采购；单个合同金额25万美元以上的采用国际竞争招标方式进行。

4. 以询价方式进行的土建工程和设备采购必须由省林业厅项目办统一组织进行。土建工程和设备的国内招标和国际招标由世行中心组织进行。具体按国家林业局世界银行贷款项目管理中心制定的《世界银行贷款“林业持续发展项目”货物采购与工程招标管理办法》执行。

三、检查和验收

1. 各市、县林业局要加强对苗圃建设工作的指导，要按工序进行检查和验收，上一个工序检查验收合格后才可开展下一个工序的工作。

2. 世行中心、省林业厅项目办将对苗圃建设工程进行随时抽查。

3. 全部工程结束后，施工单位应根据工程的实际投入，提报切合实际的工程结算表。项目单位要组织有关部门人员，根据设计文件和施工合同以及行业标准对施工质量进行全面的验收。

四、审查和文件的保存

1. 国内和国际招标需要事先审查。根据世界银行及国家有关规定，按招标程序向世界银行和国审办提报招标文件、评标报告，得到世界银行和国审办的批复后，才能进行招标和签订合同。合同复印件要报给世界银行后，才能办理报账。

2. 土建工程和设备的询价采购为事后审查。根据世界银行贷款协定规定，为了保证询价采购的准确性，每个省的前两个合同的报价比较情况和评价报告，需先报世界银行审查，审查通过后才可与建筑商或供货商签订合同，并将合同副本报给世界银行备案。除此之外的其他询价、报价单以及合同，由省林业厅项目办按照世界银行的要求严格审查，并留存好所有凭证材料，以接受世界银行对这些凭证和材料进行事后审查。

3. 为确保项目的实施和以备世界银行的事后审查，省林业厅项目办和各有关县（市）林业局项目办均要建立苗圃建设凭证档案，每一个工程建设从设计到工程竣工验收，每一步都要留存相应的凭证，按时间和程序建立档案。

4. 国际、国内招标采购应保存的凭证

（1）苗圃工程项目施工设计文件；

（2）省林业厅项目办对设计文件的批复；

（3）省财政厅确认的土建工程或设备采购计划；

（4）招标文件和投标文件；

（5）评标报告及世界银行对评标结果的批件；

（6）工程结算表（设备采购无需此表）；

（7）发票；

（8）项目单位签署的土建工程和设备验收单。

5. 询价采购应保留的凭证

（1）苗圃工程项目施工设计文件；

（2）省林业厅项目办对设计文件的批复；

（3）询价单、报价单、评比表；

（4）合同；

（5）土建工程结算表（设备采购无需此表）；

（6）发票；

（7）项目单位签署的土建或设备验收单。

五、支　付

1. 土建工程世界银行贷款的支付比例为45%。设备采购的以出厂价交货的100%支付；以零售价交货的按75%支付。但每个苗圃世界银行贷款支付金额不超过该苗圃投资总额的50%。

2. 由省林业厅项目办组织实施的询价采购（土建工程/设备），验收合格并收齐报账所需的单据后，通过省财政厅直接向财政部申请报账。

3. 由世行中心统一办理的国际和国内招标采购，省林业厅项目办负责组织对完工工程和收到的货物进行验收，签署验收单并提交世行中心，由世行中心办理申请报账。

河南省林业持续发展项目种植材料开发计划

（2002 年 12 月）

一、概述

种植材料是集约经营人工林项目的物质基础。为了保证林业持续发展项目（SFDP）人工林营造部分种植材料需要，我们在评估 20 个项目县（市、区）种植材料发展状况的基础上，结合河南省 SFDP 的造林树种及其各树种的造林模型，制定了全省的 SFDP 种植材料开发计划。针对 SFDP 的特点“种植材料开发计划”提出了更高的要求，为此在以下几个方面作了改进。

1. 种源。项目造林必须是优良种源、优良无性系或品种；进一步明确了种源区划和名、特、优、新、稀经济林品种（详见附表 1）。

2. 种植材料类型。加大无性系的比重，降低实生苗的比重。

3. 苗圃管理。改进“苗圃技术管理规程”中的技术措施，如降低一些树种的播种量，推广切根、间苗等育苗技术。

4. 苗木标准。项目造林苗木 Ⅰ 级苗指标作了更严格的规定，且完全使用 Ⅰ 级苗造林（详见附表 2）。

5. 在“苗圃技术规程”中增加苗圃技术档案的建立。

本项目分布于河南省的新郑市、济源市、许昌县、长葛市、襄城县、鹿邑县、商水县、平舆县、郾城县、罗山县、平桥区、淮滨县、开封县、沁阳市、温县、南乐县、桐柏县、社旗县、邓州市、偃师市 20 个县（市、区），总规模 38 072 hm^2。造林树种用材林有杉木、火炬松、意杨、毛白杨、三倍体毛白杨、刺槐、泡桐、枫香；经济林有核桃、板栗、银杏、枣、梨、茶、杏、桃、石榴、柿、葡萄、柳条（杞柳）。各树种造林面积和初植密度见表 1。

根据表 1 数据的各树种造林面积和初植密度结合 SFDP 的特点制定本项目种植材料开发计划。

二、材料供需测算与平衡

通过 NAP、FRDPP、FDPA 的实施，无性繁殖技术和无性系造林技术发展迅速，已被广泛推广和应用，意杨、毛白杨、刺槐、泡桐作为速生树种，在项目造

表1　各树种造林面积和初植密度情况表

		合计	火炬松	杉木	毛白杨	三毛杨	意杨	刺槐	泡桐	枫香				
用材林	造林面积（hm^2）	16 138	644	530	1 816	724	9 856	848	1 359	361				
	初植密度（株/hm^2）		1 667	2 250	330	660	630	1 250	200	1 650				
经济林		合计	核桃	板栗	银杏	枣	梨	茶	杏	桃	石榴	柿	葡萄	杞柳
	造林面积（hm^2）	21 934	313	1 662	210	5 892	1 933	438	2 421	2 962	1 461	1 752	2 671	219
	初植密度（株/hm^2）		560	833	840	556	890	8 000	555	625	833	556	3 300	25 000

林中全部采用无性繁殖造林；杉木、火炬松、枫香采用优良种源区种子育苗，实生苗造林；经济林树种核桃、板栗、银杏、枣、梨、茶、杏、桃、石榴、柿、葡萄、柳条（杞柳），除杞柳用种条、石榴扦插育苗和茶实生苗外，其他均使用嫁接苗造林。全省和项目区内林业部门认可的种植材料年供给量分别见表2、表3。

表2　全省种植材料年供给量统计表　（单位：万条、万根、kg）

	类别	合计	火炬松	杉木	毛白杨	三毛杨	意杨	刺槐	泡桐	枫香				
用材林	种条	5 418			120	2 500	2 798							
	种根	1 855						1 750	105					
	种子													
经济林	类别	合计	核桃	板栗	银杏	枣	梨	茶	杏	桃	石榴	柿	葡萄	杞柳
	种穗	5 215	125	725	180	650	375		205	380	145	180	2 250	
	种子	1 150						1 150						
	插条	81 200												81 200

表3　项目区种植材料年供给量统计表　（单位：万条、万根、kg）

	类别	合计	火炬松	杉木	毛白杨	三毛杨	意杨	刺槐	泡桐	枫香				
用材林	种条	1 737			72	165	1 500							
	种根	215						140	75					
	种子													
经济林	类别	合计	核桃	板栗	银杏	枣	梨	茶	杏	桃	石榴	柿	葡萄	杞柳
	种穗	1 090	10	250	50	125	85		70	95	55	50	300	
	种子	280						280						
	插条	7 000												7 000

（一）种植材料需求量测算

根据河南省 SFDP 投资规模和各树种的造林面积以及造林年度安排、结合造林模型中的初植密度。经测算，项目共需良种种子 10 466 kg，良种穗（条、根）9 036 万根（条）。项目种植材料总需求和分年度需求量分别见表 4、表 5。

表 4　项目种植材料总需求量统计表

（单位：万条、万根、kg）

用材林	类别	合计	火炬松	杉木	毛白杨	三毛杨	意杨	刺槐	泡桐	枫香				
	种条	838			69	55	714							
	种根	153						122	31					
	种子	808	123	137						548				
经济林	类别	合计	核桃	板栗	银杏	枣	梨	茶	杏	桃	石榴	柿	葡萄	杞柳
	种穗	2 376	20	157	20	372	195		153	210	138	111	1 000	
	种子	9 659						9 659						
	插条	7 000												5 669

表 5　项目种植材料分年度需求量统计表　（单位：kg）

株种	年度	合计	种子			合计	种条（万条、万根）						合计	种子
			火炬松	杉木	枫香		毛白杨	三毛杨	意杨	刺槐	泡桐			茶
用材林	1	46	12	34		261	20	27	173	35	6	经济林	2 415	2 415
	2	216	14	50	152	322	22	15	233	42	10		3 863	3 863
	3	343	56	46	241	289	14	12	227	25	11		3 380	3 380
	4	205	42	8	155	120	13	2	80	20	5			
株种	年度	合计	种穗											
			核桃	板栗	银杏	枣	梨	杏	桃	石榴	柿	葡萄	杞柳	
经济林	1	2 037	15	51	10	87	44	28	34	32	30	363	1 343	
	2	2 418	5	60	10	119	74	53	61	46	40	338	1 612	
	3	2 709		46		107	48	58	84	46	32	213	2 075	
	4	882				59	30	14	32	14	8	86	639	

（二）种植材料供需平衡

根据 SFDP 种植材料供需计算结果，结合项目县苗木生产情况，对各树种的良种、品种或种条供需量平衡见表 6、表 7。

由表 6、表 7 中可以看出，项目区范围内大多数用材林树种和经济林树种的种植材料供给完全可以满足项目造林需要，用材林树种中的杉木、火炬松、枫香采用优良种源区种子，需从外省或进口调剂；经济林树种中的核桃、葡萄由于发展最新的名、特、优、新品种，项目区内有一定的缺口，但从全省的供给中可调剂。

表 6　省内供给和项目需求平衡表（单位：万条、万根、kg）

	类别	合计	火炬松	杉木	毛白杨	三毛杨	意杨	刺槐	泡桐	枫香				
用材林	种条	4 580			51	2 445	2 084							
	种根	1 702						1 628	74					
	种子	-808	-123	-137						-548				
经济林	类别	合计	核桃	板栗	银杏	枣	梨	茶	杏	桃	石榴	柿	葡萄	杞柳
	种穗	2 839	105	568	160	278	180		52	170	7	69	1 250	
	种子	-8 509						-8 509						
	插条	75 531												75 531

注：余（+）、缺（-）。

表 7　项目年最大需求和项目区年均供给平衡表

（单位：万条、万根、kg）

	类别	合计	火炬松	杉木	毛白杨	三毛杨	意杨	刺槐	泡桐	枫香				
用材林	种条	1 553			50	138	1 267	98						
	种根	64							64					
	种子	-347	-56	-50						-241				
经济林	类别	合计	核桃	板栗	银杏	枣	梨	茶	杏	桃	石榴	柿	葡萄	杞柳
	种穗	223	-5	190	40	18	11		12	11	9	0	-63	
	种子	-3 863						-3 863						
	插条	4 925												4 925

注：余（+）、缺（-）。

（三）苗木生产计划

本项目苗木生产有四种类型，即实生苗（裸根苗）、无性繁殖苗（埋根、条）、嫁接苗、插条，以无性繁殖苗（埋根、条）、嫁接苗为主。造林苗木类型，杉木、火炬松、枫香、茶叶为实生苗；意杨、刺槐、泡桐、石榴为无性繁殖苗（埋根、条）；桃、枣、葡萄、板栗、银杏、梨、核桃、三倍体毛白杨为嫁接苗；杞柳使用插条造林。各类型育苗的数量是按照树种的造林规模和初植密度，并考虑到苗木运输中正常损失 3% ~5% 确定的。经计算项目建设总需苗量为 9 397 万株，其中实生苗 661 万株、无性繁殖苗 979 万株、嫁接苗 2 088

万株、插条5 669万条。见表8。

表8　项目建设苗木类型需求量统计表　（单位：万条、万根）

项目＼树种		合计	火炬松	杉木	毛白杨	三毛杨	意杨	刺槐	泡桐	枫香				
项目总造林面积（hm^2）		16 138	644	530	1 816	724	9 856	848	1 359	361				
各树种总需苗量		1 201	113	125	63	50	652	111	27	60				
年最大苗木需要量		429	51	46	20	24	213	38	10	28				
年最大造林面积（hm^2）		5 545	290	194	571	350	3 222	292	468	159				
年育苗面积		69.7	1.7	0.6	4.4	5.4	47.4	4.1	3.3	2.9				
年产苗量	实生苗	99	30	41						28				
	无性系苗	281			20		213	38	10					
	嫁接苗	24				24								
	插条	0												
	容器苗	23	19	5										
	根型器苗	2	2											

项目＼树种		合计	核桃	板栗	银杏	枣	梨	茶	杏	桃	石榴	柿	葡萄	杞柳
项目总造林面积（hm^2）		21 934	313	1 662	210	5 892	1 933	438	2 421	2 962	1 461	1 752	2 671	219
各树种总需苗量		8 196	18	143	18	339	178	363	139	192	126	101	910	5 669
年最大苗木需要量		2 993	13	55	9	109	67	145	53	55	42	37	331	2 075
年最大造林面积（hm^2）		7 727	229	638	108	1 889	732	175	923	854	490	639	970	80
年育苗面积		72.9	1.3	4.9	0.8	11.1	8.2	4.8	6.4	8.2	4.3	4.5	18.4	
年产苗量	实生苗	145						145						
	无性系苗	42									42			
	嫁接苗	730	13	55	9	109	67		53	55		37	331	
	插条	2 075												2 075

（四）种植材料的选定

林木良种是项目造林丰产和高效的物质基础，利用优良无性系和品种营造项目林，在NAP、FRDPP、FDPA中实践证明，项目林增产、增效十分显著。为了保证本项目达到预期的培育目标和效益，结合项目的特点制定了项目造林树种种源和无性系或品种（详见附表 1）。

三、苗圃规划

为保证项目县造林用苗和苗木质量，必须结合本县的造林树种建立定向供苗的苗圃，苗圃选址按照国颁和省颁的苗圃技术规程、规定的原则和条件选定。

（一）苗圃的现状

经过调查，在选择的 20 个项目县具有集体和国有苗圃 256 个，总面积 1 150 hm^2，另有育苗专业户 300 户。国营固定苗圃和部分集体苗圃一般历史较长，有一定的规模和基础设施，组织机构比较健全，生产和技术管理水平较高，每个苗圃一般都有管理和技术人员，并根据季节和作业量的多少雇用若干临时工人，仅少部分苗圃拥有汽车、拖拉机、喷灌设备和喷雾器等机器设备，且设备陈旧，需要更新。20 个县的苗圃现状如表 9 所示。

表 9　20 个县的苗圃现状

项目	苗圃数量				面积（hm^2）	职工人数		设备（台套）
	合计	国有	集体	专业户		合计	其中：技术员	
	556	75	181	300	1 150	1 850	545	425

（二）中心苗圃的规划

根据苗圃规划的原则和要求，按项目县各树种年育苗面积，有 5 个县各需新建 1 个中心苗圃，其余 15 个县从现有的苗圃中每县选定 1 个中心苗圃（群），共计 20 个中心苗圃（群），面积 425 hm^2，年育苗面积 305 hm^2，预计可年产苗木 1 015 万株，占项目造林年需求量的 85% 以上。不足部分可根据生产实际情况建立定向固定苗圃育苗。规划建立定向固定苗圃 50 个，面积 150 hm^2，年育苗面积 110 hm^2，定向固定苗圃育苗规划如表 10 所示。

表 10　定向固定苗圃育苗规划

项目	数量（个）	面积（hm^2）	年产苗量（万株）				
			合计	裸根苗	无性系苗	嫁接苗	备注
合计	50	150	285	45	85	135	20

四、苗圃管理和苗木生产

（一）苗圃的组织机构

从选定的 20 个中心苗圃（群）看，目前每个场有 5 ~ 10 名技术、管理人员，具备管理苗圃生产的能力，完全能够承担项目造林树种的育苗任务，不需要对机构和人员进行充实和调整。为了提高育苗的技术水平，对一些生产、技术人员需要进行业务培训。

（二）苗圃现有机械设备情况

经初步调查，选定的苗圃现有的机械设备多数需要更新或添置，结合育苗生产任务，20 个中心苗圃（群）需要更新和新增设备约 170 台（套），投资估算 405 万元。各种设备采购情况详见表 11。

表 11　各种设备采购情况

名称	单位	数量	金额（万元）
合计		170	405
拖拉机	台	20	110
全光喷灌设备	套	50	125
打药机	台	40	20
基质粉碎机	台	20	50
塑料大棚	座	40	80
其他			20

（三）苗木生产

1. 苗木生产

根据各县造林所用苗木类型及造林年度安排，确定中心苗圃育苗面积和固定苗圃育苗面积，并与造林单位签订苗木供应合同，然后依据合同组织育苗工作。

育苗要严格执行国颁和省颁“育苗技术规程”、“育苗规程”和本次项目建设对苗圃管理的规程，以保证苗木质量。

育苗前应做好作业设计，其内容包括整地、做床、播种、苗期管理（追肥、灌水和排水、除草、松土、间苗、切根、病虫害防治等）、苗木出圃等主要工序，作业设计批准后，按设计进行施工。

2. 建立苗木档案

苗木出圃必须按照项目造林苗木标准、技术规定、苗木的检测方法和规则，进行苗木分级和检验，向外运的苗木要经过检疫并附有检疫证书。项目生产使用的苗木必须是项目定向苗圃培育且手续齐全的苗木，苗圃场和造林单位均要建立和保存苗木生产和使用情况的档案。

附表1　河南省"林业持续发展项目"主要树种推荐种源和无性系

树　种	项目县（市、区）	种源区或推荐无性系
杉　木	罗山县、平舆县	会同、锦屏、靖县、建鸥
火炬松	平桥区、罗山县、桐柏县	美国 SC、NC 沿海或山麓
杨　树	新郑市、济源市、许昌县、长葛市、襄城县、鹿邑县、商水县、平舆县、郾城区、罗山县、平桥区、淮滨县、开封县、沁阳市、温县、南乐县、桐柏县、社旗县、偃师市	中林 46 号、115 号、95 号、28 号、23 号，中驻 2 号、6 号、8 号、9 号，路易莎，沙兰杨，Ⅰ-69，Ⅰ-72
毛白杨	长葛市、温县、南乐县、邓州市	毛白杨 103 号、106 号、303 号、39 号、9808 号、90 号，741 杨，毛白杨三倍体，窄冠白杨 1 号、3 号、5 号、84315 号、雄株 84324 号
刺　槐	襄城县、平舆县、偃师市、平桥区	刺槐优良无性系 8044、3 - 1、83002、8033、84023、8048、8 鲁 10、鲁 59、京 2×45、皖 02、A05、D163、D175、D199
泡　桐	鹿邑县、长葛市、襄城县、平舆县、南乐县、偃师市	毛×白 33、毛×白 08、豫杂 1 号、豫林、C125
枫　香	平桥区、罗山县	江西九江
核　桃	长葛市、鹿邑县、沁阳市、桐柏县、偃师市	辽核 1 号、辽核 4 号、中林 1 号、中林 5 号、绿波、西林 2 号、香玲、中林 6 号、扎 343、新早丰、薄丰、鲁光
板　栗	平舆县、平桥区、桐柏县、罗山县、郾城县	紫油栗、谷堆栗、罗山 689 号、新县 10 号、红油栗、七月红、豫罗红、确红、桐柏 1 号、泰山薄壳、清丰、燕昌、光顶油栗
银　杏	长葛市、平桥区、罗山县、沁阳市	山东郯城 5 号、9 号，大佛指、大马铃、海洋王，河南 9003、9031、9051、9008，黑银杏、亚甜、宇香、魁锦、团峰

续附表 1

树　种	项目县（市、区）	种源区或推荐无性系
枣	新郑市、济源市、许昌县、长葛市、襄城县、鹿邑县、商水县、平舆县、淮滨县、开封县、沁阳市、温县、南乐县、桐柏县、社旗县、邓州市、偃师市、平桥区	灵宝大枣、灰枣、赞皇大枣、梨枣、桐柏大枣、扁核酸、鸡心枣、冬枣
梨	许昌县、长葛市、襄城县、鹿邑县、商水县、平舆县、平桥区、开封县、沁阳市、温县、南乐县、社旗县、邓州市、郾城区	伏梨、早酥梨、秦酥梨、幸水梨、新高梨、七月酥、八月酥、红香酥、河北雪梨
茶	桐柏县	安徽六安、绩溪
杏	许昌县、襄城县、商水县、平舆县、平桥区、淮滨县、开封县、南乐县、鹿邑县、沁阳市、偃师市、社旗县、邓州市	龙王冒、串枝红、骆驼黄、红荷包、银白、一窝蜂、白玉扁、玛瑙杏
桃	济源市、许昌县、长葛市、襄城县、商水县、平舆县、偃城区、罗山县、平桥区、淮滨县、开封县、沁阳市、温县、社旗县、偃师市、鹿邑县、沁阳市、南乐县	大白桃、大久宝、新久宝、松森、春花、雨花露、艳光、砂子早生、早红霞、丹墨、玫瑰露、晖雨露、早凤王、中华圣桃、冬雪蜜桃、曙光、五月火、霞光、布雷顶峰、红珊瑚、香珊瑚、中秋桃、瑞桃
石　榴	济源市、长葛市、鹿邑县、商水县、平舆县、平桥区、开封县、沁阳市、南乐县、社旗县、邓州市、郾城区	豫石榴 1－3 号、大红甜、大白甜、河阴石榴
柿	襄城县、鹿邑县、商水县、平舆县、罗山县、平桥区、开封县、社旗县、邓州市	富有、次郎、西村早生、牛心柿、水柿、盖柿、禅寺万
葡　萄	新郑市、济源市、许昌县、长葛市、襄城县、鹿邑县、商水县、平舆县、郾城区、平桥区、淮滨县、开封县、沁阳市、南乐县、邓州市、偃师市	藤稔、京亚、红提、京秀
杞　柳	淮滨县、平桥区、邓州市	淮滨县、平桥区、邓州市、固始县

附表2（1）　主要经济林树种苗木标准

树种名称	苗木类型	苗龄	一级苗标准				
			地径（cm）	苗高（cm）	H/D	根系	
						主根长（cm）	>5 cm侧根数
核桃	嫁接苗	2-0	1.2	60	<55	20	15
	实生苗	2-3（0）	2	100	<55	20	5~14
板栗	实生苗	1-0	1	80	<85	20	5
	嫁接苗	2（1）-0	1.5	100	<70	20	5
银杏	嫁接苗	1-1	1.5	80	<55	20	5
	嫁接苗	2-0	2	110	<55	20	5
	实生苗	2-0	1~	80	<85	15	5
枣	嫁接苗	2-0	1~1.5	100~150	<105	20	6
梨	嫁接苗	2-0	1.3	120	<95		5
茶	实生苗	1-0	0.25				
杏	嫁接苗	2-0	1	90	<100	20	6
桃	嫁接苗	2-0	1	90	<100	20	6
柿	嫁接苗	2-0	1	120	<100	20	5
石榴	扦插苗	1-0	1	90	<100	20	6
葡萄	嫁接苗	1-0	0.8	60	<90	15	4
杞柳	埋条苗	种条扦插造林					

附表 2（2）　主要用材林树种苗木标准

树种名称	苗木类型	苗龄	一级苗标准				
			地径（cm）	苗高（cm）	H/D	根系	
						主根长大于（cm）	>5 cm侧根数
杉　木	播种苗	1－0	0.4～0.6	35	<70	25	10
火炬松	播种苗	1－0	0.6	30	<55	20	12
毛白杨	嫁接苗	2－0	3.0	400	<140	25	
	嫁接苗	1（2）－1	3.5	400	<120	35	
	埋条苗	2－0	2.5	300	<130	25	
意　杨	扦插苗	1（2）－0	4.5	450	<105	30	
刺　槐	埋根苗	1－0	1.2	截干	<100	20	12
泡　桐	埋根苗	1－0	4.0	300	<70	35	
		1（2）－0	6.0	500	<80	35	
枫　香	播种苗	1－0	1.1	90	<90	25	12

附表 2（3）　主要造林树种容器苗苗木标准

树种名称	苗　龄	一级苗标准	
		地径（cm）	苗高（cm）
杉　木	1－0	18	0.3
火炬松	1－0	20	0.4

河南省林业持续发展项目技术培训和推广计划

（2002 年 12 月）

一、目的与任务

河南省“林业持续发展项目”的主要建设内容包括：①营造用材林，培育目标包括建筑材、纸浆材、胶合板材等；②营造经济林，包括水果、坚果、药用植物、竹林和柳条等。项目的最终目标是通过项目的实施提高木材产量，缓解我省木材供需矛盾；同时有效调整项目区种植结构，增加农民收入，促进我省经济的可持续发展。

技术推广工作是项目的重要组成部分，同时也是提高项目实施效果，达到项目预期目标的重要支持手段。科技推广与培训的任务和目标是通过各种形式的科技示范推广和技术培训工作，将国内外先进的林业管理经验和最新技术成果应用到项目实施中去，将科技成果尽快转化为生产力，提高项目的科技含量和技术水平，使经济林早结果早丰产，使用材林早成林早成材，使项目农户尽早获得经济收益，最终实现“增加木材产量，缓解供需矛盾；调整种植结构，发展地方经济”的根本目标；同时，通过技术培训工作，为项目区培养一批懂技术会管理的外向型人才，不断提高项目区农民的林果业管理技能，为全面提高项目区林业管理水平作出贡献。

二、科技推广与培训的内容

“林业持续发展项目”是继国家造林项目、森林资源发展和保护项目与贫困地区林业发展项目之后在河南省实施的又一大型外资项目，项目的管理方式和要求与以前的世界银行贷款项目（简称世行项目）基本相同；但在项目布局、树种选择上，与以前的世行项目又存在着较大差异：①前三期世行项目的项目区主要分布于我省的林业重点山区县，项目农户以前大多从事过林业实践活动，有一定的林业管理技能；林业持续发展项目区的实施重点将转移到平原地区，项目农户以粮食生产和蔬菜种植为主，缺乏先进的林业生产技术。②以前世行项目的主要造林树种为用材林树种，新项目则增加了经济林的比重，项目的培育目标也因此发生了相应的变化，由以生产木材为主转变为生产木材和干鲜果品并重。由于项目区的转移和项目培育目标的变化，对项目的技术推广与培训工作提出了新的更高的要求。林业管理知识，特别是经济林管理知识的缺乏是项目造林实体和项目农户的主要特征，也是项目实施和取得预期成效面临的最大挑战。在总结“NAP”、“FRDPP”和“FDPA”科技推广与培训工作经验的基础上，结合新项目的特点，项目培训工作除普及推广培训项目一般管理知识、保证项目管理工作正常开展外，突出了苗圃管理技术、经济林良种及优质高产栽培技术和农药应用技术的培训与推广。主要包括如下内容：

（1）项目管理知识。主要培训财政部、国家林业局、省财政厅及省林业厅项目办制定的项目实施管理办法、条例、规程、技术标准等，包括“项目实施管理和质量控制”、“资金与财务管理办法”、“提款报账办法”、“项目信息系统”和“环境保护规程”等。

（2）种植材料开发技术。主要包括苗圃管理技术规程、主要经济林造林树种育苗技术和用材林育苗技术等。

（3）项目造林设计与施工。主要包括项目造林施工设计方法和造林施工技术。

（4）经济林良种及丰产栽培技术。主要指对提高项目造林质量，促使经济林早实、优质、丰产的关键技术。重点推广名、优、特、新品种早实、优质、高产栽培技术，包括修剪整形、水肥管理、林地管理及果叶皮采摘、分级、储藏和保鲜技术等。

（5）病虫害综合管理和农药安全使用知识。病虫害的预测预报及生物、物理、化学、机械等防治技术和优质无公害果品生产技术；农药运输、储藏和安全使用常识。

三、科技推广与培训实施方式

为使各项管理办法、条例、规程及时被各级管理人员掌握，各项新技术、新成果及时推广应用到项目林培育中去，根据不同推广内容分别采用举办培训班、营造示范林、编印科技推广技术材料、组织人员出国考察与培训和完善项目县、乡林业站推广与培训设施等方式开展科技推广与培训活动，各培训方式相互补充，以取得良好的推广培训效果。

（一）技术培训

这是科技推广与培训工作的主要方式，培训工作分省级、县级和乡级三个层次；根据培训内容的技术特点和受训人员的组成特点，培训工作又分为举办培训班和现场示范指导两种方法。省级培训重点是县级技术人员和管理人员，主要采用举办培训班的方式，对项目管理知识和推广的新技术、新成果的技术要点及具体操作要领进行培训。县级培训对象为乡林业工作站技术人员和农民技术员，采用举办培训班和现场示范操作相结合的方式进行培训，使受训人员掌握新技术、新成果的技术要领和操作方法。乡级培训对象为造林实体和项目农户，主要采用对新技术、新成果技术要点现场操作示范方式进行培训。除举办项目管理知识和项目林经营管理技术培训班外，同时举办一些科技推广和培训班，向参与科技推广与培训工作的各级人员（特别是乡级技术人员）进行科技推广和培训工作的方式方法培训。

河南省“林业持续发展项目”计划培训 160 360 人次、844 920 人·日，其中省级培训 680 人次、3 960 人·日，县级培训 5 680 人次、28 960 人·日，乡级培训 154 000 人次、812 000 人·日。详细计划见附表。

（二）营造示范林

营造示范林是科技推广与培训工作的又一实施方式。目的是在省、县、乡技术人员的直接指导下，将优良种植材料和先进的生产栽培技术组装配套，应用到项目林营造和管理中去，建成农户看得见、摸得着的示范样板林，便于项目农户了解、掌握和应用需要推广的新技术、新成果。

全省计划营造示范林 600 hm^2，其中用材林 200 hm^2、经济林 400 hm^2。

（三）编印科技推广技术资料

为适应我省科技推广和培训工作的需要，以国家林业局世界银行贷款项目管理中心编印的科技推广手册和科普读物为基础，结合我省项目造林实际，编写科技推广技术资料。编印技术资料的重点是主要经济林、用材林造林树种实用栽培管理技术，分发对象为乡、村技术人员和项目户农民。计划编印用材林、经济林技术推广资料 10 000 A4 标准页，其中用材林部分 1 000 A4 标准页，经济林部分 9 000 A4 标准页。

（四）技术承包和技术入股

为充分利用基层技术人员和技术能人的技术特长，让他们积极参与到项目科技推广与技术培训工作中来，技术人员和项目农户在双方自愿基础上，可以采取技术承包或技术入股形式进行合作。通过这种形式充分调动技术人员的积极性，将先进的栽培管理技术传授给项目农户，项目农户在取得较好收益的同时，技术人员也得到一定的实惠。

（五）出国考察与培训

引进国外先进林业管理技术、学习国外先进管理经验是提高项目管理水平的有效手段。在项目实施期间，计划组织项目技术人员和项目管理人员出国考察和培训，计划组织 8 人出国考察，费用 5 万美元；组织 3 人出国培训，费用 5 万美元。详细计划见下表。

出国考察培训计划表

名　称	期限（天）	人　次					费用（万美元）
		第1年	第2年	第3年	第4年	合　计	
国外考察	120	2	2	2	2	8	5
国外培训	270		1	1	1	3	5
合　计	390	2	3	3	3	11	10

（六）项目县、乡林业站建设

项目县、乡林业工作站是基层培训工作的主要技术骨干力量。由于项目区大都是平原县（有的还是贫困县），经济欠发达，县、乡林业工作站基础较差，缺乏基本的推广培训设备，有的单位甚至是空白。搞好县、乡林业工作站建设是开展项目科技推广与培训工作的基础。计划在项目实施期间为县、乡林业工作站配备必要的推广培训设备和交通工具，费用7万美元。

四、培训与推广组织体系

根据国家林业局世界银行贷款项目管理中心对技术推广培训工作的要求，确保“林业持续发展项目”科技推广与培训计划顺利实施，全省将建立省、县、乡三级项目科技推广与培训组织体系，负责组织实施全省科技推广与培训工作。

（一）省级

在省项目办公室下设“林业持续发展项目”科技推广与培训专家支持组，支持组由省林科所、林业设计院、林业技术推广站、种苗站、森防站、河南农业大学和国家林业局泡桐研究开发中心等单位的专家及项目办公室管理人员组成，其主要职责是：

（1）参考国家项目科技推广与培训计划内容和要求，编写本省的科技推广与培训计划；

（2）协助省项目办搞好省级技术推广培训活动，包括举办省级培训班、编写科技推广与培训技术资料、指导营建示范林和协调技术人员技术入股及技术承包活动等工作；

（3）对全省的科技推广与培训工作进行指导和技术咨询，协调解决技术推广培训工作中存在的问题；

（4）监督检查和指导各项目县科技推广与培训工作的实施。

（二）县级

在县项目办公室下设“林业持续发展项目”科技推广与培训支持组，支持组主要由本县技术人员和县项目办技术人员组成，其职责是：

（1）根据省科技推广与培训计划编写本县的科技推广与培训计划并组织实施；

（2）在中央和省科技推广与培训专家支持组的指导下，组织完成示范林营建任务；

（3）指导乡林业工作站和农民技术协会开展造林实体和项目农户培训工作。

（三）乡级

各项目乡（镇）要按要求建立以林业工作站为主体的项目技术推广与培训组。在乡林业工作站技术力量不足的情况下，可吸收当地农民技术员参加技术推广与培训组织。其主要职责是：

（1）组织乡级技术培训，向项目造林实体和项目农户现场讲授、示范操作项目造林施工技术要领及用材林、经济林经营管理技术要点；

（2）检查指导项目造林实体和项目农户项目实施及人工林经营管理工作，帮助解决造林实体和项目农户在造林施工和经营管理工作中存在的技术难题。

五、经费预算

项目科技推广与培训总费用43万美元，占计划总投资的1.1%。其中技术培训费23万美元，营造示范林2万美元，编印科技推广与培训技术资料1万美元，出国培训与考察10万美元，林业站建设7万美元（见下表）。

推广培训资金预算表

类　别	主办单位	数　量	预算（万美元）
1. 举办技术培训班	合　计	844 920 人·日	23
	省　级	3 960 人·日	5
	县　级	28 960 人·日	9
	乡　级	812 000 人·日	9
2. 营建示范林	省、县、乡	600 hm^2	2
3. 编印科技推广与培训资料	省　级	10 000 A4 标准页	1
4. 出国培训与考察	中央级	11 人次	10
5. 林业站购买设备	中央级		7
合　计			43

附表　河南省“林业持续发展项目”培训计划

培训班名称	培训内容	主办单位	培训对象	培训方式	培训教材	培训人数	期限（天）	培训人·日数	时间安排
1　项目管理	合　计					200		1 160	
1.1　项目实施管理与质量控制	国家林业局世行贷款项目管理中心和省项目办公室制定的项目实施规定、办法、条例、技术规程及项目的自查、检查验收和质量评价方法等	P	Cm	Tc	Dm	40	4	160	2001
1.2　项目资金与财务管理	财政部、国家林业局世行贷款项目管理中心、省财政厅和省林业厅项目办公室制定的项目资金财务管理办法和会计条例等	P	Cf	Tc	Dm	40	5	200	2001～2005
1.3　项目提款报账办法	项目报账程序、报账资料的整理汇总上报及财务报账系统	P	Cf	Tc	Dm	40	10	400	2001～2004
1.4　项目信息系统	计算机基础知识、项目信息系统、标准地的设置、数据的采集录入、上报、更新及项目效益监测等	P	Ct、Cm	Tc	Dm	40	7	280	2001～2004
1.5　环境保护规程	环境保护规程要求的各项具体内容、规定等	P	Ct、Cm	Tc	Dm	40	3	120	200～2004

注：省级培训200人次、1 160人·日。

续附表

培训班名称	培训内容	主办单位	培训对象	培训方式	培训教材	培训人数	期限（天）	培训人·日数	时间安排
2　种植材料开发技术	合　计					1 080		2 920	
2.1　苗圃管理技术规程	苗圃地的选择、整地、播种、水肥管理、间苗、病虫害防治、出圃、分级包装、运输、假植等	P	Ct、Cm	Tc	Dt	40	5	200	2001 ~ 2002
		C	Tt、Ft	Ts	Dt	120	2	240	2001 ~ 2002
2.2　主要经济林造林树种育苗技术	板栗、银杏、枣树、梨、葡萄等主要造林树种优良品种育苗技术，包括播种、水肥管理、间苗、嫁接技术、出圃、分级、包装等	P	Ct	Tc	Dt	40	7	280	2001 ~ 2002
		C	Tt、Ft	Ts	Dt	200	2	400	2001 ~ 2002
2.3　小杂果及中药材育苗技术	包括柿、核桃、杏、桃、石榴等造林树种育苗技术	P	Ct	Tc	Dt	40	7	280	2001 ~ 2002
		C	Tt、Ft	Ts	Dt	160	2	320	2001 ~ 2002
2.4　用材林育苗技术	意杨、毛白杨、刺槐、泡桐、杉木、火炬松等造林树种优良品种育苗技术，包括整地、种子种根插条处理、播种扦插、密度控制、水肥管理等	P	Ct	Tc	Dt	40	5	200	2001 ~ 2002
		C	Tt、Ft	Ts	Dt	200	2	400	2001 ~ 2002
2.5　病虫害防治	苗圃主要病虫害预测预报及防治技术	P	Ct	Tc	Dt	40	5	200	2001 ~ 2002
		C	Tt、Ft	Ts	Dt	200	2	400	2001 ~ 2002

注：合计培训 1 080 人次、2 920 人·日，其中：省级培训 200 人次、1 160 人·日，县级 880 人次、1 760 人·日。

续附表

培训班名称	培训内容	主办单位	培训对象	培训方式	培训教材	培训人数	期限（天）	培训人·日数	时间安排
3 项目造林设计与施工	合计					42 880		48 800	
3.1 项目造林施工设计	项目造林施工设计方法、程序、步骤等	P	Ct	Tc	Dt	40	5	200	2001～2002
3.2 造林施工技术	项目造林施工技术规程，包括整地、栽植、抚育、环保措施等施工技术	P	Ct	Tc	Dt	40	5	200	2001～2004
		C	Tt、Ft	Ts	Dt	800	8	6 400	2001～2004
		T	Fm	Ts	Dt	42 000	1	42 000	2001～2004
注：合计培训42 880人次、48 800人·日，其中：省级培训80人次、400人·日，县级800人次、6 400人·日，乡级42 000人次、42 000人·日。									
4 项目林经营管理技术	合计					115 360		789 440	
4.1 主要经济林树种高产优质栽培技术	果园的建立、栽植、除萌、修剪整形、病虫害防治、肥水管理及优质高产技术（包括果园地膜覆盖技术、生长调节剂应用技术和菌根应用技术等）	P	Ct	Tc	Dt	40	7	280	2002～2003
		C	Tt、Ft	Ts	Dt	800	10	8 000	2002～2005
		T	Fm	Ts	Dt	28 000	10	280 000	2002～2005

续附表

培训班名称	培训内容	主办单位	培训对象	培训方式	培训教材	培训人数	期限（天）	培训人·日数	时间安排
4.2　用材林速生优质丰产栽培技术	林粮（果）间作技术	P	Ct	Tc	Dt	40	7	280	2002～2005
	施肥技术	C	Tt、Ft	Ts	Dt	800	3	2 400	2002～2005
	修枝抚育技术	T	Fm	Ts	Dt	14 000	3	42 000	2002～2005
	病虫害综合防治技术								
	大径材培育技术								
	间伐技术								
4.3　病虫害综合管理	农药使用基本知识及注意事项	P	Ct	Tc	Dt	40	7	280	2002～2005
	用材林、经济林主要病虫害生物学特性及生活史	C	Tt、Ft	Ts	Dt	800	7	5 600	2002～2005
	主要病虫害预测预报技术	T	Fm	Ts	Dt	42 000	10	420 000	2002～2005
	主要病虫害综合防治新技术								
4.4　果品收获保鲜	主要经济树种果、叶、皮采收技术	P	Ct	Tc	Dt	40	5	200	2004～2005
	果品及中药材的分级包装技术	C	Tt、Ft	Ts	Dt	800	3	2 400	2004～2005
	储藏保鲜运输技术	T	Fm	Ts	Dt	28 000	1	28 000	2004～2005

注：合计培训115 360人次、789 440人·日，其中：省级培训160人次、1 040人·日，县级3 200人次、18 400人·日，乡级112 000人次、770 000人·日。

续附表

培训班名称	培训内容	主办单位	培训对象	培训方式	培训教材	培训人数	期限（天）	培训人日数	时间安排
5　推广与培训方法	合计					840		2 600	
	科研推广培训计划	P	Ct	Tc	Dt	40	5	200	2001～2002
	科研推广培训计划实施方法、步骤	C	Tt、Ft	Ts	Dt	800	3	2 400	2001～2002
	国内外先进的科技推广、培训经验方法								
注:合计培训 840 人次、2 600 人·日,其中:省级培训 40 人次、200 人·日,县级 800 人次、2 400 人·日。									
总计						160 360		844 920	

注:1. 河南省世界银行贷款林业持续发展项目计划培训 160 360 人次、844 920 人·日,其中,省级 680 人次、3 960 人·日,县级 5 680 人次、28 960 人·日,乡级 154 000 人次、812 000 人·日。

2. 代码说明:主办单位　M:国家林业局世行中心与中央级技术推广组;P:省世行办与省级技术推广组;C:县世行办与县级技术推广组;T:乡林业工作站推广组

培训对象　Pm:省级项目管理人员;Pt:省级技术人员;Pf:省级项目财务人员;Pp:省级项目采购人员;Pi:省级项目信息管理人员;Cm:县级项目管理人员;Ct:县级技术人员;Cf:县级财务人员;Tt:乡级技术人员;Ft:乡办林场或农民联合体技术人员;Fm:农户

培训方式　Tc:培训班;Ts:现场指导

培训教材　Dm:项目管理手册;Dt:项目林栽培技术丛书

河南省世界银行贷款“林业持续发展项目”监测方案

（2002 年 12 月）

1. 目的

为了监测项目实施进度、造林质量、资金管理和运转、环保措施执行情况等，特制订本方案。

2. 监测内容

（1）施工进度：包括用材林、经济林、苗圃建设、管护棚建设等。

（2）造林质量：包括造林成活率（保存率）、Ⅰ级苗使用率、面积核实率、幼林生长量达标率等。

（3）造林地环保措施：主要是环保合格率，指是否按设计文件要求进行施工。监测“品”字布穴，沿等高线栽植，长坡段小班的山顶、山脚、山中部保留原生植被情况等。

（4）资金管理：包括世界银行和国内（省、地、县、生产单位）投资到位率和贷款资金运转时间等。

（5）受益人和项目单位情况：指参加项目单位、受益人数量。

（6）其他：包括出国考察和培训、国内培训、物资设备采购等情况。

3. 监测的方法和系统

（1）造林进度、质量和环保措施实施，以及资金运转、参与项目的单位和农户数量等情况的监测，均以小班为单位由县项目办组织人员进行。然后分别以乡、县、省逐级进行汇总，最后由省林业厅项目办报国家林业局项目中心。

（2）监测的数据通过县级全面检查验收，省级抽查和报账提款表中获得。国家林业局项目中心每年将组织人员对项目实施情况进行抽查。

4. 要求

（1）各项目县（市、区）应按下表格式每半年（5 月 30 日、12 月 10 日）向省项目办报送监测结果，然后由省项目办整理汇总后报送国家林业局项目中心。

（2）各项目县（市、区）项目办要指定专人负责项目监测工作，对监测数据进行分析和整理，并按时要求向上一级项目办报送监测结果。

(3) 各级项目办主任要亲自抓监测工作。监测人员要认真负责，决不允许捏造数据，一旦发现，要严肃处理。

(4) 项目竣工前一年，应对项目林生长状况进行全面调查和评价，并提出今后林分经营管理的措施。

5. 经费预算

为做好项目的监测工作，依据每年的工作等情况，安排省、县两级的监测费。经测算，总费用为76.2万元，其费用主要来源于省、县两级提供的配套资金，详见表1。

表1 监测费用安排表 （单位：万元）

项目	合计	第1年	第2年	第3年	第4年	第5年	第6年
合计	76.2	15.1	15.1	15.1	15.1	5.5	10.3
省级	7.2	1.3	1.3	1.3	1.3	0.9	1.1
县级	69.0	13.8	13.8	13.8	13.8	4.6	9.2

6. 主要监测指标

主要监测指标详见表2～表4。

表2 林业持续发展项目监测指标表

××县（市、区）

项目	内容	单位	2003年		2004年		2005年		2006年		2007年		2008年	
			计划	实际	计划	实际	计划	实际	计划	实际	计划	实际	计划	实际
实施进度	用材林	hm^2												
	经济林	hm^2												
	苗圃建设	个												
	管护棚修建	个												

表3　监测指标表

指　标	单位	目标数量		年　度												累计占总数的%
		SAR	调整	第1年		第2年		第3年		第4年		第5年		第6年		
				计划	实际	计划	实际	计划	实际	计划	实际	计划	实际	计划	实际	
A. 质量																
1. 成活率																
用材林	%															
经济林	%															
2. 幼林生长达标率																
用材林	%															
经济林	%															
B. 育苗指标	hm^2															
1. Ⅰ级苗使用率	%															
2. 种苗生产数量	百万株															
其中:无性系种苗	百万株															
裸根苗	百万株															
无性系	百万株															
根型培育器	百万株															
塑料袋	百万株															
C. 培训和推广																
1. 国外考察	人/天															
2. 国外培训	人/天															
3. 国内培训	人/天															
其中:农民的培训	人/天															
4. 国际咨询	人/天															
5. 国内咨询	人/天															

续表3

指　标	单位	目标数量		年　度												累计占总数的%
		SAR	调整	第1年		第2年		第3年		第4年		第5年		第6年		
				计划	实际	计划	实际	计划	实际	计划	实际	计划	实际	计划	实际	
D. 基础设施																
1. 管护棚数量	个															
2. 市场营销的投资价值	万元															
E. 资金																
1. 世行支付的资金	千美元															
(a)支付数量	千美元															
(b)支付率(实际/计划)	%															
(c)贷款资金周转时间(中央到农民)	天															
2. 配套资金的支付																
(a)省级资金	元															
(b)省级资金到位率(实际/计划)	%															
(c)地级资金	元															
(d)地级资金到位率	%															
(e)县级资金	元															
(f)县级资金到位率	%															

续表 3

指　标	单位	目标数量		年　度												累计占总数的%
		SAR	调整	第 1 年		第 2 年		第 3 年		第 4 年		第 5 年		第 6 年		
				计划	实际	计划	实际	计划	实际	计划	实际	计划	实际	计划	实际	
F. 采购																
1. 化肥	t															
(a) ×××																
(b) ×××																
2. 农药																
(a) ×××																
(b) ×××																
3. 设备																
(a) ×××																
(b) ×××																
G. 经济数据																
国内平均通货膨胀率	%															
美元与人民币兑换率	%															
平均劳动工资	元/日															

表 4　环境监测指标

指　标	单位	目标数量		年　度												累计占总数的%
		SAR	调整	第 1 年		第 2 年		第 3 年		第 4 年		第 5 年		第 6 年		
				计划	实际	计划	实际	计划	实际	计划	实际	计划	实际	计划	实际	
A. 环境保护																
1. 环境保护标准验收合格率	%															
2. 按“品”字形方式造林合格率	%															
3. 每块造林地面积大于 50 hm^2 中，留作生物多样性保护和河流保护的面积比例（两项之和占造林面积的比例）	hm^2 %															
4. 不同树种年度使用化肥/农药数量																
杉木	kg															
马尾松	kg															
……																
……																
B. 社会指标																
1. 参加项目单位*	个															
2. 参与农户数量	户															
3. 农民对项目服务的满足率	%															

* 国有林场、集体林场。

河南省林业持续发展项目社区林业评估报告

（2000 年 10 月）

1　工作方法概述

河南省人民政府和省林业厅向国家林业局申请世界银行贷款林业持续发展项目的人工林营造部分，其目的是通过发展人工林，增加森林资源，保护天然林和提高农民的生活水平。根据国家林业局世界银行贷款项目管理中心（PMC）2000 年 3 月 6 日下发的“林业持续发展项目（SFDP）宣传材料”和“社区林业评估（CFA）工作手册”，结合我省的实际情况编写了本省的宣传材料，分别成立了省、县两级社区评估小组，并在 3 月 12 日前把宣传材料下发到了所有可能参加本项目的县、乡、村和农户，依照项目区选择条件，从参加申请的 26 个县中选择了 20 个县作为 SFDP 项目县。从 3 月 25 日开始，在总结试点县温县社区评估的基础上，对桐柏、淮滨、郾城三县进行了详细的社区林业评估（占全省项目县数的 20%），包括宣传发动、访问村长和农户、填写申请表和进行项目规划设计，其他 16 个县只进行一般评估，包括宣传发动、填写申请表和进行项目规划。8 月底全省社区林业评估工作全部结束，在此基础上编写了省级社区林业评估报告。

1.1　社区林业评估组的组建

1.1.1　省级项目准备工作领导小组和社区评估小组的建立

1999 年 12 月份成立了河南省项目前期准备工作领导小组：

组　长：张守印（省林业厅副厅长）

副组长：赵海林（省林业厅项目办主任）

成　员：甘　雨（省林业科学研究所所长）

刘双绂（省林业厅科技外事处处长）

师永全（省林业厅林业产业处处长）

李　军（省经济林和林木种苗工作站站长）

赵体顺（省林业勘察设计院总工程师）

领导小组下设准备工作组，成员如下：

组　长：赵海林

副组长：李向东　夏丰昌

成　员：杨洪义　张文杰　茹桃勤　张克勇

1.1.2　省级评估组和县级评估小组的组建

12 月 10 日组建了省级社区林业评估组，评估组成员：

组　长：李向东（林业专家，主持参加过 FDPA 社评工作）

副组长：夏丰昌（林业社评专家，主持参加过 FDPA 社评工作）

杨洪义（农村社会调查专家，参加过 FDPA 社评工作）

茹桃勤（社会经济专家，参加过 FDPA 社评工作）

刘纳新（林业设计专家，参加过 FDPA 社评工作）

评估组成员由省林业厅项目办、省林勘院、省林科所、省种苗站等单位的工程技术人员等 14 人组成。省级评估组负责指导组建、培训县级社区评估小组并直接参与各县的 CFA 工作。县级社区林业评估小组成员来自省、县、乡三级，且有一定经验的林业工作者和社会工作者，人数一般为 8 ~ 12 人。

1.2　社区林业评估培训

省级评估小组成立后，1999 年 12 月 25 日首先由社评专家夏丰昌对省级评估人员进行了培训。通过学习，评估人员充分了解了项目背景、CFA 的要求和工作程序，掌握了社区林业评估的内容和方法。2000 年 3 月至 6 月，各项目县分期分批开展了社评工作，省评估组分别派 2 ~ 3 人组成工作组驻县培训指导，并直接参加县级社评工作。据统计，全省共举办省、县两级评估人员培训班 22 次，参加人数 258 人次。

1.3　宣传活动

为了使项目区广大干部和农户充分了解该项目，广泛听取群众意愿，1999 年 12 月 20 号，河南省林业厅项目办向项目县下发了《世界银行贷款林业持续发展项目简介》，各个项目县按照省项目办的要求将项目简介印发到了所有可能参加项目的乡、村和农户。2000 年 3 月 15 日，根据 PMC 修改后的“林业持续发展项目简介”，结合本省的实际情况，重新编写了河南省 SFDP 项目宣传材料，并再次印发到每个项目县。修改后的“林业持续发展项目”宣传材料更通俗易懂，同时增加了环保方面的内容。该宣传资料于 3 月 25 日前全部下发到可能参加项目的乡（镇）、村和农户，并分别采用了广播、电视、黑板报等不同宣传形式，进行了广泛的宣传。其中温县、桐柏、淮滨、郾城 4 县 16 个村还召开村民大会 16 次，对项目的背景、宗旨、条件等进行介绍宣传。愿意参加的农户、村和乡（镇）分别在收到项目信息 10 ~ 15 日后向上一级政府或部门提交了参加项目的申请。

1.4　项目县和项目乡、村选择

依据 CFA 工作手册，在进行项目区选择时，完全按照项目县、乡（镇）、村选择标准和选择程序进行。评估组在进行项目县、乡（镇）、村选择时，充分尊重农户意愿，认真听取专家和乡（镇）村基层干部的意见。省评估组对项目县选择的乡（镇）、村的情况进行了审查，同时选择确定了参加 SFDP 项目县 20 个，项目乡（镇、场）183 个，项目村 1 059 个、41 886 个农户（详见附表 1）。未能参加项目的县、乡（镇）、村的主要原因一是世行对项目县数的限制；二是部分县、乡、村没有充足的符合项目条件的造林地；三是偿还贷款能力较低。

1.5　访问村长和农户

为了更好地掌握项目区农民的实际情况及对项目的建议，便于社评工作的开展，省林业厅项目办统一编制了村长和农户访问调查表，按照 PMC 制定的社区评估方法，按 20% 的比例，我省对温县、桐柏、郾城、淮滨 4 县进行了详细的林业社区评估，分别对 8 个乡 16 个村的村长和 92 个农户进行了访问，并召开村民大会对项目进行介绍。其余 16 县只作一般性社区评估，由有关乡、村和农户填写项目申请表。对村长的访问主要了解全村的社会经济概况、林业生产情况和对项目的要求与建议，然后根据村长的介绍情况，分别访问好、中、差三种经济状况不同的农户，了解他们对项目的认识情况、自愿程度、林地情况、造林树种、还贷能力等。4 个县共访问村长 16 人、农户 92 户，同时填写了访问表。按经济收入状况好、中、差三种类型分别为 24 户、46 户和 22 户。访问农户数占访问村申请参加项目农户数的 13.7%。被访问的项目村中均没有居住少数民族。同时，各县评估组广泛听取项目区农户对项目的看法和建议，实行全开放式的访问，交流访问量在 1 000 户次以上。

2　概况

2.1　自然条件

河南省地处中原，地理位置位于北纬 31°23′～36°22′和东经 110°21′～116°39′，东西长约 580 km，南北宽 530 km，总面积 16.7 万 km^2。北、西、南三面分别为太行山、伏牛山、大别山和桐柏山四大山系。东部为广阔的黄淮海冲积平原。全省山地（含中、低山）面积占 26%，丘陵占 18%，平原占 56%。

气候属北亚热带向暖温带的过渡地带，以伏牛山脊到淮河干流一线为分界线。受季风影响，其气候主要特征为：冬长寒冷少雪雨，春短干旱多风沙，夏季炎热雨水多，秋高气爽日照长。年平均气温 12～15 ℃，≥10 ℃的积温

4 000～5 000 ℃，无霜期 190～230 天。最冷月为 1 月份，月均气温 -2～2 ℃，极端最低气温 -21 ℃：最热月为 7 月份，月均气温 27 ℃左右，极端最高气温达 47 ℃。全省年降水量为 600～1 200 mm，地域上从南到北递减，且多分布于 7、8、9 月三个月。

河南省土壤分布因地域和地形不同而有较大差异，土壤种类较多。山地主要有黄棕壤、棕壤、褐土三大土类，也是林业生产的主要土壤；平原主要有潮土、风沙土、水稻土、砂姜黑土，以农业生产为主。

河南省植物资源丰富，兼有南、北的区域特色。高等植物约有 197 科，3 600种，其中木本植物 1 200 种。山区能形成森林的树种主要有杉木、马尾松、油松、栎类等；竹类有毛竹、刚竹、淡竹、桂竹等；平原主要栽培的乔木树种有泡桐、杨类、刺槐、柳类等；具有一定栽培规模的经济林树种主要有苹果、梨、桃、板栗、茶、枣、核桃、杜仲、油桐等。

2.2　社会经济情况

河南省土地总面积 1 670 万 hm^2，其中耕地 674.8 万 hm^2，全省辖 18 个市，157 个县（市、区），总人口 9 190 万人，其中农业人口 7 786 万人，劳力 4 281 万个，农民年人均收入 909 元。

据统计，1998 年全省国内生产总值 4 080.0 亿元，其中第一产业 1 050.0 亿元，第二产业 1 880.0 亿元，第三产业 1 150.0 亿元。林业总产值 47.2 亿元，按农村人口计算，人均林业产值 60.6 元。

2.3　土地利用和森林资源现状

根据 1998 年全省森林资源连续清查资料，全省林业用地面积 378.64 万 hm^2，占全省总面积的 22.67%。在林业用地面积中：有林地 209.01 万 hm^2，占 55.20%；疏林地 13.40 万 hm^2，占 3.54%；灌木林地 57.78 万 hm^2，占 15.26%；未成林造林地 6.46 万 hm^2，占 1.70%；苗圃地 1.13 万 hm^2，占 0.30%；无林地 90.86 万 hm^2，占 24.00%。在无林地面积中，宜林荒山荒地面积 83.28 万 hm^2，占 91.66%；采伐迹地面积 2.90 万 hm^2，占 3.19%；宜林沙荒地面积 4.68 万 hm^2，占 5.15%。

2.4　访问结果

评估组通过对温县等 4 县 8 个乡 16 个村的村长、92 个农户的访问，比较清楚地了解了乡（镇）、村干部和农户对本项目的看法。农民对利用世界银行贷款，发展林业达到农村土地利用结构的调整，壮大个体经济，增加个人收入，表现出极大的兴趣。农民在树种安排上，非常愿意发展速生丰产的用材林树种和收益高、见效快的经济林树种。结合造林地立地条件和农民意愿，评估组确定全省本项目发展的主要用材林树种有火炬松、杉木、毛白杨、三倍体毛白杨、意杨、泡桐、刺槐、枫香等；经济林树种主要有核桃、板栗、银杏、枣、梨、茶、杏、桃、石榴、柿、葡萄、杞柳等。生产安排上，被访问的绝大多数农户要求保持土地政策的稳定性和连续性，土地使用权限30年不变，采用家庭承包方式。也有部分有集体土地的村愿组建集体林场，采用集体经营。

农户普遍认为贷款期长对发展林业非常有利，但贷款利率偏高。他们希望贷款利率能更优惠一些，同时希望简化贷款手续，资金及时到位，在还贷方式上尽可能灵活一些。

2.5 问题与分析

2.5.1 农村产业结构不合理

项目区农民年收入中林业不到7%。长期以来过于依赖种植业生产，忽视了林业发展，随着农民生活水平的提高，农副产品价格的回落，农民迫切需求更多的致富门路，因此农村产业结构调整已被广大农民所认识。大力发展林业产业，以林副产品为原料，开展多种经营，是当前农村增加收入的主要途径之一。

2.5.2 林业技术和市场信息

当前项目区内林业先进技术缺乏，市场信息不灵。搞好项目生产，必须做好技术培训和信息服务。项目实施时要建立建全技术推广和培训计划，以及信息服务体系。培训对象主要是农户，要结合生产实际，分期、分批进行。培训技术包括育苗、栽植、抚育、环保等实用生产技术。采用多种形式，如简报、电信等及时向项目区农民传递林业市场信息。

2.5.3 项目管理和机构建设

本项目的组织管理仍将沿用已取得成功经验的NAP、FRDPP和FDPA的模式，即省、县级分别成立项目领导小组，并组建具有统一指挥职能的项目办公室，配备专职的专业技术人员。已参加过世行贷款项目的桐柏、鹿邑、商水、罗山、平桥5县（区），已有的项目管理机构将继续发挥其作用，并根据本项目的特点加以调整和完善。其他的15个县（市）均要按此模式建立相应的组织机构。各项目乡也分别成立由乡长为组长的领导小组，乡林业工作站负责本乡项目实施任务。

2.5.4 项目的负面影响

河南省本项目区主要分布在平原农区、河滩地、沙区，少部分在低山、丘陵区，项目活动有可能引起农林争地、水土流失以及污染环境现象，在社评中对这些问题进行了调查。

（1）营造项目林，有可能减少农民的耕地面积。按照专家的建议和农户的要求，在项目造林采用宽窄行间作方式造林（如用材林杨树2 m×2 m×18 m），这样既可以最小限度地影响耕地面积的减少，又不影响农区机械化作业，同时造林后可以减少河滩地和沙区干热风危害，增加空气的湿度，使农作物的产量会略有增加。

（2）低山、丘陵区项目造林地为宜林荒山，在进行林地清理、整地挖穴时，有可能会引起少量水土流失。因此，在项目实施中，将严格执行环保规程，采用沿等高线整地、品字形挖穴等措施，保留带间原生植被，项目活动对环境的影响是微乎其微的。同时在荒山荒地营造人工林，增加了森林覆盖率，反而有利于水土保持。

（3）项目实施中病虫害防治工作可能造成环境污染。因此，在项目实施中将以预防为主的方针，同时大力推行综合治理技术，积极采用物理和生物措施进行病虫害防治。在必须施用化学农药时，选用无公害、高效低毒、残留期短的农药，将农药对环境的污染降低到最低限度。

3 对策与措施

3.1 项目活动内容规划

全省共规划人工林 36 670.7 hm^2，其中用材林 15 294.0 hm^2，主要是以纤维材、胶合板材、建筑材等材种为培育目标，树种有火炬松、杉木、毛白杨、三毛杨、意杨、泡桐、刺槐、枫香等；经济林 21 376.7 hm^2，主要以鲜果类为主，另有少量干果类，主要树种有核桃、板栗、银杏、枣、梨、茶、杏、桃、石榴、柿、葡萄、杞柳等。重点发展它们中的名、特、优、新品种（详见附表2）。

3.2 项目单位和受益人选择

根据项目社评结果，按照项目区选择标准，对提出申请参加项目的县、乡进行了选择。提出申请参加的县 26 个，占全省的 16.6%，选择 20 个县参加本项目；20 个项目县中申请参加项目的乡（镇）243 个，选择了 183 个，占申请的 75.3%；提出申请的村 2 158 个，选择 1 059 个，占申请的 49.1%；提出申请的农户 144 009 户，选择了 43 894 户，占申请的 30.5%（详见附表4）。

3.3 项目实体（单位）及生产安排

根据农户的意愿以及项目造林地权属（或使用权）和项目区的实际情况，全省项目实体（单位）总计 38 408 个，主要经营形式以家庭承包为主，另外有合股经营、集体林场、国有林场共四种经营形式。其中：家庭承包 38 108 个，占 99.22%；合股经营 199 个，占 0.52%；集体林场 92 个，占 0.24%；国有林场 9 个，占 0.02%（详见附表3）。

3.4 技术培训

技术推广与培训是项目的重要支持手段。在项目实施期间，将采取多种形式的新技术推广与培训，提高项目的科技含量和实施水平，提高各级管理人员特别是基层管理人员和广大农民的林业生产技能与经营管理水平，确保项目总目标的实现。根据评估组了解到的信息，培训内容主要是项目管理、种植材料开发、营林技术、科学技术的推广应用等。培训方式以举办各类培训班、编制技术手册、建立技术推广示范林、技术承包和技术入股等方式为主。培训对象主要是县、乡两级项目管理人员和农户。据统计，项目实施中计划培训16万人次、84万人日。

3.5 技术措施

林业持续发展项目的人工林营造部分是一项巨大的系统工程，为确保项目达到预期效果，在项目实施中，将吸取FDPA项目好的做法，结合本项目的特点，主要采取以下主要技术措施：

（1）项目林以用材林为主，适当发展一定的经济林。达到以短养长、长短兼顾的目的，增加项目的还贷能力。

（2）选择适销对路、市场前景好的造林树种，用材林以三倍体毛白杨、意杨为主。这些树种在当地不仅表现好，而且市场潜力大。经济林主要发展名、特、优、新品种。

（3）对CFA工作中收集的所有项目乡的二手资料、宣传材料、CFA工作过程中的项目活动材料、文件，召开的宣传会议记录、访问村长、农户登记表，以及县、乡、村、农户申请表等材料，由县项目办统一存档。

3.6 投资概算

河南省SFDP总投资额为33 531.99万元，其中世界银行贷款16 766.1万元（折合2 020.00万美元），国内配套16 766.00万元（详见附表5）。

4 建议

（1）对项目造林进行科学规划和统筹安排，制定种苗标准，整地、种植、抚育管护的技术规定。在项目实施过程中，经常派技术人员深入项目区对农户进行技术指导和现场培训。

（2）管理好项目资金。由相关单位派员与受益户代表组成财务监督小组，对项目资金的使用情况进行监督，同时加大审计力度，大额投资需及时通报有关人员。

（3）制定切实有效的措施，加强项目造林林地的管理，保障项目实施取得更大收益。

附表1　河南省项目单位名录表

县　别	乡镇场数	行政村数	乡（镇、场）名录
全省合计	183	1 059	
新郑市	7	35	孟庄镇、郭店镇、薛店镇、龙王乡、新村镇、和庄镇、八千乡
济源市	4	19	下冶乡、大峪镇、克井镇、五龙口镇
许昌县	8	53	苏桥镇、小召乡、陈曹乡、五女店镇、张潘乡、将官池镇、蒋李集镇、榆林乡
长葛市	8	47	南席镇、大周乡、老城镇、董村镇、古桥乡、石象乡、石固镇、官亭乡
襄城县	9	65	十里铺乡、湛北乡、山头店乡、茨沟乡、麦岭乡、姜庄乡、紫云镇、丁营乡、县林场
鹿邑县	8	70	枣集镇、马铺镇、杨湖口乡、贾滩乡、涡北镇、赵村乡、太清宫镇、生铁冢乡
商水县	8	64	邓城镇、张庄乡、舒庄乡、城关乡、李埠口乡、黄寨镇、平店乡、姚集乡
平舆县	9	53	十字路乡、射桥镇、李屯乡、杨埠镇、双庙乡、庙湾镇、老王岗乡、西洋店乡、后刘乡
郾城县	8	70	商桥镇、空冢郭、召陵镇、万金镇、老窝镇、邓襄镇、青年乡、大刘乡
罗山县	13	63	尤店乡、庙仙乡、青山镇、子路镇、周党镇、涩岗镇、定远乡、彭新乡、铁铺乡、山店乡、朱堂乡、潘新乡、董寨林场
平桥区	10	53	平桥镇、五里镇、肖王乡、龙井乡、胡店乡、洋河乡、彭家湾乡、前进乡、九店乡、天目山林场
淮滨县	14	73	台头乡、王家岗乡、栏杆乡、固城乡、三空桥乡、张里乡、吉庙乡、芦集乡、邓湾乡、马集镇、张庄乡、北庙乡、谷堆乡、县林场
开封县	9	20	大李庄乡、范村乡、杏花营镇、杏花营农场、朱仙镇、西姜寨乡、仙人庄乡、万隆乡、半坡店乡
沁阳市	7	21	紫陵镇、西向镇、西万镇、山王庄镇、常平乡、柏香镇、王占乡
温　县	6	76	招贤乡、温泉镇、祥云镇、南张羌镇、赵堡镇、岳村乡
南乐县	13	91	西邵乡、寺庄乡、梁村乡、千口乡、韩张镇、谷金楼乡、元村镇、汤村乡、付坎乡、张果屯乡、城关镇、县林场、县农场
桐柏县	11	53	新集乡、淮源镇、程湾乡、吴城镇、朱庄乡、大河镇、城郊乡、毛集镇、固县镇、黄岗乡、毛集林场
社旗县	10	57	饶良镇、苗店乡、郝寨镇、晋庄镇、下洼乡、李店镇、陌陂乡、丁庄乡、太和乡、兴隆镇
邓州市	9	43	构林乡、彭桥乡、高集乡、张村镇、十林镇、罗庄乡、孟楼镇、白牛乡、杏山办事处
偃师市	12	33	山化乡、邙岭乡、首阳山镇、城关镇、翟镇镇、顾县镇、缑氏镇、府店镇、李村镇、冠店镇、庞村镇、山张林场

附表 2　河南省分县分树种造林面积统计表

（单位：hm^2）

县别	面积合计	用材林新造										经济林新造												
		计	火炬松	杉木	毛白杨（胶）	三毛杨（纤）	欧美杨（胶）	欧美杨（纤）	刺槐	泡桐	枫香	计	核桃	板栗	银杏	枣	梨	茶	杏	桃	石榴	柿	葡萄	柳条
合　计	36 670.7	15 294.0	644.1	529.5	1 816.3	724.4	6 094.8	3 474.6	454.7	1 108.9	446.7	21 376.7	448.5	1 661.7	209.9	5 692.4	1 933.1	438.0	2 520.4	2 763.7	1 331.1	1 775.0	2 365.9	237.0
新郑市	1 750.2	71.7						71.7				1 678.5				1 587.0							91.5	
济源市	654.2	306.1						213.8	6.6		85.7	348.1	135.4						99.4	52.2	19.7	23.5		17.9
许昌县	2 220.0	1 335.0						1 335.0				885.0				215.0	152.0		225.0	116.0			177.0	
长葛市	2 441.4	1 228.4			95.0	80.2		534.6		518.6		1 213.0	46.4		42.9	96.6	92.4			766.6	34.2		133.9	
襄城县	1 279.8	419.8					324.9		15.3	79.6		860.0				63.5	101.9		141.1	84.7		108.9	359.9	
鹿邑县	1 920.4	703.0					38.4	359.9		304.7		1 217.4	13.3			143.8	11.0		319.3	121.4	159.7	373.2	75.7	
商水县	1 227.0	42.0						42.0				1 185.0				50.4	210.9		260.2	242.9	50.9	179.0	190.7	
平舆县	1 819.7	674.5		147.4			397.6		87.0	42.5		1 145.2		50.0		235.3	539.7		34.3	24.1	22.3	51.0	188.5	
郾城县	1 742.0	864.8					864.8					877.2		6.7			75.1		4.7	375.7	6.7		408.3	
罗山县	2 040.6	1 068.4	216.7	382.1				274.1			195.5	972.2		723.0	153.5					32.5		63.2		
平桥区	2 110.0	942.2	177.4					360.1	239.2		165.5	1 167.8		450.0	7.7	74.0	7.1		20.6	145.0	406.0	33.9	5.6	17.9
淮滨县	2 715.8	2 092.0					2 092.0					623.8							121.6	228.5			109.3	164.4
开封县	1 608.9	323.6					323.6					1 285.3				317.4	87.3		101.8	250.1	294.4	160.0	74.3	
沁阳市	1 368.6	24.4						24.4				1 344.2	79.9		5.8	486.0	296.7		374.7	10.5	33.3		57.3	
温　县	3 608.0	3 094.1			1 721.3		1 372.8					513.9				390.0	60.7			63.2				
南乐县	1 569.4	674.2				501.4		88.0		84.8		895.2				258.2	191.5		334.0	45.2	46.1		20.2	
桐柏县	1 760.0	650.0	250.0				400.0					1 110.0	40.0	432.0		200.0		438.0						
社旗县	2 035.6	280.7					280.7					1 754.9				581.5	78.5		374.5	160.3	89.0	471.1		
邓州市	1 594.4	142.8				142.8						1 451.6	5.0			724.0	28.3		89.1		168.8	311.2	88.4	36.8
偃师市	1 204.7	356.3						171.0	106.6	78.7		848.4	128.5			269.7			20.1	44.8			385.3	

附表 3 河南省项目造林地权属和经营形式统计表

县 别	项目乡数	项目村数	造林面积（hm^2）	造林地权属（hm^2）			经营形式（hm^2）							
				国有	集体	农户	国 有		集 体		农户个人		合股经营	
							个数	面积	个数	面积	个数	面积	个数	面积
全省合计	183	1 059	36 670.8	1 532.4	8 945.9	26 192.5	9	1 216.5	92	4 528.2	38 108	28 856.4	199	2 069.6
新郑市	7	35	1 750.2			1 750.2					1 924	1 750.2		
济源市	4	19	654.2		214.7	439.5			5	214.7	499	439.5		
许昌县	8	53	2 220.0		1 355.0	865.0			10	1 355.0	5 755	865.0		
长葛市	8	47	2 441.4			2 441.4					260	2 441.4		
襄城县	9	65	1 279.8	16.0	839.5	424.3			9	210.8	3 910	424.3	58	644.7
鹿邑县	8	70	1 920.4		703.0	1 217.4					4 404	1 920.4		
商水县	8	64	1 227.0		42.0	1 185.0			1	42.0	2 395	1 185.0		
平舆县	9	53	1 819.7	112.0	270.9	1 436.8	2	112.0	13	270.9	1 755	1 383.3	4	53.5
郾城县	8	70	1 742.0		197.9	1 544.1					4 275	1 742.0		
罗山县	13	63	2 040.6	374.7	743.8	922.2	1	374.7	13	387.7	686	1 278.2		
平桥区	10	53	2 110.0	298.0	634.1	1 177.9	1	298.0	7	456.5	1 207	1 355.5		
淮滨县	14	73	2 715.8	193.3	557.9	1 964.6			5	193.3	3 570	2 522.5		
开封县	9	20	1 608.9	112.5	47.5	1 448.9	1	112.5	2	47.5	925	1 448.9		
沁阳市	7	21	1 368.6		288.3	1 080.3			7	288.3	800	1 080.3		
温 县	6	76	3 608.0		421.7	3 186.3					693	3 608.0		
南乐县	13	91	1 569.4	151.0	846.7	571.7	2	151.0	11	729.6	1 854	688.8		
桐柏县	11	53	1 760.0	140.0	1 451.0	169.0	1	140.0			94	355.2	136	1 264.8
社旗县	10	57	2 035.6			2 035.6					1 836	2 035.6		
邓州市	9	43	1 594.4	28.3	9.0	1 557.1	1	28.3	1	9.0	916	1 557.1		
偃师市	12	33	1 204.7	106.6	322.9	775.2			8	322.9	350	775.2	1	106.6

附表4　河南省项目受益单位和受益人统计表

单　位	全县乡数	申请参加乡数	同意参加乡数	项目乡的行政村数	申请参加村数	同意参加村数	项目村农户数	申请参加户数	同意参加户数	项目受益人数
全省合计	362	243	183	3 784	2 158	1 059	515 199	144 009	43 894	186 141
新郑市	14	10	7	191	62	35	14 135	3 831	1 924	8 051
济源市	16	9	4	148	30	19	4 986	3 566	2 918	11 279
许昌县	16	10	8	261	88	53	19 563	6 906	5 755	23 020
长葛市	12	10	8	237	104	47	19 587	9 830	260	1 128
襄城县	17	10	9	241	93	65	31 595	7 288	4 627	17 354
鹿邑县	22	10	8	205	86	70	31 916	5 054	4 404	24 403
商水县	21	12	8	225	170	64	28 299	9 637	2 395	9 836
平舆县	18	18	9	141	141	53	21 718	15 772	2 651	11 685
郾城县	18	11	8	246	110	70	33 815	18 183	4 275	19 128
罗山县	20	16	13	192	112	63	34 470	1 856	1 009	4 344
平桥区	22	18	10	118	78	53	24 870	19 731	1 287	4 182
淮滨县	21	14	14	194	187	73	86 776	12 573	3 665	14 271
开封县	20	12	9	146	146	20	3 101	2 016	959	4 900
沁阳市	16	7	7	146	31	21	6 531	1 039	843	3 380
温　县	13	8	6	118	118	76	28 203	941	693	3 282
南乐县	14	14	13	302	302	91	28 509	14 316	1 854	7 406
桐柏县	18	12	11	147	98	53	27 184	1 360	1 170	4 100
社旗县	18	14	10	127	89	57	7 193	3 596	1 836	7 304
邓州市	29	15	9	183	75	43	39 427	5 800	916	5 164
偃师市	17	13	12	216	38	33	23 321	714	453	1 924

附表5 河南省林业持续发展项目资金来源表

单 位	总投资（万美元）				折人民币（万元）			
	合 计	世行贷款	国内配套	劳务折低	合 计	世行贷款	国内配套	劳务折低
合 计	4 040.08	2 020.00	1 010.04	1 010.04	33 531.99	16 766.01	8 382.99	8 382.99
郑州市	258.27	129.13	64.57	64.57	2 143.56	1 071.78	535.89	535.89
新郑市	258.27	129.13	64.57	64.57	2 143.56	1 071.78	535.89	535.89
许昌市	611.39	305.69	152.85	152.85	5 074.45	2 537.23	1 268.61	1 268.61
许昌县	204.32	102.16	51.08	51.08	1 695.88	847.93	423.96	423.96
长葛市	220.12	110.06	55.03	55.03	1 827.00	913.50	456.75	456.75
襄城县	186.95	93.47	46.74	46.74	1 551.60	775.80	387.90	387.90
周口市	361.56	180.78	90.39	90.39	3 000.96	1 500.48	750.24	750.24
鹿邑县	185.72	92.86	46.43	46.43	1 541.48	770.74	385.37	385.37
商水县	175.84	87.92	43.96	43.96	1 459.48	729.74	364.87	364.87
驻马店市	208.72	104.36	52.18	52.18	1 732.37	866.19	433.09	433.09
平舆县	208.72	104.36	52.18	52.18	1 732.37	866.19	433.09	433.09
漯河市	213.75	106.87	53.44	53.44	1 774.04	887.02	443.51	443.51
郾城县	213.75	106.87	53.44	53.44	1 774.04	887.02	443.51	443.51
信阳市	618.23	309.11	154.56	154.56	5 131.23	2 565.61	1 282.81	1 282.81
罗山县	216.28	108.14	54.07	54.07	1 795.12	897.56	448.78	448.78
平桥区	189.35	94.67	47.34	47.34	1 571.52	785.76	392.88	392.88
淮滨县	212.60	106.30	53.15	53.15	1 764.59	882.29	441.15	441.15
开封市	200.47	100.23	50.12	50.12	1 663.81	831.91	415.95	415.95
开封县	200.47	100.23	50.12	50.12	1 663.81	831.91	415.95	415.95
焦作市	529.40	264.70	132.35	132.35	4 394.01	2 197.01	1 098.50	1 098.50
沁阳市	265.36	132.68	66.34	66.34	2 202.48	1 101.24	550.62	550.62
温 县	264.04	132.02	66.01	66.01	2 191.53	1 095.77	547.88	547.88
濮阳市	190.63	95.31	47.66	47.66	1 582.15	791.07	395.54	395.54
南乐县	190.63	95.31	47.66	47.66	1 582.15	791.07	395.54	395.54
南阳市	584.55	292.27	146.14	146.14	4 851.68	2 425.84	1 212.92	1 212.92
桐柏县	187.75	93.87	46.94	46.94	1 558.24	779.12	389.56	389.56
社旗县	209.20	104.60	52.30	52.30	1 736.36	868.18	434.09	434.09
邓州市	187.60	93.80	46.90	46.90	1 557.08	778.54	389.27	389.27
洛阳市	189.51	94.75	47.38	47.38	1 572.85	786.43	393.21	393.21
偃师市	189.51	94.75	47.38	47.38	1 572.85	786.43	393.21	393.21
济源市	73.60	36.80	18.40	18.40	610.88	305.44	152.72	152.72

大事记

1999年

1月12日 河南省林业厅向国家林业局世行项目管理中心上报《关于上报第四期世行贷款林业项目意向书的函》(豫林函[1999]4号)。

2月3日 河南省林业厅向省政府呈报《关于争取在我省实施第四期世行林业贷款项目的请示》(豫林字[1999]39号)。

3月15日 河南省人民政府向国家林业局上报《关于申请实施第四期林业世行贷款项目的函》(豫政文[1999]27号)。

2001年

2月14~17日 以刘瑾女士为组长的世行贷款林业持续发展项目评估组赴信阳市罗山县、平桥区进行项目评估。评估成员有斯库拉女士、库克斯先生、普尔先生、奇泽姆先生和黄岫茹女士。

3月2日 河南省财政厅、河南省林业厅印发《关于对世行贷款"林业持续发展项目"债务和配套资金承诺的通知》(豫财贷[2001]3号)。

3月14日 河南省财政厅向财政部上报了《关于对我省利用世行贷款"林业持续发展项目"债务和配套资金的承诺函》(豫财贷字[2001]4号),接受财政部对河南省的贷款总额和贷款条件,承诺为项目提供配套资金和偿还债务。

2002年

9月25日 河南省林业厅向国家林业局世行项目管理中心上报《关于世界银行贷款河南省林业持续发展项目可行性研究报告的函》(豫林函[2002]97号)。

10月22日 在郑州举办了"林业持续发展项目"施工设计培训班,济源市、淮滨县、罗山县、平桥区、许昌县、长葛市、襄城县、鹿邑县、商水县、平舆县、郾城县、开封县、沁阳市、温县、南乐县、桐柏县、社旗县、邓州市、偃师市、新郑市林业局主管副局长、项目管理办公室技术负责人参加了此次培训。

11 月 7 日 财政部与河南省人民政府签署关于利用世界银行贷款“林业持续发展项目”的转贷协议。

11 月 11 日 河南省财政厅、河南省林业厅印发《关于下达世行贷款“林业持续发展项目”2002 年度省级配套资金的通知》（豫财农［2002］252 号），向各项目实施单位共下拨省级配套资金 550 万元。

12 月 4 日 河南省林业厅就成立河南省世行贷款林业持续发展项目领导小组事项向省政府请示（豫林项［2002］258 号）。拟请省政府成立“河南省世行贷款林业持续发展项目领导小组”，领导小组组长由省政府分管林业工作的副省长担任，成员由省计委、省财政厅、省审计局、省林业厅的领导同志组成，领导小组在省林业厅下设办公室，办公室主任由省林业厅主管副厅长担任。

12 月 6 日 河南省林业厅将《省政府收文 558 号公文处理交办单》交办事宜办理结果报告给省政府办公厅（豫林文［2002］103 号）。世界银行贷款“林业持续发展项目”已于 2002 年 9 月 30 日正式生效，总投资为 3.34 亿元人民币，建设期 2002 ~ 2009 年，在河南省的 12 市的 20 个县（市、区）营造速生丰产用材林 2.3 万 hm^2，经济林 1.6 万 hm^2，新建苗圃 5 个。

12 月 10 日 河南省财政厅印发《关于签署世界银行贷款林业持续发展项目转贷协议的通知》（豫财贷［2002］24 号），要求各项目市财政局于 12 月 30 日前完成转贷协议的签署。

12 月 23 日 河南省财政厅、河南省林业厅印发《河南省利用世界银行贷款林业持续发展项目实施管理办法》（豫财贷［2002］25 号）。

12 月 26 日 河南省林业厅、河南省财政厅在郑州召开世行贷款林业持续发展项目启动会。各项目市财政局负责外资项目管理的科长，项目市林业局局长、财务科长，项目县（市、区）常务副县（市、区）长、财政局主管局长、林业局局长，河南省林业持续发展项目领导小组成员参加了此次会议。

12 月 27 日 河南省林业厅下达《2003 年度林业持续发展项目生产任务和投资计划的通知》（豫林项［2002］283 号）。计划造林 12 258 hm^2，总投资 7 150.5 万元。

2003 年

1 月 6 日 河南省林业厅向省计委报送《关于世界银行贷款河南省林业持续发展项目可行性研究报告的函》（豫林函［2003］1 号）。

1 月 13 日 国家林业局世界银行贷款项目管理中心印发《关于确认“林

业持续发展项目”2003 年物资设备采购计划的函》（林贷项便字［2003］第 6 号），对搞好物资设备采购工作进行了具体的安排部署。

1 月 21 日 河南省林业厅下发《关于世行贷款林业持续发展项目调整项目内容有关问题的通知》（豫林文［2003］7 号），要求各项目实施单位按照实施管理办法的规定，遵照项目实施程序进行调整和报批。

3 月 6 日 河南省林业厅项目办公室印发《关于社旗县调整 SFDP 项目实施乡镇的批复》。同意社旗县林业局在不改变项目总投资额的情况下，新增唐庄乡和大冯营乡为世行贷款林业持续发展项目实施乡镇。

3 月 10 日 国家林业局下发《关于世界银行贷款“林业持续发展项目”人工林营造部分省级分项目可行性研究报告的批复》（林计批字［2003］97 号）。同意在河南省新郑市、荥阳市、许昌县、长葛市、襄城县、商水县、鹿邑县、平舆县、郾城县、平桥区、淮滨县、开封县、沁阳市、温县、南乐县、社旗县、邓州市、偃师市、罗山县、桐柏县等 20 个县（市、区）使用世界银行贷款进行林业持续发展项目人工林营造部分的建设，计划新造林 38 072 hm^2，总投资 34 417 万元人民币。

3 月 18 日 河南省林业厅项目办公室向国家林业局世行项目管理中心提出《关于调整世行贷款“林业持续发展项目”实施县的请示》（豫林项办［2003］17 号）。申请将荥阳市调整为济源市。

3 月 19 日 河南省林业厅项目办公室印发《关于编制“林业持续发展项目人工林营造部分”县级培训与推广计划的说明》（豫林项办［2003］18 号）。要求各项目实施单位根据“SFDP 县级培训与推广计划编制提纲”，认真编写本县（市、区）的培训计划，并于 6 月 15 日前报省林业厅项目办公室审查。

3 月 27 日 国家林业局世界银行贷款项目管理中心印发《关于报送“林业持续发展项目”人工林部分 2003 年上半年实施进展报告的函》（林贷项便［2003］12 号）。为做好世行 5 月初对 SFDP 项目实施进行的首次检查工作，要求包括河南省在内的各项目省要保质保量地完成进展报告的编写工作。

4 月 1 日 河南省林业厅项目办公室印发《关于上报 2003 年度世行贷款林业持续发展项目新造林自查验收报告的通知》（豫林项办［2003］19 号）。要求各有关项目县（市、区）林业局进行严格的自查验收，并于 4 月 30 日前报省林业厅项目办公室。

4 月 16 日 河南省林业厅项目办公室对襄城县林业局关于调整 SFDP 项目的请示给予了批复（豫林项办［2003］22 号），同意在不改变项目总投资额的情况下，新增双庙乡、库庄乡、汾陈乡、颍阳镇 4 个乡（镇）为世行贷款林业持续发展项目实施乡（镇）。

4月16日 河南省林业厅项目办公室对商水县林业局关于调整项目乡（镇）的请示给予批复（豫林项办［2003］23号），同意在不改变项目总投资额的情况下，新增谭庄镇、汤庄乡、练集镇、胡吉镇、位集镇、白寺镇、化河乡、固墙镇8个乡（镇）为世行贷款林业持续发展项目实施乡（镇）。同时取消邓城镇、舒庄乡2003年度的世行贷款林业持续发展项目实施乡（镇）。

4月16日 河南省林业厅项目办公室对新郑市林业局关于世行贷款林业持续发展项目调整项目内容的请示给予批复（豫林项办［2003］24号），同意在不改变项目总投资额的情况下，新增城关乡、千户寨乡两个乡为世行贷款林业持续发展项目实施乡。

4月16日 河南省林业厅项目办公室向国家林业局世行项目管理中心上报“林业持续发展项目”河南省2003年的物资设备采购计划（豫林项办［2003］25号）。

4月29日 河南省发展计划委员会对河南省利用世行贷款林业持续发展项目可行性研究报告进行批复（豫计外经［2003］639号）。

5月21日 河南省林业厅向省财政厅报送《关于世行贷款林业持续发展项目省级配套资金安排意见的函》（豫林函［2003］92号），请省财政厅安排该项目6年省级配套资金3 531万元。

5月22日 河南省林业厅印发《河南省林业持续发展项目造林施工设计实施细则》、《河南省林业持续发展项目造林检查验收实施细则》和《河南省林业持续发展项目苗圃工程实施办法》（豫林文［2003］78号）。

6月10日 河南省林业厅项目办公室对商水县关于增加世行贷款林业持续发展项目乡（镇）的请示给予了批复（豫林项办［2003］33号），同意新增张明乡、郝岗乡、巴村镇、大武乡、城关镇、袁老乡、邓城镇、舒庄乡、县农场9个乡（镇）、场为世行贷款林业持续发展项目实施乡(镇)、场。

9月9日 河南省林业厅项目办公室印发《关于确认世行贷款“林业持续发展项目”2003年度造林报账面积的通知》（豫林项办［2003］41号）。经省级检查验收认定合格报账面积为11 679 hm^2，要求各项目县林业局尽快开展提款报账工作。

9月18日 河南省财政厅、河南省林业厅印发《关于下达世行贷款林业持续发展项目2003年度省级配套资金的通知》（豫财农［2003］151号），向各项目实施单位下达省级配套资金153万元。

9月19日 河南省林业厅印发《关于下达2004年度世行贷款林业持续发展项目生产及投资计划的通知》（豫林项［2003］242号）。计划造林12 935 hm^2，改扩建苗圃5个，总投资9 567万元。

10 月 9 日 河南省林业厅项目办公室印发《关于上报 2004 年度世行贷款林业持续发展项目造林施工设计的通知》（豫林项办［2003］44 号），要求在 11 月 30 日前上报施工设计，并切实解决在以往的施工设计中存在的一些问题。

10 月 24 日 河南省财政厅、河南省林业厅印发《关于下达世行贷款林业持续项目 2003 年度省级配套资金的通知》（豫财农［2003］208 号），向各项目实施单位下达省级配套资金 300 万元。

11 月 12 日 河南省林业厅项目办公室对淮滨县关于世行贷款林业持续发展项目增加乡（镇）的请示给予了批复（豫林项办［2003］49 号），同意在不改变项目总投资额的情况下，新增期思、新里、防胡、王店、麻里 5 个乡（镇）为世行贷款林业持续发展项目实施乡（镇）。

2004 年

1 月 7 日 河南省林业厅项目办公室经审查原则同意罗山县林业局 SFDP 苗圃 2003 年度建设施工设计（豫林项办［2004］2 号）。

1 月 30 日 河南省林业厅项目办公室转发国家林业局世行贷款项目管理中心制定的苗圃工程合同、验收证明、结算表和设备采购合同样本(豫林项办［2004］8 号），要求罗山县、淮滨县、开封县、南乐县、沁阳市林业局结合本地实际情况，认真做好苗圃土建工程和设备采购工作。

2 月 2 日 河南省林业厅项目办公室同意新郑市林业局在不改变项目总投资额的情况下，新增龙湖镇为世行贷款林业持续发展项目实施乡（镇）（豫林项办［2004］10 号）。

2 月 24 日 国家林业局世界银行贷款项目管理中心对河南省林业厅世行贷款项目办公室报送的 SFDP 项目罗山县新建苗圃土建国内询价、报价采购前期材料批复审查意见，世行同意罗山县苗圃的最低报价，将按项目贷款协定的类别（1）（b）支付 45%（林贷项便字［2004］4 号）。

2 月 26 日 河南省林业厅项目办公室印发《关于确认世行贷款“林业持续发展项目”2004 年度物资采购计划的通知》（豫林项办［2004］13 号），要求各项目县（市、区）林业局上报物资采购计划。

2 月 27 日 河南省林业厅项目办公室印发《关于加强林业外资项目示范林建设工作的通知》（豫林项办［2004］14 号），要求重点抓好一批示范点。

3 月 8 日 河南省林业厅项目办公室印发《关于社旗县调整 SFDP 项目实施乡镇的批复》，同意社旗县林业局在不改变项目总投资额的情况下，新增青台镇、城郊乡、朱集乡、桥头镇、田庄乡、赊店镇为世行贷款林业持续发展项目实施乡（镇）。

3 月 9 日　经省林业厅项目办公室和国家林业局世行中心审查后，原则上同意罗山县林业局林业持续发展项目兴林苗木花卉开发中心苗圃土建工程询价及报价文件的评审报告（豫林项办［2004］7 号）。

3 月 30 日　河南省林业厅项目办公室印发《关于上报 2004 年度林业外资项目新造林自查验收报告的通知》（豫林项办［2004］20 号），要求各有关项目县（市、区）林业局将林业持续发展项目的自查验收报告，于 5 月 15 日前报省林业厅项目办公室。

4 月 14～17 日　以刘瑾女士为组长的世界银行“林业持续发展项目”检查组赴淮滨、桐柏两县进行实地考察。检查组成员还有卡斯珀·斯瓦尔先生和董轶先生，项目的实施质量和进展情况得到检查组的高度评价。

5 月 26 日　河南省林业厅项目办公室对泌阳市林业局提出的 2003 年度林业持续发展项目贷款资金调整方案进行批复：经审查，该调整方案不符合项目管理规定的有关要求，因此不能调整。要求泌阳市林业局对王站、崇义、怀庆和泌园四个项目乡（镇、办）的造林树种、面积及贷款金额进行落实，将处理意见报省林业厅项目办公室（豫林项办［2004］29 号）。

5 月 26 日　河南省林业厅项目办公室同意许昌县在不改变项目总投资额的情况下，新增艾庄乡为世行贷款林业持续发展项目实施乡（豫林项办［2004］30 号）。

6 月 1 日　河南省林业厅项目办公室经审查原则同意南乐县 SFDP 项目苗圃 2004 年建设施工设计（豫林项办［2004］32 号）；同意长葛市林业局在不改变总投资额的情况下，新增和尚桥镇、增福庙乡和建设办事处为世行贷款林业持续发展项目实施乡（镇、办）（豫林项办［2004］33 号）。

6 月 2 日　河南省林业厅项目办公室经审查原则同意沁阳市林业局（豫林项办［2004］34 号）和淮滨县林业局（豫林项办［2004］35 号）苗圃施工设计。

6 月 17 日　河南省林业厅项目办公室同意襄城县林业局在不改变项目总投资额的情况下，新增颍回镇为世行贷款林业持续发展项目实施乡（镇）（豫林项办［2004］36 号）。

6 月 16～18 日　国家林业局世行项目管理中心在湖南省长沙市举办世行贷款林业持续发展项目人工林营造部分苗圃管理技术和新（扩）建苗圃询价采购培训班。河南省淮滨县、罗山县、开封县、沁阳市、南乐县林业局项目负责人或苗圃主任参加了此次培训。

7 月 28 日　河南省林业厅项目办公室印发《关于加强林业持续发展项目

管理的通知》（豫林项办［2004］39号）。根据国家林业局世行项目管理中心《关于印发林业持续发展项目2004年4月世行检查组备忘录的通知》（林贷项字［2004］15号）和6月份长沙培训班的精神，结合河南省的实际情况，要求各项目单位规范转贷合同，加强幼林抚育，狠抓苗圃管理，提供技术服务，强化项目资金管理。

7月30日 国家林业局世界银行贷款项目管理中心对河南省报审的SFDP项目开封县扩建苗圃土建国内询价、报价采购前期材料上报世行，世行同意河南省推荐的开封县苗圃土建工程的最低报价（林贷项便字［2004］28号）。

8月2日 河南省林业厅项目办公室原则上同意开封县（豫林项办［2004］40号）、淮滨县、南乐县、沁阳市林业局（豫林项办［2004］41号）的SFDP项目苗圃一期工程询价及报价评审报告。

8月14日 河南省林业厅项目办公室原则上同意淮滨县林业持续发展项目苗圃土建二期工程询价和报价评审报告。

8月25日 河南省林业厅项目办公室原则同意罗山县、南乐县、开封县林业局SFDP项目苗圃土建二期工程询价及报价评审报告（豫林项办［2004］44号）。

8月30日 河南省林业厅项目办公室原则同意南乐县林业局颊河苗圃土建三期工程和设备采购询价及报价的评审报告（豫林项办［2004］47号）。

8月31日 河南省林业厅项目办公室下发《2004年世行贷款林业持续发展项目报账面积和树种的通知》（豫林项办［2004］49号）。经省级检查验收，2004年共完成造林13 589.13 hm^2，要求各项目单位在分树种的合格报账面积基础上组织提款报账工作。

9月3日 河南省林业科学研究院对世行贷款“林业持续发展项目”杨树造林密度问题进行了技术评估。

9月14日 河南省林业厅办公室印发《关于2004年度林业外资项目检查验收结果的通报》（豫林办［2004］48号）。根据验收结果，世行贷款林业持续发展项目共完成造林13 588.4 hm^2，全省施工设计文件合格率为100%；平均造林成活率为90.1%，平均一级苗使用率为87.1%，平均良种使用率为100%，平均整地合格率为97.7%，平均栽植合格率为96.3%。

9月20日 河南省林业厅项目办公室原则上同意沁阳市林业局关于SFDP项目苗圃土建二期工程询价及报价的评审报告（豫林项办［2004］53号）。

9月22日 河南省林业厅项目办公室根据专家的意见和各项目单位的上报情况，就河南省新增杨树造林密度的实施区域和造林面积向国家林业局世行贷款项目管理中心提出申请（豫林项办［2004］54号）。

10 月 8 日 河南省财政厅、河南省林业厅印发《关于下达世行贷款林业持续发展项目 2004 年度省级配套资金的通知》（豫财农［2004］214 号），共向各项目实施单位下达省级配套资金 681 万元。

10 月 9 日 国家林业局世界银行贷款项目管理中心决定从 2004 年 7 月 29 日起，第一类别（a）造林活动的支付比例从 45% 提高到 51%（林贷计便［2004］13 号）。

10 月 13 日 河南省财政厅、河南省林业厅印发《关于下达世行贷款林业持续发展项目 2004 年度省级配套资金的通知》（豫财农［2004］221 号），共向各项目实施单位下达省级配套资金 218 万元。

10 月 13 日 河南省财政厅、河南省林业厅印发《关于下达世行贷款林业持续发展项目 2004 年度省级配套资金的通知》（豫财农［2004］222 号），共向各项目实施单位下达省级配套资金 56 万元。

10 月 18 日 河南省林业厅印发《关于下达 2005 年度世行贷款林业持续发展项目生产及投资计划的通知》（豫林项［2004］205 号），计划造林11 500 hm^2，抚育 18 390. 33 hm^2，总投资 9 653. 53 万元。

10 月 20 ~ 22 日 河南省林业厅项目办公室在郑州举办林业持续发展项目技术培训班。培训内容包括：造林施工设计、人工林中幼林抚育间伐及修枝技术、苗圃管理及育苗技术、林木病虫害防治技术。各项目县林业局主管局长和业务负责同志参加了培训。

10 月 22 日 国家林业局世界银行贷款项目管理中心印发《林业持续发展项目人工林营造部分护林防火指挥车和皮卡车分配计划的函》（林贷项便［2004］37 号）。国家林业局世界银行贷款项目管理中心委托中机国际招标公司，利用世界银行贷款采取国际竞争招标方式，统一为项目单位采购了车辆，本次河南省共采购护林防火车 17 辆。

10 月 26 日 河南省林业厅项目办公室原则上同意开封县林业局关于 SFDP 项目苗圃生产设备询价及报价评审报告（豫林项办［2004］56 号）。

12 月 16 日 河南省林业厅项目办公室转发国家林业局世界银行贷款项目管理中心《关于林业持续发展项目人工林营造部分河南省新增杨树造林密度和实施区域的意见》（豫林项办［2004］60 号）

2005 年

1 月 4 日 河南省林业厅项目办公室同意邓州市林业局在不改变项目总投资额的情况下，将 2005 年度 455 hm^2 的经济林调整为 1 100 hm^2 以杨树为主的用材林（豫林项办［2005］1 号）。

1 月 13 日 河南省林业厅向省财政厅提出《关于增加世行贷款林业持续发展项目贷款规模的函》（豫林函［2005］2 号），请财政厅与林业厅联合向财政部、国家林业局提出增加 200 万美元贷款的申请，以扩大造林面积。

1 月 14 日 河南省林业厅项目办公室同意襄城县林业局在不改变项目总投资额的情况下，新增范湖乡、王洛镇两个乡（镇）为世行贷款林业持续发展项目实施乡（镇）（豫林项办［2005］5 号）。

1 月 28 日 河南省林业厅项目办公室同意偃师市将 2005 年度 653 hm^2 的造林任务调减为 333. 4 hm^2（豫林项办［2005］8 号）。

2 月 5 日 河南省林业厅项目办公室转发《国家林业局世行项目管理中心关于印发林业持续发展项目人工林营造部分化肥采购和监测管理办法的通知》（豫林项办［2005］14 号）。

2 月 17 日 河南省林业厅项目办公室原则上同意社旗县林业局在不改变项目总投资的前提下，将 2005 年度 569. 2 hm^2 的经济林调整为杨树 1 000 hm^2、李 134 hm^2、柿 33 hm^2、核桃 33 hm^2（豫林项办［2005］15 号）。

2 月 21 日 河南省林业厅项目办公室印发《关于郾城县林业持续发展项目布局调整的请示》（豫林项办［2005］16 号），因 2004 年郾城县行政区域发生了变化，向国家林业局世行贷款项目管理中心申请将原项目单位郾城县调整为郾城区、召陵区、源汇区。

2 月 26 日 全省林业持续发展项目造林现场会在桐柏县召开，郑州、开封、洛阳、濮阳、焦作、许昌、漯河、周口、驻马店、南阳、信阳、济源等市林业局项目办公室负责人，各项目县（市、区）林业局局长、项目办公室主任参加了会议。

3 月 1 日 国家林业局世界银行贷款项目管理中心同意河南省林业厅项目办公室在原项目贷款额、造林任务不变的情况下将原项目单位郾城县调整为郾城区、召陵区、源汇区。

3 月 1 日 河南省财政厅印发《关于增加世界银行贷款林业持续发展项目贷款额度的请示》（豫财办贷［2005］3 号），向财政部申请追加世行贷款 200 万美元，用于 6 500 hm^2 速生丰产林和经济林的建设。

3 月 2 日 河南省林业厅印发《关于增加世行贷款林业持续发展项目投资的请示》（豫林项［2005］21 号），向国家林业局申请追加世行贷款 200 万美元，用于 6 500 hm^2 速生丰产林和经济林的建设。

3 月 8 日 河南省林业厅项目办公室原则上同意周口市鹿邑县在不改变项目总投资的前提下，将 2005 年度 210 hm^2 的经济林调整为杨树 591 hm^2（豫林项办［2005］18 号）。

3 月 23 日　河南省林业厅项目办公室印发《关于下达 2005 年度林业持续发展项目化肥采购计划的通知》(豫林项办［2005］31 号)，共需采购化肥 2 360. 08 t，要求在 6 月底之前完成采购任务。

4 月 30 日　河南省财政厅、河南省林业厅印发《关于下达世行贷款林业持续发展项目 2005 年度省级配套资金的通知》(豫财办农［2005］54 号)，共向项目实施单位下达省级配套资金 562 万元。

5 月 18 日　国家林业局世界银行贷款项目管理中心印发《关于林业持续发展项目人工林营造部分 2005 年 3 月世行检查组备忘录的通知》(林贷项便字［2005］11 号)。

6 月 26 日　河南省林业厅项目办公室原则同意淮滨县 SFDP 项目苗圃建设生产设备和办公设备询价采购的评审报告。

7 月 26 日　河南省林业厅项目办公室原则上同意罗山县关于 SFDP 项目苗圃建设生产设备和办公设备询价采购的评审报告。

8 月 4 日　河南省林业厅项目办公室印发《关于开展 2005 年度世行贷款林业持续发展项目提款报账工作的通知》(豫林项办［2005］47 号)，经过省级检查验收，全省合格报账面积为 14 203 hm^2，要求于 9 月 10 日前将有关提款报账资料上报省林业厅项目办公室审核。

8 月 4 日　林业持续发展项目新增项目单位准备工作会议在郑州召开，鹤壁、周口、漯河、信阳等市林业局项目办公室主任，淇县、扶沟、临颍、息县等县林业局局长、主管副局长、项目技术负责人、项目财务负责人参加此次会议。

10 月 14 日　河南省林业厅项目办公室向国家林业局世行贷款项目管理中心呈报《世行贷款河南省林业持续发展项目（新增部分）可行性研究报告》(豫林项办［2005］55 号)。项目总投资 3 095. 94 万元人民币，全部为人工造林，其中：利用世界银行贷款人民币 1 578. 92 万元，国内配套资金 1 517. 02 万元。

11 月 14 日　河南省林业厅印发《关于下达 2006 年度世行贷款林业持续发展项目生产及投资计划的通知》(豫林项［2005］229 号)，计划造林 8 820. 6 hm^2，抚育 32 587. 13 hm^2，总投资 5 278. 64 万元。

11 月 15 日　国家林业局世界银行贷款项目管理中心印发《“林业持续发展项目”人工林营造部分 2005 年 10 月世行中期检查组备忘录的通知》(林贷项便［2005］36 号)。世界银行对项目启动以来的执行情况表示肯定，同时对配套资金、病虫害的监测报告、经济林和竹林垦复效益示范调查、中幼林抚育间伐示范、造林劳务成本调查、市场营销设施调整调查等相关问题提出了改进建议和要求。

2006 年

2 月 10 日 国家林业局世界银行贷款项目管理中心印发《关于报送林业持续发展项目人工林部分 2005 年下半年实施进展报告的函》（林贷项便字［2006］2 号）。要求各相关世行贷款项目办公室在规定时间内高质量完成进展报告的编写工作并报送国家林业局世行贷款项目中心和中国林业科学院世行贷款项目办公室。

2 月 14 日 省林业厅项目办公室向各有关项目单位下发通知，要求认真开展世行贷款林业持续发展项目经济林效益示范调查。

3 月 17 日 河南省林业厅项目办公室印发《关于下达 2006 年度林业持续发展项目化肥采购计划的通知》（豫林项办［2006］8 号），总计需采购化肥 1 605.5 t。

4 月 27 日 河南省林业厅项目办印发《关于上报林业持续发展项目 2006 年度县级自查验收报告的通知》（豫林项［2006］9 号），要求 5 月底上报自查验收报告。

5 月 19 日 河南省林业厅项目办公室印发《关于上报世行贷款林业持续发展项目 2006 年度物资采购计划的通知》（豫林项办［2006］11 号），要求 2006 年设备采购计划由县、市财政部门确认后，于 5 月 30 日前上报省林业厅项目办公室。

6 月 9 日 河南省财政厅、河南省林业厅印发《关于下达世行贷款林业持续发展项目 2006 年度省级配套资金的通知》（豫财办农［2006］82 号），共下拨省级配套资金 733 万元。

6 月 13 日 河南省林业厅项目办公室就河南省世行贷款林业持续发展项目 2006 年度计划采购物资情况上报国家林业局世行项目管理中心（豫林项办［2006］12 号）。

7 月 10 日 河南省林业厅项目办公室印发《关于开展 2006 年度世行贷款林业持续发展项目提款报账工作的通知》（豫林项办［2006］15 号），根据省级检查验收结果，2006 年共完成造林 11 693.6 hm^2，要求各单位于 8 月 30 日前上报省林业厅项目办审核。

7 月 24 日 河南省林业厅项目办公室印发《关于河南省林业持续发展项目人工林营造部分贷款资金类别中期调整的确认报告》，同意对河南省林业持续发展项目人工林营造部分贷款资金类别的调整。

7 月 26 日 河南省林业厅项目办公室印发《关于对世行贷款林业持续发

展项目新（扩）建苗圃实施情况进行阶段性总结的通知》（豫林项办［2006］18号），要求有关项目单位认真总结苗圃工程建设实施情况，实施情况于8月10日前将自查验收总结报省项目办公室。

8月15～16日 国家林业局世界银行项目管理中心在河北省秦皇岛市举办林业持续发展项目森林经营技术及杨树病虫害防治技术培训班。河南省淮滨、襄城县林业局的技术人员参加了此次培训。

10月17日 国家林业局世界银行贷款项目管理中心印发《“林业持续发展项目”人工林营造部分2006年9月世行检查组备忘录的通知》（林贷项字［2006］22号）。

11月2日 河南省林业厅印发《关于下达2007年度世行贷款林业持续发展项目生产及投资计划的通知》（豫林项［2006］230号），计划造林11 537 hm^2，抚育14 548 hm^2，总投资5 846万元。

12月15日 国家林业局世界银行贷款项目管理中心印发《关于报送林业持续发展项目人工林营造部分经济林产品路边价及种苗准备情况的函》（林贷项便字［2006］19号），要求于12月25日之前通过电子邮件和传真形式报送当年经济林产品路边价和下一年度的种苗情况。

12月29日 省林业厅项目办公室就“林业持续发展项目”2005年度河南化肥采购使用情况呈报国家林业局世行贷款项目管理中心。

2007年

2月5日 河南省林业厅项目办公室对漯河市林业园艺局调整2007年度林业持续发展项目实施乡（镇）作出批复，在不增加投资额的情况下，原则同意郾城区将龙城镇调整为新店镇，同意源汇区将项目实施乡（镇）调整为阳赵乡。

2月28日 河南省林业厅项目办公室印发《关于下达2007年度林业持续发展项目化肥采购计划的通知》（豫林项办［2007］4号），共需采购化肥1 616 t,要求在8月底之前完成采购任务。

4月2日 河南省林业厅项目办公室印发《关于上报林业持续发展项目2007年度县级自查验收报告的通知》（豫林项办［2007］8号），要求5月底前将自查报告上报林业厅项目办公室。

4月24日 国家林业局世行项目管理中心印发《关于林业持续发展项目人工林营造部分2007年4月世行检查组备忘录的通知》。

5月31日 河南省财政厅、河南省林业厅印发《关于下达世行贷款林业持续发展项目2007年度省级配套资金的通知》（豫财办农［2007］94号），共向项目实施单位下拨省级配套资金 433 万元。

7 月 10～12 日 国家林业局世行项目管理中心在安徽合肥举办人工林中幼林抚育间伐技术及效果评价方法培训班，河南省济源市、平桥区、南乐县林业局项目办公室主任参加了此次培训。

7 月 12 日 河南省林业厅项目办公室印发《关于世行贷款林业持续发展项目标志牌建设有关工作的通知》(豫林项办［2007］25 号)，对项目标志牌建设作出具体安排。

8 月 2 日 河南省林业厅项目办公室印发《关于开展 2007 年度林业持续发展项目提款报账工作的通知》(豫林项办［2007］27 号)。

10 月 18～19 日 国家林业局世行项目管理中心在河北廊坊市召开林业持续发展项目苗圃工程实施工作座谈会，南乐县、沁阳市、开封县、罗山县、淮滨县的苗圃负责人参加了本次会议。

10 月 25～29 日 以默罕默德·本拉里先生为团长的林业持续发展项目检查组赴南乐县和平桥区对项目实施情况进行了实地考察，项目的实施成效得到了世行专家的赞扬。检查组成员还有刘瑾女士、林宗成先生。

11 月 14～16 日 国家林业局世行项目管理中心在甘肃省天水市举办林业持续发展项目人工林营造部分经济林产品市场营销方法培训班，长葛市、桐柏县林业局的负责同志参加了本次培训。

11 月 26 日 国家林业局世行项目管理中心印发《林业持续发展项目人工林营造部分 2007 年 11 月世行检查备忘录》。

2008 年

2 月 20 日 河南省林业厅项目办公室下发通知，要求各项目县（市、区）认真做好世行贷款林业持续发展项目因雨雪冰冻灾害受灾情况统计和抓紧组织开展灾后重建等工作。

5 月 12 日 河南省林业厅项目办公室将世行贷款林业持续发展项目剩余资金调整意见的报告上报国家林业局世行项目管理中心。

5 月 20 日 河南省林业厅项目办公室印发《关于开展河南省世行贷款林业持续发展项目人工林营造部分幼林质量摸底调查工作的通知》(豫林项办［2008］19 号)，要求在 8 月底以前完成幼林摸底调查工作。

5 月 20 日 河南省林业厅项目办公室印发《关于开展河南省世行贷款林业持续发展项目人工林营造部分实施经验与成效总结评价信息调查的通知》(豫林项办［2008］20 号)，要求各项目实施单位在 7 月底以前上报调查材料。

11 月 26 日 河南省财政厅、河南省林业厅分别向财政部和国家林业局上报了林业持续发展项目雨雪冰冻灾害债务损失情况的报告。

11月4日　河南省林业厅项目办公室在郑州举办世行贷款林业持续发展项目雨雪冰冻灾害债务复核培训班。

11月14日　河南省林业厅项目办公室印发《关于加强世行贷款林业持续发展项目后期管理工作的通知》（豫林项办［2008］47号），要求各项目单位实施分类指导，提高幼林质量，确保项目目标的实现。

12月1日　河南省林业厅项目办公室印发《关于评选河南省世行贷款林业持续发展项目先进单位和先进个人的通知》（豫林项办［2008］53号）。

12月26日　河南省林业厅印发《关于表彰世行贷款林业持续发展项目实施先进单位和先进个人的决定》（豫林项［2008］293号），对4个省辖市、8个项目县、61位先进个人进行了表彰。

2009年

6月29日　河南省林业厅项目办公室印发《关于增补世行贷款林业持续发展项目人工林营造部分实施经验与成效总结评价信息的通知》（豫林项办［2009］18号），要求各项目实施单位在7月10日前上报补充材料。

8月11日　河南省林业厅项目办公室印发《关于做好接待世界银行林业持续发展项目人工林营造部分竣工检查组准备工作的通知》（豫林项办［2009］26号），世行检查组赴罗山、南乐进行竣工检查验收。

8月24～25日　河南省林业厅项目办公室在信阳市举办世行贷款林业持续发展项目人工林营造部分竣工验收培训班。

9月16～19日　以理查德·欧文先生为组长的林业持续发展项目检查组赴罗山、南乐进行实地考察，顺利通过竣工验收。检查组成员还有玛利亚·拉卡萨女士、钱玉茹女士。

11月11～12日　国家林业局世行项目管理中心在郑州举办了世行贷款林业持续发展项目财务经济分析培训班。

11月28日　河南省林业厅项目办公室组织专家完成河南省世界银行林业持续发展项目人工林营造部分竣工报告的汇总编写工作，并上报国家林业局世行项目管理中心。